感　謝

韓國文學翻譯院補助出版
邊　成　圭　教　授　修　訂

廣　場

崔仁勳作品集

崔仁勳　著
陳寧寧　譯

文　學　叢　刊
文史哲出版社印行

國家圖書館出版品預行編目資料

廣場：崔仁勳作品集 / 崔仁勳著; 陳寧寧譯. -- 初
版. --臺北市 :文史哲,民 92
面；　公分. - - (文學叢刊 ;157)
ISBN 957-549-521-7 (平裝)

862.57　　　　　　　　　　　　　92013372

文 學 叢 刊　　⑮⑦

廣場：崔仁勳作品集

著　　者：崔　　　仁　　　勳
譯　　者：陳　　　寧　　　寧
出 版 者：文　史　哲　出　版　社
　　　　　http://www.lapen.com.tw
登記證字號：行政院新聞局版臺業字五三三七號
發 行 人：彭　　　正　　　雄
發 行 所：文　史　哲　出　版　社
印 刷 者：文　史　哲　出　版　社
　　　　臺北市羅斯福路一段七十二巷四號
　　　　郵政劃撥帳號：一六一八〇一七五
　　　　電話 886-2-23511028・傳真 886-2-23965656

實價新臺幣四五〇元

中華民國九十二年 (2003) 八月初版

廣場——崔仁勳作品集

目　次

作 者 序

　　人，不去廣場是不能活的，從原始人擊打豹皮鼓而搖滾的廣場，一直到現在，生活在同一家公司的同事彼此都不相識的工業社會中，有無數的不同時代和不同空間的廣場。即使是這樣，人若從密室中退出也是一種不能生活的動物。從穴居的洞窟開始到精神病院的隔離室，仍然存在著各種不同時代、不同空間的密室。

　　人，從自己的密室走到廣場的路是各自不同的。路，當然是很多的。在到達目的地的路上，有些人目睹了龐然大物的滅絕，有些人是為了追求美麗的花種之行蹤而來。人類走過的路是這樣多采多姿，如果要說某一個人的路程是特別的特殊或者偉大的話，那是不妥當的。當然有些人也會把恐龍的自然滅跡看成是一個熱鬧的趣題，也一定有人從浮游在春天原野中的繁花種裡面窺看到永恆！

　　不管走怎樣的路到達廣場，那路途是不成問題的。問題是在於我們自己是否用心去審視那條路。「廣場是大眾的密室，密室是個人的廣場。」若果把人放在這兩種空間之中封鎖起來的話，他是沒有辦法活下去的！那時候，廣場會流出暴動的血，密室會洩露出狂亂的嘶吼！在有噴泉和亮麗的陽光下，開有許多花和用許多神、英雄塑像來裝飾的廣場，有像海濤一樣宏亮的合唱，無論如何，我們是願意參與其中的行動。然而像私人的日記，屬於個人心靈的獨白和自由，就像黃昏來訪的愛人，在清晨離去後，才發現愛人脫下的手套遺留在床頭。而我倚靠在床頭，作自由而

隨便的遐思，可以把廣場忘得一乾二淨。我仍然極度的喜歡擁有這種時間和空間！

　　李明俊的情形也是一樣的。

　　他是怎樣丟棄密室，來到廣場的呢？而又如何從廣場中回退到密室的呢？

　　我沒有要支持他的想法或念頭。我只能夠說他是一個渴望熱情生活的人。說他是個不滿足風聞，而常常想要在現場的人也不為過。

　　就是因為這個緣故，我希望我能傳達他的故事。

廣　場

　　她一面喘氣著，一面讓大海撥動她比顏料更深、更藍、沉甸甸的鱗片……

　　載著欲前往中立國戰俘的印度船泰格爾號，擺動漆著明亮白漆的三千噸軀體，撥開密密麻麻的同志和大海的熱流，向前滑過去。

　　被釋放戰俘李明俊從左邊直通甲板的梯子上下來，走向船尾的欄杆，倚身佇立，掏出香煙啣著，扣了幾次打火機都被風吹熄，最後他蹲下來用左手擋風，好不容易點著了，就在此時，自啓航後就不時出現的魅影又來了，明俊猛一回頭，到底是誰在窺視呢？

　　暗處的魅影又消失了，明知那是虛無的，卻仍晃動不停；這次，那雙目光從船艙的門裡投射過來，明俊一抬頭，它又消失了，像沒有臉的眼睛，這次他覺得忘了一樁不能忘的事，然後醒悟到忘的是什麼事了，一如往常，他想不起來到底是什麼，事實上他沒忘掉什麼，明知如此卻仍有這感覺，真叫人不舒服。一手掛著粗繩的船員走到他面前，摘下嘴裡的煙斗，開玩笑地作勢要槌他的胸膛，之後，用煙斗指著船長室。明俊點點頭，把煙頭丟入海水，向船長室的梯子走去。

　　船長斜坐著喝茶，用下巴對明俊指著另一杯茶，他那張連鬍鬚都迷人的臉上，只擁有阿利安人血統的優點，讓人想到被剖開的漆黑的大樹幹。明俊坐下來，舉起咖啡杯，嚐著比收容所更苦澀的印度茶，他們說是美味，常常叫明俊來喝。明俊移動呆望著

船長的目光，往左邊的窗外俯望，除了主桅桿之外，這是視野最好的位置了，大海就在對面明亮地展開，炫目耀眼的巨扇。

向右邊的窗俯瞰，那裡又有一把扇子，是從早到晚跟著來的兩隻海鷗，有時停在主桅桿上張望。海鷗在空中劃了一道優美的弧線，朝下靠左邊飛著，好像在巡邏的兩架戰鬥機。

負責帶領戰俘的人是一個叫穆拉吉的印度官吏，他因為這件事而特地上船，整天都在喝酒，到了晚上，就去輪機室的廚房跟大廚玩撲克牌消磨時間。在船裡這些戰俘的日常生活，以及和船長交涉的事都由明俊負責，他英語能力還不錯，初次見面時被問到學歷，回答說上過××大學，船長便很快地糾正他的發音，明俊把 r 音捲舌太重了。

「啊！你是說 university？」

船長輕輕地發出 r 的音來，說完便介紹自己是英國的商船學校畢業，還說他跟幾個英國海軍大頭子念過書，這些明俊當然都不知道。可是他的語氣並沒有炫耀的意思，而是像小孩子般很天真地在話家常，明俊和外國人交往常感覺到，他們總比自己國內的人多了些稚氣，即使如此，有時他們也有小孩子的固執，不肯改用輕鬆的態度，但內向的自己要來開口責怪並不妥當，要挖掘這種心理，可能會冒出其他意外的東西。他用模糊的詞句把談話敷衍過去。

「如何？你現在的感覺怎麼樣？期待？恐懼？」

「我什麼都不想。」

明俊搖搖頭。

「我只是想不透，不在自己的國家定居，而去陌生的地方，難道你沒有父母親戚嗎？」

船長噴了一個煙圈，輕輕地笑著。

「有。」

「媽媽？」

「不是。」

「爸爸？」

「不是。」

明俊點點頭。他想船長為什麼要從母親開始問呢？

「女朋友呢？」

當船長一問起時，明俊的臉霎時顯得蒼白。

「對不起。」

船長慌張地用左手做個手勢，一面點頭說。

他好像覺得非常抱歉，刺中了對方的傷口，他們也彷彿習慣了這種很明事理的舉動，明俊覺得不該讓船長受窘的。一股海風從兩邊敞開的窗口吹進來，像尖刺的海浪不停地翻湧，海鷗還在船邊飛著，朝著窗戶大角度地飛過去了，把對角線畫得那麼整齊，然後又消失了。陽光驟然亮了起來，茫然的感覺侵襲而來，像往日齷齪的生命中，面臨那種沉重的抉擇時……女朋友？那句話鏗鏘有力地撞擊他的回憶。

「有女朋友的話，就不會到國外去了吧？」

明俊好像想補償這個歉意，一面蜷縮著看著船長。

船長眼睛瞇成一條縫。扼要地說：

「不，也不完全是那個原因。」

這樣平靜的語氣讓明俊感到沉重，不停地撫摸著空了的酒杯。對方好像要揣測他的心思。

「是啊！」

明俊也沒有惋惜的表情。

「人有時也會留下貴重的東西，出外航行。」

　　船長勾起了自己的往事。年過四十的船長，他的經歷和身後刺人的海浪一樣令人心碎，如大海般的愛情故事，流也流不完。這時有個船員走過來說機關部有毛病，他話講得很快，明俊也沒有聽清楚是什麼機關。船長站起來，手按住明俊的肩膀，說：

　　「等一下，晚一點過來。」

　　他看起來笑嘻嘻地，跟著那個船員下了梯子。他們離開後，明俊坐了一會兒也回到自己的船艙去了。分配在同一房間的人姓朴，朴睡在下鋪，聽到腳步聲，就轉了身望著他。朴以前在咸興教書，上船後一有空就睡覺，稜角分明的臉上，眼睛永遠充滿睡意睜不太開，明俊見到他時，覺得他是一個精疲力竭的人，其實自己也是精疲力竭的人，但是朴的情況更令人覺得他生命的髒亂和腐敗，一種又要發出腐味的生命，讓他藐視。這種感覺是相當毒辣的，可能是受到共產黨員常說的小資產階級根性的影響。

　　「下次停靠的地方是香港吧？」

　　「嗯，嗯。」

　　明俊爬上自己小閣樓的位置，一邊向下看朴的床頭，看到被枕頭遮蓋半瓶的威士忌，大概是他躺著一口一口的喝著來的。

　　「沒有辦法上路嗎？」

　　「不行啊，不行啊，因為在日本也是不行的。」

　　「我們是抑留份子嗎？他們這不是在處理戰俘嗎？」

　　有酒氣，可是叫我怎麼樣呢？他心裡在嘀咕著，內心燃起一股無名火。這是幾個人共同體驗的抗爭，如果假裝讓其中一個人來承受，實在很討厭。他沒有回答，把腳伸展開來，這樣輕輕鬆鬆解放在睡衣裡，很舒服。他翻了一個身，一隻手往下伸之後，握起拳來，敲了兩三下床柱。又把拳頭伸張開來，碰到酒瓶的瓶頸了，把酒瓶拿上來，看到日本商標的洋酒。大概喝了三分之

一，拔下瓶蓋吸了一口，酒的芳香和辛辣流到舌頭底，連喝了兩三口之後，再把手伸下去，還給主人，朴的呵呵笑聲冷不防地從下面傳來。不知怎的，明俊突然起了雞皮疙瘩，猛然坐了起來。

「你為什麼要這樣？」

沒有回答。

「嗯，為什麼？」

這時才有了回答。

「呵，呵。如果你能再選擇一次的話，你還要再到中立國嗎？我搞不懂。」

明俊又不聲不響的把上半身躺了下去。

躺下去的位子，就悄悄地沉靜了下來，好像要穿透船底，向海中沉下去的，黑黑的暈眩在拖著他。他想要把腫起來的喉嚨消退，因此從床鋪下來，倒了一大杯的水喝掉，再爬上床去。那酒氣也不再那樣的嗆鼻，也許是酒的緣故，而使他不知覺的沉睡了。如果能再選擇一次的話，會選擇現在的立場嗎？當然啦！自己當然會決定現在的立場啦。

醒來時已是晚餐時刻了。開飯的時候，戰俘照例通通先集合在一地方，然後被趕到後頭的手扶欄杆之內。待了好一會兒，常常因此而散開，大家的前途都一樣，都希望常常的聚一聚，盡量一聚首就不要分開，但是實際上卻又不然。事實上，剛開始搭船的時候就這樣了。在海上才四天，加上等的時間是超過十天。當穆拉吉要負責獲釋戰俘的行動時，他們就決定集體行動，團結一致而不被團體無情的隔開，並不算是已經超越了落單的恐懼感，等到一切告一段落，要坐船去目的地的時候，氣氛卻又不甚融洽，都不再希望繼續同行。這也不是突然無情起來。在去目的地

的行程中，一定會結下的心結，要默默地獨自解開，更明確地說，就像分隔開的船艙，他們各自的心態都很小心翼翼的緣故。像剛才明俊房間發生的那一幕，在所有的房間都有可能上演。每到開飯集合的時候，大家都面面相覷，別人的臉上會隱藏著多少的隱情呢？大家都想從彼此的臉孔去探索出來。可以說是大家的表情從沒有一致開朗過。那麼他們是一面放心，同時也更使心靈鬱悶，因為自己並不如此，所以放了心；要解開的結沒有被解開，所以又鬱悶。

　　海是平靜的，晚風比白天更涼快，月亮高掛在天空中。

　　他們抓住欄杆排成一排，俯望海面，彼此都不說話。一開始不是這樣的，吵吵鬧鬧的唱著歌，興致很高昂，明俊想在到達之前舉辦一次聚會，喝喝酒，聊聊天。船長早就答應了。這麼一來，他想起船長叫他晚上來的話。向上看船長室，船長室在二樓，電燈開得亮亮的，像一座小小的蜃樓。向船長室上面伸展的桅桿上，好像看到一個白點。他眨一眨眼再仔細看，還是看不清楚，可能是幾隻海鷗，突然想起來，今天晚上如果船長再講女人的故事，怎麼辦呢？聽完了對方心底的故事，要回報的話，沒有其他好方法，只好也把自己心底的話掏出來。明俊想稍晚一點再來吧。然後環顧四週，許多人早就散開了，剩下的只不過三、四人，他走回船艙，突然改變主意轉去廚房。他環視了四周，看到大廚的後頸像豬一樣長著雙重的肥肉，而大廚慢慢轉頭瞪了明俊一眼，然後就轉身走開了。他習慣性的有這樣的眼神，可能是眼力不好的關係。他的旁邊是穆拉吉的一張乾巴巴的臉。廚房裡的鋁餐具擦得閃閃發光，中間有一堆人圍著矮几，駝著背，低著頭，看來似乎很融洽。頭一次來到廚房的時候，大廚的眼神似乎在叫明俊加入一份，明俊跟他搖搖頭，他也很快地掉轉了頭，好

像小孩子纏著大人後，反而一下子忘了這回事，而去玩別的遊戲一樣。

　　大廚是一個很固執的傢伙，他會為了看人家玩撲克牌而站立很久。他把肩頭壓低，如果牌轉到了自己的前面，就飛快地用手耍著牌，再丟出去給別人，這樣的姿勢和他的大塊頭很不搭調。明俊走出門檻，坐在通往船長室的階梯上，仰望桅桿。

　　從近一點的位置看，很清楚的看到兩隻海鷗站在一起，浮現出兩個朦朦朧朧的影子。

　　明俊猛然站起來，爬上了階梯，眺望船頭那邊的天空，星星滿天的夜空中，雖然有月亮，但星光仍然耀眼，船長正在看海圖，他進來就挪到另外一個位子上。

　　「海鷗跟著來了哩！」

　　明俊冒出了這一句完全沒有準備的話。

　　「常常有這樣的情形，船員都說這種鳥是他們的靈魂，也鳴叫出思念船員的女人的心聲，有一次從英國一路跟到加爾各答的鳥消失時，船員們的感覺是很悽涼的。這不是一種很大的精誠嗎？大概牠們會在主桅桿上睡覺吧！」。

　　船長向窗外伸出脖子，用心的仰望著桅桿上的海鷗。

　　「啊！小姐們在那裡呢！乾脆稱呼牠們為小姐，不是比較羅曼蒂克嗎？哈！哈！」

　　大廚送來了咖啡。

　　「大廚也會游泳嗎？」

　　李明俊問船長。

　　船長抱著肚子笑的很厲害。

　　「當然會，可是我不敢保證他會浮在水上。」

　　然後又是一場大笑。

明俊看著大塊頭船長笑的樣子，陰暗的心情退了一點。

船長停住笑聲，突然用平靜的聲音說出了這些話：

「二十年前，我在加爾各答那裡第一次上船的時候，收到了一個女人的來信，她把我莫名其妙的甩掉。原本以為她會很責怪我，信裡反而寫著她為情勢所逼，一副很不得已的樣子，並祝我一路平安。我第一次的遠航，加上這封意外的信，使我情緒很亂。我望著漸離漸遠的海岸，有一隻海鷗，一直跟著我們的船。剛才我說的故事，就是當年我的船長說的故事。我那時候想，那隻海鷗一定是那個女人的影子，之後，常常有這種情形，唉，都成了過去的故事了。現在，每一次航行，從不忘給兒子和太太買禮物是一個樂事，老了。」

船長打開壁櫥，拿出一把槍身很長的獵槍，托在肩上向空中試放了一槍，然後交給明俊。

「是日本獵槍，很早開始，兒子就纏著我要買這個了，這次才兌現。」

喝了咖啡，談了一陣子，明俊才從船長室退出來。

爬上去看美麗的星夜，豎立在天空的主桅桿，船長室的招牌也像是掛在天空一樣。找了一個黑暗的角落筆直地躺下來。

海鷗停在頂端，牠們好像從遠遠的深淵掉下來，途中被絆住，成了桅桿上的白色韓服花結。

從學校走到鍾路的路上，一排阿勃勒樹葉幾乎都凋謝了，枝頭掛著稀稀疏疏的幾片葉子，風一吹就猶豫不定地擺動。前天還緩緩地寄身於風中，現在像紙鳶一樣零零落落地摔下來。

晚秋的天氣，明俊拉了拉衣領，靜靜的喘了一口氣。他把挾在腋下書中的校刊掏出來，打開最後一張，排列印著他寄出去的

詩歌。

阿勃勒的景色

阿勃勒
茂密的坡地
我們倆
經常走過

綠綠的芽
像一隻郁綠小蟲
在冒出的季節蠕動
我們倆反而
仰望天空

說了話
很漂亮的序幕
來在眼前
走近了
如同阿勃勒嫩芽一般
嗯？

任誰都沒有不喜歡的道理
花開的季節到了
我的同伴又瀟灑地把花瓣
放在鼻尖

說話了
啊！踏實的人生真美妙
像阿勃勒花香
讓人暈眩

天空
那麼漸行漸升高的
這個季節

我的同伴接著
望著樹枝說的
人生
像這阿勃勒的樹枝
結實

我仍然一副
慢慢地抽了一口
他也一言不發
掏出香菸唧著

阿勃勒
茂密的坡地
我們倆又默默地
走過了

他拿到校刊，知道自己的詩歌已登出來，卻沒有馬上看它，

總覺得不好意思，怕引人注目。

　　不但如此，他把校刊折疊起來放入書內，走出校門時，還一直想忘記這件事。在這種家家酒似的校刊登出文章，他並不覺得有什麼了不起，當初也是開玩笑似的寄去，因為這緣故，他把書挾在腋下，一手抓住校刊皺皺的一角走出校門，這是第一次看見自己的詩歌印成鉛字，而且可以看得清清楚楚。

　　到了哲學系三年級，應該必須要知道一點天地與生命之間的奧秘，現在要放寒假了，過完寒假三年級了，他卻對維繫生命之事務毫無所知，而那些事務又是什麼呢？如果能把握住它們的話，生命就會變得較為有價值吧！其實也未必會變成那樣，他也不希望變成那樣，人必須知道為什麼事務而生活，怎麼樣的生活才是有意義的，人們每天所看到的、摸到的事情都無法找出多大意義，每天吃飯睡覺、起床、洗臉、上學、抄筆記、上那些教得並不好的教授的課，下雨了就撐傘回家，有人提議的話就去看電影，這個人又不外是英美，他一點也不羨慕英美那種華麗的生活方式，舞會、兜風、野餐、看電影……不停的循環就是她的日子，如果有什麼計劃的話，都是計劃如何打發時間，看起來也不會有什麼打算，只是合著節拍、移動身體、沉醉在急速的快感裡，有時候費力地把食物搬到郊外，製造一些刺激，看電影明星怎樣從椅子裡站起來打哈欠，他們是生活在趣味中的軀體，對英美來說，所謂生活的意義就是這些，跳上美軍吉普車，嗲聲地講著一些比美國幼稚園小孩還彆腳的英文，這是她們所謂的結交朋友吧。轎車和照相機的名字，以及美國的摩天大樓，他們只知道這些，是我們應學習的模範嗎？他們能帶來生命的轉機嗎？這真是太荒唐了，英美的哥哥泰植是學音樂的，他在舞廳吹奏薩克斯風，明俊常懷疑怎麼會有這麼相像的兄妹，還真是一家人！

　　如果說這對兄妹有優點的話，那就是中產階級家庭的小孩常有寬厚待人的美德，如果很平凡的過活，一定是善良的好人，但說得嚴重的話，他們不能體會任何刻骨銘心的話語。

　　這麼看來，他們必定要有兩種不同的面孔：一種是和那些人嘻嘻哈哈的面孔；另一種是回到自我的眞實面孔。在聚會中，他們常常要搶鋒頭，每一次英美找明俊去的地方他都去了，可是始終格格不入，並不是玩到膩了，開始便不是這樣，他心理常有排斥的感覺，但明俊無法接受，生命就是這般萎靡不振，因爲他一直努力在追尋什麼，癥結在於不知道自己在追尋什麼，事實上，他周圍的生活環境並不是他所追求的。

　　應該要做些什麼才好呢？並不是只是這樣腦袋空空，說說而已，明俊曾找了一些對生命有深刻和眞實體驗的人寫的書，統統都念過。

　　這些書的作者用無數的日子只鑽研一件事，那麼他們鑽到金脈。我要把它當成人生方向，卻發覺眞妙，這些具有崇高人生方向的人全都坐在原地，動也不動，只扭扭捏捏地處理金脈或礦砂之類的，他們對所謂的人生，重要的結論就是活下去。他們必定還隱藏著什麼，說話沒有意義又模稜兩可，仍然有說不出口的話，這些搞不懂的地方就是價值所在之處；像沙漏中的沙子不停地流瀉，讓人恐慌。

　　有一件沉重令他再三思索的事。那就是他一直認爲很久以前神就降臨了。剛上大學那年夏天。他曾經和幾個人去郊外遠足。如蒸籠般悶熱的天氣裡，看不到一絲浮雲，風也慵懶不動，大夥散開去找樹蔭處休息，他爬上一塊小坡地，他頭昏昏地一直站在那裡，不知道何時，在同樣的地方，以同樣的感覺，呆立在這裡，但這分明是一種幻覺！這個地方是他第一次才來的，這麼一

想，整個天地轟然一響地停止轉動。

很寂靜。

四周的東西都被排列在應該放置的地方，如果要移動它們，便多此一舉。

這個世界轉了又轉，而他伸出手，想抓住一個最值得可靠的位置。就在那一刻，突然想起女人，又想到他還沒有一個女朋友，而在這個時刻，他又厭煩愛恨交加的愛情，他所期望的是：有一個女人能給他堅定的愛情信仰之後，就當場死去，沒有遺留任何負擔，只希望真真切切擁有就足夠了，這個想法像閃亮般掠過，只是種新鮮的遊戲罷了！他馬上就覺醒了。在這麼短暫的一刻中，為什麼同時產生兩個天馬行空的問題呢？他久久不能明白。譬如說，這些想法就像一塊石頭瞬間投入湖中，同時出現了陣陣的漣漪，如果這一眨眼的時刻一直延續到最後的話，這座湖便照出天地的始末，以及我們腳踩的那塊天地終極的土地。這幅圖畫是多麼愉悅和鮮明呀！在課堂上，他深深著迷於希臘自然科學家的學說，事實上，那稱不上學說，大概只能視為概念，當作玩笑或視為定律，全賴自己內心深處的力量了。

那些話必須貿然且扼要地說，無法加以解釋，短短的詞句所蘊含的力量，和他在太陽下時的暈眩是有類似之處。

眨眼之間的閒暇，大概只能夢想而已，即使有所虧損也好，不停地擺動、追逐，習慣於它所呈現的堅硬，而生活生存是明俊追求的，什麼事都引不起他的興趣，他也找不出引人入勝的事，真的沒有那種能讓他內心踏實、腦袋充實的事嗎？

越過這個大庭院，可以看到家中熙熙攘攘的客人，英美的男女朋友在房裡走進走出，再等一下，英美便像往常一樣帶明俊過

去了。明俊一直不停嘮叨，今天爲了不和英美爽約，所以不去找
鄭老師。上一次在路上碰到鄭老師，老師叫他去看從日本人那裡
買的一副木乃伊，他時常很想和老師一起回去看，那時不巧有事
在身，一直到了今天都還沒去。當天晚上，他幾乎都睜著眼睛沒
有睡著，把幾千年以前的人做成標本，一直保存到現在，總而言
之，眞是不可思議！

　　大概發生了什麼好笑的事，嘈雜的聲音從黃昏的徐風裡傳過
來，他在二樓的房間關上窗子，寬敞的日式ㄈ字型房子，從屋簷
中央伸展出來。他喜歡這個房間，打開窗戶，外面全是瓦片，他
喜歡這種被隔離起來的味道，這種建築的形式也許不是日本式，
倒像是畫片上常看到的西洋房子，總之，從外面看起來，式樣挺
有趣的，而進入屋內也有溫暖的氣氛，庭院是典型日式的造形，
從池子和裝飾的石塊，一直到人造山，沒有一個角落不協調的，
一邊從這窗子往下望，一邊神遊四海，是最愉快的時候了。

　　晚春的光束映射在瓦片表面，掀起了多麼深刻的漩渦！一枝
獨秀的老栗樹呈現出一幅素描畫，結實枝椏往天空伸展，天氣晴
朗，陽光燦爛，清晰可辨的稜角線，還有對面坡地上的住家，像
一幅祥和的畫，讓他喜悅，柔和的五月雨，悄悄地淋濕了生命，
他寂寞地感受到初夏，生命中的點點滴滴，都聚集成有意義的事
件，卻不歷久彌新，尤其是從這扇窗開始，人們對世界上的事，
雖然出生就開始經歷的事，都只懂得個皮毛，自己和周圍的人還
不到緊密不分的程度，像蛋黃和蛋白之間的關係，不濃不薄，可
以說恰如其分吧？

　　康乃馨、大理花、劍蘭、海芋，這些過豪華生活的貴婦，就
像現在，去體會奧妙或感情的這一刻，對她們來說，不是必要而
不可缺的，每天有瑣瑣碎碎不重要的事情在她們的框框中進行，

並且也懂得驟然地面對，空想徒然心亂，也不至於加速自己踏出令人痛心的一步。他未把每一個胡思亂想付諸行動，只當成隨身多年的布偶，每日撫摸，重新回味，把簡單的想法，套上繁複華麗的詞藻。相較於有錢人家小女孩玩洋娃娃的家家酒，他覺得自己很可憐。不能說年輕人有著一丁點的知識，就是完人，爲了要打發空虛和自卑，他努力地活著；每一刻都像一枝草一點露，努力生活，即使絆倒了無數次，創傷無數，總比乾乾淨淨沒有傷痕的老人家好；他心中也曾吶喊要如何地努力活下去，但覺得抓不到要領，像血液一樣珍貴的時間藏匿在哪裡？讓他無從找尋，腳踝創傷破皮的話，都是因爲有個絆腳石，而他的絆腳石，大概就是英美養的小貓。

　　他自認吹噓能帶來成就感，可以大膽的跟鬼魅談生意，這是不知道鬼魅的可怕才講的話。教授的講課他看不起。神，這檔事他怎麼也想不通，但不去解開的話，什麼事都沒有用，不是虛榮心作祟，而是糾結在心中的空虛，他面對著空虛，不知從那一本書中，只看到女人名字中 Dialektik 的 D 字就讓他傾心，一顆心不斷的盪漾，跟老兵炫耀勳章的心情一樣，生存的這條江，在流動的江水中，想站在江底撐著不動，他想打發空虛，無奈生命卻無情地流走，生活中每一件瑣事都會放在心上，抓住一把江底的沙，卻在滾滾的波浪中散落掉了，最後得到了什麼？空想這個名稱，好像發誓得到什麼之後，便不再尋歡了，無奈在抑制尋歡的過程中。不時出現朦朦朧朧的脂粉景象，重覆著無數的懊惱。

　　無法降低失誤，掌握不住自己的本性，反而和自己妥協，或演變到怨天尤人，埋怨自己的命運，最後一顆疲憊又無所適從的心，依舊在原地踏步猶豫，想著別人大概也像自己一樣，沒有精力更深入精讀天地和生存的眞諦，無法實踐生命深度的自己吧？

這層寬容的包裝紙。神希望世人愛鄰居，可是世人只能做到小小程度。

濃濃的睡意像雲層堆積，正想小睡的時候，推出屋頂中間的窗戶當作枕頭。此時，卻傳來了腳步聲，接著響起了敲門聲。英美匆忙地站進來，她的模樣讓明俊看得有點目瞪口呆，她一身白色的晚禮服，就像棵幼嫩的洋桐，而粉嫩的臂膀直直優雅地垂放著。

「明俊哥哥下樓囉，嗯？」

她每句話的尾音都夾雜著撒嬌的語氣。

「去了幹嘛？」

「你說幹嘛？跳舞聊天嘛！今天來了很多漂亮的女生。」

「我算什麼，去不去都一樣……」

今天她不像平日，拉起明俊的手臂，再拖起整個人來；而是用手指掀起禮服的裙角，走向窗邊，手托著下巴，好一會兒不說話。

「那我像什麼呢？」

他不答腔，發生了什麼事？英美這樣子讓我難堪，不像平日的作風，平日她會沒完沒了地拖著話題，明俊心裏想著。

「明俊哥哥。」

「嗯。」

「您以後要做什麼工作呢？」

「這樣啊。」

「你怎麼這麼說呢？」

「真的啦，有什麼好的工作告訴我，我會按照妳說的去做。」

「真的？」

「我說真的，妳還不信？」

「等等……有什麼是好的工作呢？」

「妳問誰？」

他們笑得出聲，這時，她才站起來，拖拉著他的手，他沒有意見地跟著，下階梯的時候，她把臉貼住明俊的臂膀，每下一階，就踏出聲響，像跳舞般地移動腳步。

寬闊的房間裡，長椅靠著牆放，藍色燈光下，一對對情侶相擁起舞。跳著布魯斯。英美轉身到面前，把手搭在他的肩上，他的舞技實在不行，英美原本就跳得好，所以很柔和地轉動著，掌中傳來她溫暖的體溫，漸漸地熾熱了他，這是刻意製造的，任誰都不會討厭，明俊放下了一顆膨脹的心。像英美這種環境的女孩子，只有用這種方式才能打發時間，房間裡大約有十五對舞者。

「不要胡思亂想，你跳都跳不好。」

「嗯。」

曲子一結束，一對對就分開了，英美也走開了，明俊走到門邊的一張長椅坐下，掏出煙，煙味很苦，身子平躺，閉上眼睛，習慣地閉上眼睛。這樣你就會接近神，他想起不知在那裡念過的一句話，接近神，接近了那又怎麼樣呢？

「明俊哥哥，我帶來漂亮的女孩子。」

睜眼一看，英美和一名略瘦，稱得上眉目清秀的女孩，雙手挽著站立。

「我事先都講好了的。」

像把她釘在明俊的身邊坐定後，英美便走開了。他馬上有個念頭，就是不要尷尬地看著她，便先開口攀談。

「您是英美同學？」

「高中同學，大學不同校。」

「那一家？」

「××大學。」

他還想問問什麼系，又覺得這樣追問下去不妥，這時音樂再度響起。

「跳舞嗎？」

她搖搖頭，但想了想之後，馬上站起來，她跳得比英美好。

「府上在那裡？」

「仁川。」

「那麼住宿舍嗎？啊，問這個太抱歉！」

「不要緊，我在校外租房子。」

「……」

「您怎麼不問我租在那一個洞？」

「哈哈！」

她和英美差不多，卻說不出有那裡不一樣。

現在幾點了？還來不及往下想，排水管中的水聲，淅瀝淅瀝地叫醒了她。醒來耳中像有澎湃的大水湧來，嘩啦嘩啦，猛烈潑灑的聲音蓋過呼吸氣習，抬起頭摸索枕頭旁的小鐘，那兩聲不是夜光型的，而是零件老舊機械鐘，指針甚至都擺不穩位置。

開燈就行了，可是他不開，沒有必要知道時間。睜著眼躺在黑暗之中，失眠真讓人討厭，「真糟糕」，「真的」，「比方說」反覆著幾次之後，終於忘記要繼續想下去，沒有要刻意想什麼，只為了要填滿空蕩蕩的腦子。此時的雨聲便聽起來很吵雜，透過耳朵流傳全身，嘟嘟嘟嘟地，從耳際擴散流入，流進腦裡、喉嚨裡、胸部、肚子，很快地流到腳跟，並且浸透全身。像一個溺水的人，「嚇！」他喘著氣，一骨碌起來坐定，腦子空洞洞地敞開著，篤！雨聲停了，他以為身子挺了很久，其實只有很短暫

的時間，站起來，猶豫了好久要不要開燈，開燈幹什麼，這種晚上又不能念書，再睡也不對，無濟於事。

毫無意義的胡思亂想，一直在醞釀著，如果腦中的齒輪轉不動，就無法從空虛的心中掙脫出來。終究還是開亮了燈，頓時放亮的房間，有股陌生的感覺。

四席半大的榻榻米房間，一個人住不算小了。

他面對炕頭的書櫃站著，大略地瞄了一眼，沒有一本書讓他想馬上抽出來念的。超過百本的書中，除了選集、叢書、字典類的，每一本買來之後，都一字不漏地念到最後一頁，插進書架收拾好，這個書櫃一度曾是他所有的財產。他很得意沒有一本是月刊雜誌。每隔一段時間買下自己喜歡的書，也早就知道下一次該買的書目。看著佔滿牆面大半面積的書櫃，回想著買書所經歷的事物，以及思緒的路程，清晰地浮現在眼前，一本一本書都是坡地上的椿子。手摸書桌，他心滿意足而且很踏實，好像赤裸裸的軀體有了甲衣，每增添一本書，就像是體內增多了一些新鮮的細胞，自己和書之間，有著相互依存的感情，這種感覺已經有了一段時期。闔上厚書的最後一頁，打開窗戶俯視，深夜的怪詭景色，經常抹上心曠神怡的色彩。

不知什麼時候開始，那種絕配的關係卻漸漸地倒塌，讓他想起花花公子對床上女人寡情的嘴臉，他很寂寞。如今面對著書，卻沒有一本強烈地吸引他伸手去抽出，每個書櫃都曾經散發光彩，使他難以抗拒的一本本書，就像經歷無數女孩子之後，準備要認真地戀愛，浮現出的每一個女孩，每一個都有過肌膚之親，卻沒人能讓他有再度擁抱一次的衝動，花花公子的下場，想到都覺得恐怖，不知誰最先把流浪天涯這句話和愛情湊在一起的，不管當事人的心裡如何想，卻好像是一淌渾水的狀態吧！即使是英

美的表哥泰植，也都滿口謊言，好像每天更換愛人，這種感情稱得上情人嗎？

包括心地在內，以一個富家獨子來說，泰植算是上乘圈裡的了，但自己對他卻沒有很深的感情，可能多半受了這事件的影響。如果把心放在冷靜的心境幻燈機下透視的話，可能會發現有一堆酸葡萄的蟲子在蠕動。即使如此，也不能就此完全解釋擁抱女人打滾的場面，是人們許多種掙扎之中的一種。有的人棄女人選擇打鬥，因此變成了亞歷山大變成了成吉思汗，有的人選擇了牽連在物質之中肉眼看不見的蜘蛛網，因此成了伽利略成了牛頓。要像一個花花公子，泰植懂得。有一天，在街上遇到泰植，和人並肩走回家裡，他一邊的胳肢窩夾著薩克斯風的盒子，告訴他學校對他在舞廳上班有意見，走著，走著，他們向左遠眺著中央廳舍上了南山。

一個身穿運動服，額頭綁毛巾的拳擊選手走過，他的兩臂交替地伸展收回，像在擂台上快速地移動腳步，而移動腳步時，隨著呼吸吼叫著。野獸般粗曠地呼吸，認真地耍弄手腳，他的背影有股說不出的欣慰。明俊還望著遠去的背影向泰植說。

「這份工作也不容易啊！」

「他是因為孤獨才會這副模樣的。」

明俊一陣暈眩，泰植把拳擊選手和孤獨混為一談。他照單全收，這種說法，教授傳習禪的秘法時，師父會突然丟出一個很爛的問題，讓卓越出眾的弟子接招。兩人就像老光棍互相憐惜，欣然一笑，心靈相通，頓悟交流。古時候，我們鄉下地方氣合術之類的談話，大概就是這麼一回事了；泰植的一句話使得明俊心中有了迴響。那次以後，他們動不動就說因為孤獨才會那樣，莫名其妙地常常用，見過緊貼著公車尾巴的腳踏車選手、在橋頭處理

交通的警察、用國產機器製作爆米花的小販，統統都像那麼一回事，有一次兩人經過路邊幾個卜卦攤子，明俊問：

「這些老兄呢？」

「因為孤獨才那樣啊！」

「對了！」

即使在路邊，他們都能哈哈大笑。

泰植很討厭念書，這種觀念應該是從經驗女人後有的。從她們滑溜的腰部，微厚濕潤的嘴唇，富有彈性的乳房，以及從女人身上學到的，相較於明俊犧牲睡眠來念書，他的所得少了嗎？如果從一本書獲得到的充實感，就無需再接著讀下一本書，同樣的道理，如果從一個女人身上得到了滿足感，就無需找下一個女人了吧！這一點的道理沒有兩樣，然而，更換書本沒辦法和更換女人相提並論。

他一眼看到了（新約聖經），燙金的字吸引了他的目光，他隨手抽出聖經打開來。

在該撒利亞有一個人叫哥尼流，是義大利營的百夫長。（使徒行傳 10 章 1 節）

字裡行間，流露著隔閡和不搭調，隨手翻開這本神聖的書，冒出來的盡是些沒頭沒尾的百夫長、哥尼流，而不是意義深遠的句子，再怎麼說都可笑。再試試看，這一次如果出現有意義的句子，我就要信神，夜半夢醒時，有一顆無可救藥的心，便隨興地惡作劇一下。

他們是基督的僕人嗎？我更是。我比他們受更多的勞苦。下

更久的監牢，受鞭打是過重的冒死是屢屢次有的……《哥林多人後書 11 章 23 節》

　　難了吧？這句又是什麼意思呢？保羅叔叔開玩笑囉！怎麼年紀一大把了，還這麼不莊重，到底在炫耀個什麼東西呢？神學博士們窮其一生，致力於解釋這些名言嘉句，把書從頭到尾仔細翻一遍，挑得出最夠份量的一句話嗎？不行啦，不行，只要是上帝的話，不管那一頁、那一段、那一個字，都可以駁倒世人。如果念了大綱之後，才能指出最具份量的地方，那和普通人的言語有什麼差別？對了，這本書據說假借上帝的名義，其實是人寫的書，他把聖經闔上放回原處。

　　終究又沒事做了，他開始聽聽雨聲。然後，他又躡手躡腳地下階梯，佇立落地窗的走廊，在暗淡的燈光下，哈巴狗瑪麗一見到他，便搖起尾巴。

　　這麼晚的時候，牠抬起頭，眼睛如白天時候發亮有神。如果是人，從床上起來，可以看得出來，但是狗便看不出來。人穿著輕薄衣服，呆滯的臉色，判斷得出是剛睡醒，可是這個畜牲不然，牠不穿睡衣的，不論從那個角度看，都看不出睡眼惺忪的樣子，明俊蹲坐在瑪麗旁邊，敲敲牠的頭。牠嗯嗯地哼，搖晃尾巴再抬高身體，他彎腰按住狗兒坐下，伸出手掌在牠眼前，瑪麗立刻按上一隻腳，伸出另一隻手掌，瑪麗也按上另一隻腳，右手、左前腳、左手、右前腳，幾次之後，瑪麗仍有耐心地交替伸出腳。

　　他覺得尷尬，傻瓜！敲了一下瑪麗的頭後，站起來，玻璃門外隔著約有一臂長度的微光下，正降落著像霧一樣朦朧的雨絲。他和出來一樣，闊步走回房間，突然想起了校刊。

阿勃勒
茂密的坡地上
我們兩個人
經常併肩走過

　　他的心情轉換成詩句，和最初在腦海中的心情不同；他覺得陌生，阿勃勒坡地，我們兩人爲什麼常常踏過呢？因爲孤獨？他吃了一驚，從半夜醒來，到現在磨磨蹭蹭地回房間，突然覺得可笑。對了，突然想到晚上認識英美的朋友－姜潤愛，她的下巴非常漂亮，眼前浮現出她的那張笑臉，手掌還留著那股纖腰的感觸，由英美介紹的女孩子，後來她們都變得冷淡，明俊在她們眼中的印象是狂妄的，英美好像不放心把明俊一個人擺在女孩子面前，但對明俊來說，應付女孩子是極端恐怖的事，她們都很年輕，腦袋裝的東西嘛，也是一清二楚的有什麼好說的，愛情，永遠地愛情啦，永遠之類的，在他眼中，她們想擁有的只是花店陳列的外國花盆而已，如何能和她們步伐一致呢？眞正讓女人裏足不前的是「性」吧！他並非拒絕性，留意女人的內心世界，當成知識去研究，如同看穿魚缸那樣一覽無遺，然而，「性」的本身卻被女人當作牢不可破的城牆，讓他觀察的時候到處碰壁。

　　女人也想和男人上床嗎？明俊最後納悶這一點。文學作品的處理方式不能讓他信服。男作家描寫的女主角慾情，根本就是把男人的心理投射在女人身上，雖然因此有了男主角、女主角，但是男主角不懂女人內心，頂多手淫，男人的愛情都過於率直。撇開大眾小說不算，男人不愛女人的錢和地位，但卻迷惑於女人本身，女人則不一樣，富豪納的妾常常得受很多委屈，身世就像古代沈清（註1）一樣值得同情，可是實際上，她們本身也許並非

如此。她們的愛情好像都曲折離奇，像是並不了解自己的野獸，有不少人看到別人都在戀愛，所以才跟進這樣的虛榮。從女人吱吱喳喳的話語中，有不少的人有虛榮的想法。對她們來說，愛情也是一樣裝飾品吧？這一番對女性觀點，是明俊經長時間的觀察神色、言語、動作，然後解剖一些小說女主角之後，所得的印象和結論。

認識的女人都和他有過一次愉快談話，想當修女的還真不少。當時他望著她們梳得整齊的髮絲，光澤柔潤的指甲，好像面對著不同種的野獸，怎麼會有這類野獸呢？毫無緣由又不以為然的想法，至今仍找不出有什麼力量可以支撐那種想法。

他很清楚男人的身體，因為是自己的身體。他也清楚體內燃燒的火焰，熾熱到什麼程度，因為馬上從皮膚底下開始燃燒起來；可是他不清楚女人的身體和火焰。所謂的自然科學，根源愈接近自己的話，難以歸納統計成法則，讀了生理學課本一樣沒有用，研究異性的情慾，就和沒死過，而要去探究死亡是一樣的。正如女生用力把手插進他的口袋，而忘了把手拿出來，讓他覺得很丟臉，從男人的觀點，可以很明確地理解他的情慾，而從女人的觀點來看，這又是怎麼樣的情況，誰都不知道。明天六點鐘，他和姜潤愛約好見面，下午去了鄭老師家之後，就要去見她，彷彿又見到她的笑臉。不知不覺之中，雨已經停了。

第二天他爬上南山到達鄭老師家。人的一生之中，會在某個時期受到某個人影響，這種情形常常是其他的人看不出來的，鄭老師是考古學者，旅行家。

他年過四十仍未婚，住在有著寬闊庭院的舊式房子，是一位專精正史遺漏部份的專家，他有一本西洋史天方夜譚，和一本東洋史天方夜譚，都是暢銷很久的書。老師的個頭中等，有一些

胖，而最重要的，他有很好的一張臉，林肯曾說過了四十歲，人要爲自己的臉負責。

　　老師在家，他在南向的書齋裡，翻動書桌上的東西，明俊一進去，他便轉動有著輪子的椅子一圈，用笑臉相迎。

　　「快來！」

　　「我來看上次您說要給我看的東西。」

　　「不要急，這東西一直放在我家裡，什麼時候來都不要緊。」

　　「您在無政府狀態中，常常活得很神勇。」

　　「不是無政府啦，是政府太多了，在地球上站起來又倒下的王朝，統統來過這裡建造政府啦。」

　　「我常常疑惑著一件事。」

　　「需要查字典的事嗎？」

　　「不是啦，您猜猜看。」

　　「我棄權。」

　　「不是特別的事，我常想老師您爲什麼不結婚呢？」

　　「你說過……簡單啦，你猜猜看。」

　　「我要棄權。」

　　「哈哈，原來是報仇。好吧！我說啦，因爲我太愛女人了。」

　　「我早料到這個答案，再怎麼想，這句話不是很怪嗎？」

　　「當然怪啦！」

　　「老師的心目中，永遠的女人典型，能否讓我看看呢？」

　　「李君，不要讓我悲哀，我還沒老到那個程度。」

　　鄭老師移到沙發上，坐在明俊的身邊。

　　「李君，朋友湊在一起，故作瀟灑地坦白說出來的戀愛故

事，千萬不能聽進心裡去。其實真正珍藏的心事，不會隨便講給人家聽的，即使要講，也會先在心中打個折扣，你我之間的友情當然不同啦，要坦白說出這些故事，等於侮辱對方，對方如果在感情上有什麼苦衷，會暗自認為自己窩囊，相反的情況不就令人煩悶嗎？不論對那一方來說，都不是聰明的事。」

　　明俊很清楚鄭老師的話中，只強調了一處，隱瞞了其他處，然而，他也知道謊言所包含的真實，如果要刻意去修正的話，老師獨特的風格就同時被抹殺掉了，老家人送上了咖啡，他看起來比老師大五六歲，從來不說話，照顧老師的舉止，好像是古時的僕人對待伯爵。

　　「木乃伊呢？」

　　「你來這裡。」

　　鄭老師走進隔壁房間，那是他的寢室。床正對的一道牆，整片都用幃帳遮住，拉開幃帳，後面又擺著一張床，明俊望望躺在上面的軀體，正是木乃伊，表面有上漆，且有細線一般的裂紋，整個身體的每個部份的角度很明顯，從手腕、胸部、腰部的型態推斷，是女的木乃伊，女人柔和的下巴，肩、腰的邊線，卻形成硬梆梆的角度，像刻意處理過的，該如何形容呢？是一具珍品的雕刻，和照片上看見的希臘雕刻完全不一樣。希臘雕刻的線條是柔和流動的曲線，這一具卻是？？

　　他想如果能用蓋房子的石瓦來造人的話，大概就是這個樣子。

　　「這一具大概是洋人到埃及挖墓時期，偷偷弄到外面的啦，原先是一個英國有錢人的，後來轉到日本貴族手裡，這一次落到我手裡了，不懂問題的人大概不會懂，這個是女人，可以知道具有高貴身分哩！數千年前，統治地球上最大國度的貴族婦女，如

今躺在我的房間，我賣了鄉下兩座果園買來的，從前的話，理應歸還埃及，這次卻有例可循；已經不是一兩次了，西洋富人收藏弱小國家的國寶級古物，都有相當數量，生意人，當事國之間，都已是公開的秘密了，彼此協議不再追究，當成既定事實，未來要找回日本人竊取我們遺物就不得了了，你好好看，因為我不隨隨便便拿出來。」

　　暴露在陽光下，駱駝糞便的氣味，隱約發散出莊嚴的時刻，內心流動著一股戰慄，擺脫不掉幾何學的壓迫，壓在小腹到髖骨。如同切豆腐角度的小心翼翼，抹殺了具體想像，僵硬乾癟的人體，把普通軀體浸在醫院玻璃棺、酒精盅的異味，帶到了一個迥然不同的地方。鄭老師輕輕地放下幃帳，就像古時僕人在主人享受大理石床榻上午睡時，小心翼翼的神情。明俊像從夢中覺醒，幃帳的間隔，讓他覺得剛才見的奇妙東西很不真實，他倆回到客廳，沒有交談。

　　「我如果不偶爾來老師身邊，感受一些精采的東西，我的生活將會乏善可陳。」

　　「說得太誇張了，我比得上你的，只是我比你錢多啦。」

　　「我想要去過真正該過的生活！」

　　「你手中不是還握有很多張牌嗎？」

　　「您說什麼牌？」

　　「每錯失一次就失去一張牌的遊戲，你不是還沒開始玩牌嗎？還是我搞錯了。」

　　「這麼說就對了！雖然我吹牛，我手中沒有剩下任何牌，也許我手中原本就只有一張牌。」

　　「經驗過失敗才知道嗎？」

　　「你不能抓住這個話柄來大作文章，你又不是白癡！」

「我一開始遊戲就不想失手。」

「這就是你迷信中的最大迷信，我握著你給我的牌進墳墓不算光彩，在彼岸，如果可以用牌換一張往天國的候補火車票就好了，對愛情那麼吝嗇是好事嗎？等一等，你不能用我的情況來反駁，我原先不就只有一張牌？」

「我知道，可是我不一定要談戀愛啊！隨遇而安就好了。我希望過踏實有成就感的生活。」

「政治情況怎麼樣呢？」

「政治？今天韓國的政治，就是接受美國部隊餐廳的廚餘，把其中的罐頭挑出來，造鐵皮，把木頭挑出來，鋪成所謂文化住宅的走廊，其餘的渣渣就用來畜牧，用這些東西，要造就漂亮的屋頂、可以踩出華爾滋節奏的地板，讓丹麥牧場遜色的牧場吧！這一群政客在政治市場中，靠走私和暗盤交易，當結合幫派的幕後老闆，人只在自己的密室是活不下去的，要和廣場連線，政治是人間廣場中最粗糙的，外國的情形，像基督教應佔有政治底層的一份清流吧？把政治的污水和渣滓吞噬或運走，拿都市來說，西洋的政治社會下水道設施都很完備，像人不能不排泄糞便，政治方面也有糞便吧？好！到這個部份為止還說得通，不是該準備下水道和清潔車嗎？韓國政治廣場上堆積了糞便和垃圾，把公共的花朵摘下來，插在自己家的花瓶中，把噴水池的塞子拔下來，裝到自己家的廁所，把瀝青挖起來，鋪設在自己家的廚房底下，韓國的政治家來政治廣場時，要手執斧、鏟，矇住臉孔來偷竊，中途如果有善良的路人阻止，遠處同謀的幫派會從旁邊的巷子裡冒出，用刀砍死路人，這麼一來，政客藉著與幫派共謀和分贓，來保護自己的名聲，錢用光的話，還可以藏著刀來廣場，因為還有偷不完的東西，歷經搶劫流血的廣場，罪惡的黑太陽東升後，

染成血腥色，西沉到大樓的另一端後，惡夜的廣場，貪婪、背信
和殺戮的廣場，這不是韓國政治的廣場嗎？善良的市民反而鎖門
關窗，一直餓到非得要去市場買一把米一根菜，才開啓房門、市
場，那是經濟的廣場，經濟的廣場之中贓貨氾濫；統統都是偷來
的。被斧頭砍下乾瘦的手腕，緊握著一顆馬鈴薯不放，還有沾血
的大白菜，掛著一件沾著精液，被撕裂的禮服是從被強姦的女人
身上扯下來的，從前是用一分兩分攢錢存資金開店，現在都做無
本生意，都販賣搶奪來的贓物，資本主義最初想保留一絲絲良心
去貪欲或調整，如今連最後的倫理觀念都喪失了。買方，賣方在
較勁，韓國經濟的廣場，在爾虞我詐的迷霧之中，綻開脅迫的火
花，飄浮著虛榮的彩球。至於文化的廣場呢？如煙如霧的連篇空
話。

　　並且在那地方盛行種鴉片，有個人指導和大眾講習所兩種，
在教導隨時發動動物本能的技術，政治廣場中彼此較勁的人們。
在暗巷小小的廣場：酒吧和舞廳也像同謀，都在勸酒作樂。把非
法得來的贓款大把大把地撒落，往門口拉小提琴的卑屈藝術家的
臉上撒一些。芭蕾舞星每掀一次的裙子，便搶著撿起一張紙幣，
珍惜地放進皮包裡，皮包的重量，等於她們名聲的指標。沒辦
法，他們的練習場所被跆拳道協會佔去；就是新羅時代那些貴族
子弟盛行的武術。

　　詩人們用寫盡了各個詞句和淨化的名目，來發洩的沙文主
義，因為他們窮，沒有真正對象或女人，批評家詢問他們真的和
卡夫卡有過同樣的歷練嗎？又批評道不要說謊，那傢伙是冒牌
貨！把韓國的卡夫卡揍得滿身是傷，所謂的批評家，只是妄想著
自己是舶來品的可憐瘋子，人們面對著這些的廣場，心中都是猜
疑，最愛惜的只有自己的房間、密室。

　　他願意在密室之中栽培一束百合；準備著事後可以藏匿的縫隙，他是女兒的好爸爸，挪用國庫公款的政客爸爸，他那高學歷女兒的話語就是個謎，噢，好爸爸，人民的壞公僕，只有個人沒有人民，肥了密室，死了廣場。像螞蟻經營著各自的密室，隨著身分高低，形成不同程度的癡肥。

　　好爸爸，供給留學法國的好爸爸，給清高教師定罪的壞督學，其實都在諷刺同一人物，沒有人要留在廣場，掠奪和詐欺結束後，廣場便空空的，廣場是個死的地方，這不就是南韓嗎？廣場是空的。」

　　鄭老師靜靜地聽著，不答腔，不回應，雙方聊的很盡興。

　　鄭老師從銀匣拿出香菸，自己唧了一支，勸煙給明俊。他遞來打火機的手有點抖。他隱約地感受到鄭老師從老師降為朋友，驕傲的同時也有失落感，偶像幻滅之後而來的失落感。

　　「你能當一個召集市民來廣場的喇叭嗎？」

　　「沒有把握啊！這些暴君太強了。」

　　「你也要努力裝修密室。」

　　「如果在裡面完成準備工作的話。」

　　「走出來。」

　　「敲打釘椿。」

　　「那一番話如果不能兌現呢？」

　　「就算不能兌現，我真心的要去做吧？」

　　談話中斷，越往下談，鄭老師的地位就越降落，很明顯地李明俊在強辯。

　　「貝多芬怎麼樣？」

　　明俊用力點頭，鄭老師放妥唱盤，風雨掃蕩的氣勢被取代，和煦明亮的曲調靜靜地流動出來，〈羅曼史〉有如紓解積壓已久

的鬱憤，鄭老師故意移開目光，同時像個搗蛋鬼地彎了彎腰。明俊開心地笑笑。

　　疾駛的車子掀起塵土飛揚。

　　透過太陽眼鏡來看，原野和群山穩坐在大海上奔馳而來！

　　明俊騎著摩托車奔馳在京仁大道。

　　身體鑲在奔馳的框框，蒸籠般的燠熱。七月天過了，白晝的空氣像電扇吹出的風，冬天過年的時候，和英美來過一次，現在第二次是來找潤愛。

　　到了明天，家裡大概會發現他不在，而開始找人，應該在那之前打個電話吧！

　　也沒說一聲就把泰植的車騎來，他會生氣嗎？不！不要緊的啦！不要想得太多，更重要的，英美說出成熟的話：「怎麼辦？」他想回應這句話：「我會去愛她。」潤愛這個女生不是很值得追求的嗎？泰植會說抓別人的車就騎來找潤愛是書呆子，再聳聳肩，想到的事要是不能馬上做到就受不了，明俊不時想到要見她，便踩一踩擺在門檻的摩托車，不只因為想念她，還有想飆車一番，也許可以用枕頭擺脫頸上的桎梏吧？

　　英美的父親說警察已經來過兩次，如今，他的生存步調完全亂了。有一天早上起床一看，他竟然成了屁股被貼標籤的罪犯，尾巴貼著黑影。類似的事情接連成的生長過程。大概有人報復他、教訓他這個活得不耐煩、發牢騷的人。不像夢魘般的可怕。而真實到令人渾身不舒服，來自政治廣場中的屠夫。在他的房間外面踱步，摩托車左右晃得很厲害。

　　潤愛家在仁川市街北方荒郊，外面有紅磚圍牆，他在門前停下摩托車，兩腳踩地，把位置調正，望望遠處雲朵下的海，我來

此的眞正心意……他感受到腳步聲，猛一抬頭。

　　潤愛穿麻製韓服、拖著膠鞋，站在眼前，一接觸到她的視線，明俊不自覺地轉開頭。她馬上訝異地說道：

　　「老天，眞意外……天氣太熱了，不要這麼站著，請把車停在這裡。」

　　潤愛帶明俊進入大門，她的房間在像是另外一家的後幢。

　　兩個人在走廊的藤木椅上對坐著；明俊忙著吃起泡在冰塊中的西瓜，沒空說話。潤愛不經意地替他搧風，像是習以爲常的舉動。明俊有如中了圈套，這一來，讓她意外地驚喜。

　　「妳嚇一跳吧？」

　　「是啊！門外傳來摩托車停下來的聲音，正要去看看……」

　　她扇子搧了一圈，不知如何表達意外的感受；明俊笑著把瓜子吐在手裡。

　　「你眞的是來我們家的嗎？」

　　明俊的手抖抖碟子，變了臉色。

　　「不是。」

　　她的唇發白。

　　「不是來找潤愛的家，來找的是潤愛。」

　　潤愛的臉泛紅了。明俊想到自己正在胡扯，爲了擺脫難解的憂鬱心事，便胡說八道一番，如同投入心力卻要抽出本錢跑路，不然要怎樣解釋說這句話的心態呢？紛亂的內心不自覺輕鬆地說出的話，還是養成了新的說話習慣嗎？潤愛不再爲他搧風，她手指撫摸著扇子，明俊想到這是潤愛的家，他是客人，她該忙著說話才對。在感情尚未成熟的情況下，他如此倉卒的腳步，使得彼此十分尷尬，氣氛也僵住了。去年秋天，兩人互相觀察了一陣子後，常抱著類似跑路的心態，任何一方都顧忌注入感情和心力的

先後，到了這個夏天爲止，近一年的時光，他們交往沒有特別的
進展，雖然已經一年了，但見面的次數並不多，因爲道別的時
候，任何一方都沒先預告下次再見的時機，就這樣又過了一個
月，兩個月也過了，再怎麼說，如果能在這樣的時刻見著一面，
卻沒傷害到可笑的自尊。他們會因此而暗自高興。

　　在這樣的時刻，發生了一件事。

　　新綠濃密的五月某天晚上，明俊被英美父親叫到小客廳去。

　　英美當銀行分行長的父親，對全家每一位成員，尤其是對明
俊來說，每週大概只有一兩次，晚上早點回家和家人團聚，晚上
很晚響起警笛聲音，跟著開門的聲音，內房有出入的人跡，第二
天早晨到餐廳時就是他走之後的時間了。銀行家晚上在外頭忙
碌，而早上又準時出門。看來，哪裡來的那種精力，讓人感到好
奇，英美父親說的話令人意外。

　　「今天刑警到銀行了，來訪是常有的事，不覺得有什麼特
別，見了之後才知道，不是爲銀行的事來的，說要問問你的事，
他說你父親最近出現在平壤的對南方一帶廣播節目，探聽到你的
消息，他們要叫你本人去詢問，因爲我是家裡的人，便先來通報
一聲，和你父親的關係啦，你的品行啦，問了幾句就回去了，最
近幾天也許會叫你去，你知道就好，如果說還有別的事嘛！爲你
著想的話，最好改個名字過過也是可行的……。」

　　語尾露出責怪的語氣。

　　明俊好像半夜裡挨了一棍而坐下來，不論是有意或無意發生
的事，迄今爲止，他生命過程中所發生的事，如此突兀，不及作
任何回應。光復那年父親去了北方，如今已是漸行漸遠，父親走
了不久母親過世。受父親摯友英美父親扶養，這幾年裡，常常想

到母親，父親雖然近在咫尺，卻不想見、不想念。形同孤兒，未曾想念到親人，他的孤單，不能歸咎於父母親，大概是他的年紀，還不到懷念父母親的年紀，因爲沒有父母親，吃的、生活上需要的東西，從不離開眼前，從英美父親的收入中領到必須的開支，英美兄妹也不是那種氣度狹小，讓他覺得羞赧的小孩。也許他們認爲那是父親的而不是他們自己的錢，沒有錢，明俊也不懂錢，不認爲給那程度的錢就是恩惠。

父親曾經幫忙過英美的父親，如今他走投無路，英美的父親於是資助他的兒子念大學，並無不當用意，明俊也不以金錢觀點來看待這件事。金錢的深奧等於生存的深奧，明俊的金錢觀懵懵懂懂。食宿、繳學費、買書所用的錢，他未曾有過出自自己肌膚之感。他是年輕貧窮、不懂事故的書蟲。

飯菜、鞋子、襪子、衣服、棉被、床、學費、香菸、雨傘……這類雜物在人生的字典中不佔任何份量，剩下的就是自己，把所有的都呈現出來，剩下最後不可置疑的軀體。觀念哲學者的先有雞蛋，還是後有雞蛋的問題，對明俊來說有意義，也是指自己有內容有實力，父親不是他內容之一，母親不是他的一個家人，我的房間只有李明俊一個人，那不是廣場，那是房間，像囚犯的房間，不容別人進入的單人房間，母親活著的時候，不能和她住同一個房間，當時兩人可以相見的廣場，因爲母親的去世而消失了，還沒有活人和死人共同使用的廣場，可以和父親相見的廣場之路正堵塞著，父親露臉的廣場位於鄰村，兩村之間架著機關槍，不應該有要去的念頭，其實從未想到要去，因爲明俊不相信廣場，面對突然現身的父親，他有如在風聞之中不知所措。

第二天明俊在 S 署私札係取調室和刑警對坐著，刑警把手肘靠著書桌瞪著他說：

「你念那個學校？」

「××大學。」

「專攻什麼？」

「哲學系。」

「哲學？」

刑警嘟了嘟嘴。明俊臉孔發燙，刑警的話觸怒明俊的肝火，把頭轉開，目光停在刑警背後大窗外鮮綠欲滴的白楊樹葉。五月，好季節，好季節裡自己為何坐在這陰沉沉的房間，忍受抽煙、又不懂禮貌的漢子嘮叨。令尊？父親。謝了。住在一起時他都經常不在家，離家幾個月之後突然冒出來。新京（註2）、哈爾濱、延吉。在這些都市度過少年時期。剛光復，明俊為什麼馬不停蹄地來到漢城了呢？如果不這麼做，說不定母親不會過世。

「對了，你念哲學系，很懂馬克思哲學囉？」

「咦？」

明俊從沉思中一怔，刑警被如此一反問，用拳頭重擊桌面。

「你這王八羔子，耳朵被釘樁了？我問你該很懂馬克思哲學？」

刑警口氣倏地一變。明俊眼角熱了起來。

「怎麼不回答！」

明俊依然不為所動。

「為什麼不答話。喂！你這小子以為人家在講笑話？」

這時明俊才開口。

「我不懂。」

「不懂？你老子放的臭屁，馬克思哲學你會不懂？」

「哲學系也有專業，念哲學並不是念馬克思哲學。」

「我知道啦，即使這樣，你老子那麼狂熱的紅鬼子，你自小

不也受到共產主義影響？」

「父親在家並沒說過這類的話。」

心靈的方向是生活的方向，過去的日子裡，父子間並沒有那種空間。

「好，常聽到他的消息嗎？」

「咦？」

「啊，你這小子，耳朵聾了？聽不懂我的意思？」

明俊又閉嘴不吭聲。

「什麼消息？」

「你老子的消息。」

「怎麼聽到？」

「眞是的，你這小子。」

「您一再的說，讓我爲難。」

「什麼？爲難？你這小子還沒清醒囉？」

刑警一骨碌地從椅子上起來，從桌子的那一端，突然走近明俊。明俊嚇了一跳，不自覺地作出兩手擋著的動作。

「你的手還不拿開？」

明俊嚇得像個不倒翁，突然站起來一拳即飛到他的臉上。

明俊叫了一聲，往後一栽，被椅子絆倒，滾到椅子角。摸摸黏黏的人中，鼻血流出來了，一手撐著地，一手扶著鼻的慘狀，覺得自己像隻狗，便莫名其妙地笑出聲來，這麼一來，所有的恐懼反而消逝得無影無蹤了。

「哦？你這小子，還笑？好，你這小子，我早就料到了，你這共產黨小子。」這一次，刑警動腳了，明俊好不容易躲開，但肩頭來不及躲開。

對準腰部臀部的凌辱之時，明俊反而情緒穩定，啊！原來就

是這麼一回事，先前的革命前輩們也受這樣的摧殘吧？他的腦海裡隱約浮現出這個答案，身體最能呈現生命的極限，父親也如此嗎？

這是他第一次從身體感受到父親的存在。

「你站起來不要動，像你之類的共產黨小子，我可以神不知鬼不覺地弄死你，你要不要嚐嚐滋味？」

「起來！起來！坐那裡！」

明俊起身坐在椅子上。

他從頸後被一把抓，提起來後臉上又挨了一拳。

「怎麼樣？頭腦清醒了？我叫你好好回答我的問話有困難嗎？小子！」

明俊望著刑警，刑警正掏出衛生紙擦拭沾上血跡的手，而明俊放下摀住鼻頭的手，張開手掌看，凝聚的血跡像泥土一般黏稠，血，自己的血，在胸中也許綻開血色的火舌，他仰望著火舌，房間的門已經著火了，明俊還沒有想到要去消滅火苗，門倒塌之後，火舌吞噬了床，把床、書桌、窗簾、棚架上的石膏像都燒毀了。

「你協助搜查便沒有罪，父親犯的罪，你代替洗刷嘛，履行了對國家的義務，不是還可以盡兒子的本分？」

可憐的惡棍，讓他去扯吧。

「不對嗎？」

又是令人反感反胃的話。

「是的。」

受到驚嚇，語氣悲哀。

「你抽煙？」

「是的。」

「抽一根。」

他把一包煙推給明俊。

「我現在不想抽。」

刑警不再勸煙，自己點火抽了一口。表現出事情告一段落後的輕鬆。恐懼燃燒殆盡，潑上仇恨無言的冷雨，打濕的灰燼掠過明俊的全身。

走出警察署。爬上署方的山坡，蹲坐在樹蔭下，初夏的日照很猛。襯衫前襟滲滿了血，沒辦法走到大街，叫他這一副慘狀回去，刑警的處理方式，比揍他時，更令他氣憤，他們並不忌諱一名市民前襟沾滿了血走出警察署大門。讓全天下人看到都無妨的意思，他的身子發抖，他們可以把一隻小紅鬼子，神不知鬼不覺地收拾乾淨。明俊彷彿可預見自己從黑暗到黑暗，屍體用草蓆一捲、就埋起來了。我落在法律之外嗎？守護金錢、心靈、身體的法律，法律之外的某種原則，抱膝而坐，腳下有幾隻螞蟻滾動吃著體積比牠們都大的昆蟲。他動腳把螞蟻搓搓踩死。一直搓著，直到牠們揉入草和土，不見蹤跡為止，手掌般大的土地亂亂的，蟲和螞蟻消失得清潔溜溜。如同那隻蟲，在某個人的大腳下，李明俊被揉搓一番，剔除得不留一絲灰的話？咦？剛才那刑警真的可以那麼做嗎？法律之下，市民的生命當然不可以暗中處理掉，突然又想到一件事，我可以控告那名刑警刑求，可是他馬上搖頭，想到先前的經驗，還有，剛才那刑警真的可以動手，有法律依據，當然了，市民的生命不能暗中那麼地搞啦！他剎時想到了一件事，控告那刑警刑求吧！繼而他又搖搖頭，浮現出以前目睹的事件。在車廂裡，有一個人坐在乘務員席上，另一個人跪坐著，上車的漢子戴了黑眼鏡，座位離得遠，聽不清楚黑眼鏡說了一句什麼之後，朝向跪坐者的面頰打了一記耳光，又說了一句什

麼，舉起腳來踹他膝蓋，再從膝蓋打到下巴。明俊最初注視的焦
點，很快地又轉回去了。有如看到不該看的事件，理都不理，只
要不被波及就好了，身處在非人性的環境之下，明俊本人也像死
了一樣屏息著，如今想來，分明是有一股力量教他深信戴墨鏡刑
警的示範，不然的話，在所有人目光之前，他沒道理打那名嫌
犯。護著金錢、心和身的法律之外的某個生命。他筆直的躺下
來，藍藍的天，好季節，蓬鬆的雲到處遊走的天空眞好，突然他
也想到好笑的一句話。

　　好季節
　　念哲學的書蟲
　　旣非爲了有代價才念書
　　流了鼻血
　　我的祖國的天空
　　眞他媽的漂亮

　　明俊淚眼汪汪，旣憤怒又惆悵。不知這樣有何代價。父親的
緣故？總覺得替父親挨揍好像也不錯，身體這麼說的，他悟到在
遠方的父親，如今近在身邊，父親的身體除了有播種生產者的資
格外，也把這個資格傳給他。父親住在他的隔壁房間。那些仇視
父親的人們，撬開明俊的房間，當他是替身，毒打了一遍。在遠
處的父親，讓我流鼻血，這一句是指什麼啊？高空上有風箏在繞
圈打轉，還有一隻悠閒的鳥在叫。明俊氣自己竟能如此鎭定，眞
怪，冷冷的笑上面籠罩一層霧，一顆心則自高高的天花板開始向
下推移、冷颼颼地顫抖。不覺之中，太陽已西下，眼前的 S 署大
樓每個窗口都露出燈光，現在走小巷的話，可以稍微掩飾這副德

性，回到家裡，卻不想立刻上床入睡。舉手摸摸臉，眼眶和嘴角腫了，用舌尖舔舔上唇，剛才那刑警還在這棟樓裡嗎？才初次相見，他為何如此憎恨我呢？竟然下手如此重，真是始料未及，以為看在英美父親的面子上，不致如此對待自己；刑警肆無忌憚地動手怎麼搞的呢？事到如今才發覺完全誤會了，……誤會了，誤會，心中……心中如此說道。傳來房門倒塌的聲音，看來堅固的門扉，竟然被闖入，用他那沾滿泥濘的腳，恣意地打我，這是我的房間哩！那人怎能放肆呢？很明顯的，這邊的界限是虛假的，不論站在明俊這一方，或刑警這一方，「法律」都有規定的。

　　一週後，明俊第二次坐在署刑事室。這次是和很多人同在一室，負責明俊的刑警旁邊，坐著一個輪廓深得像棋盤的老兄，抬頭瞄了瞄明俊問道：

　　「什麼東西？」

　　「李炯道的子弟啦。」

　　「李炯道？」

　　「是誰？」

　　坐在下下個位置的老兄從文件堆中，抬起頭來，加入他們的陣容。

　　「和朴憲永一同搞了南勞黨之後，溜到北方的王八羔子啦！」

　　對面椅子上冒出聲音。

　　「嗯，我知道，你是說最近民主主義民族統一前線什麼的，出來對南方喊話的那個傢伙？」

　　「對啦。」

　　「這小王八羔子就是那王八羔子的小鬼啦？」

　　哇！突然一陣爆笑。明俊低頭看腳後跟，父親名號被污辱的

同時，萌生對父親的感情，即使之前被一個人挨挨撕裂過了，現在成了許多人的傀儡玩偶，更煩。

「那這小子是搞什麼的？」

「他說是學哲學的哩！」

「哲學？小子像極了抽鴉片的。」

「這些小子內心更朦朦醺醺的，依我在私札係工作經驗，激烈的共黨分子之中，有很多像這小子的，看起來連隻小蟲都怕，當年……」

這個刑警把明俊擺一旁，坐到其他同事那邊，開始長篇大論。明俊聽了他的故事也再次大吃一驚。那人稱自己的全盛時代：日治時代特高刑警時期，處理左翼的故事，他把特高當成韓國警察的前身，依他的口氣，日治時代，自己念那學校的前身是前輩，在這些後輩面前，眉飛色舞地談論搞運動的精采實況。明俊也置身於大家的情緒之中了，那刑警的話語，當年和現今的情況都混雜一起。很明顯的，以抓共黨分子來說，現今或日治時代，在他看來沒有兩樣。日治是反共，我們也反共，因此是兩者都一樣的三段論法，他不停地嘀咕著剛才、剛才……依他之見，共黨分子要怎麼處置都好，他說當年真好，當年蠻吃得開。明俊漸漸被搞糊塗了，當年好？指的是李朝時代？高麗？新羅？三韓？或是伊甸園時代？咦？這人理當不會有懷舊情趣的。那是指日治時代的，刑警把明俊拋開，整整扯了二十分鐘才轉回坐好。

「你想好了？」

「咦？」

「你這小子從不會第一句就聽懂，念到大學哲學系的小子，怎麼不會看眼色？」

「……」

「你想他會這麼簡單地招供嗎？」

明俊一下子低了頭後，仰起臉開口說：

「前次也向您報告過。您可能誤會了我……嗯，請您聽我說完，您誤會了。父親回到家也從未講過那些話。他去北方的事情，在最近幾個月，母親和我都不知道，因爲他以前就很少在家，我們被矇在鼓裡，最後才知道的。之後，母親過世，我就找到邊成濟先生這裡。一直住到現在來打探父親的消息，沒有其他更好的方法了，其實邊先生也很清楚這一點。」

可是刑警始終聽不進他的話，拿火柴棒掏掏耳朶，一會兒用小拇指挖挖鼻孔，心不在焉地聽到邊成濟這個名字的時候。冒出了一句話：

「邊先生？不能把邊先生也扯進去。」

明俊的胸口突然一陣窒息，他隱約地感到這個名字所具有的力量。

刑警瞪著他，不放鬆那句話，假裝聽過就算了，實際上沒漏掉重要的部分。

讓人見識到一隻賊頭賊腦的狐狸，也不知道要如何拿邊先生來做話題。明俊只好先觀望，便接著說：

「雖然住在同一個屋簷下，還是搞不清楚家人的一舉一動。我的生活可以說非常簡單。我接觸最多的地方是學校，此外交友的關係，您去調查就可以知道。我沒有犯罪，卻被苦苦逼問，眞的很苦惱。」

〈一舉一動〉、〈接觸〉、〈交友關係〉這一類的名詞很順口地冒出來了。

「你最要好的朋友是誰？」

明俊想了一會兒。

「沒有。」

「怎麼？你至少也提出一個人來啊！」

「特別要好的……邊泰植是其中……」

「邊泰植？」

「他是做什麼的？」

「他是邊先生的公子。」

「你看這小子玩的把戲！」

隔壁座位像在助陣似地發出一聲哼的冷笑。

「你把邊先生拖下水就安全了嗎？不要搞這種小把戲！根據我的經驗來看，你這副嘴臉長相最會騙人了。在我還沒有經驗的時候，躲不過你們的詭計。可是現在不同了，你以爲我只擺平過兩三個傢伙嗎？你們肚子裡面我都一清二楚的。你這小子！」

那麼明俊要怎麼辦呢？刑警抓他脖頸的手勁怎麼如此大呢？緊張的氣氛步步逼近。

又傳訊過一次之後，便沒有下文了。明俊呼吸著不安的塵埃，一天過一天，他依舊聽見心裡不停的吶喊：有意義的生活是屬於你的嗎？你不是生活在戰慄不安中？一天的光陰被塗的慘澹無光。也就是說完全有意義的時光，這不正是你期盼的嗎？這時候不要再對自己開玩笑，不要再說這些無聊的話了，這願望是不可能實現的。明俊拿酒要把吶喊消音，結果喝越多，吶喊的聲音愈清晰可辨，他被沉重的空氣壓得受不了，跑去追逐潤愛的身影，她的身影已忘卻許久，如今突然浮現出來。

潤愛雙手舉著小餐桌，繞過兩排高高的曇花籬笆進來。

這是明俊一人份的。

自從在警察署挨揍之後，一直覺得很窩囊，也不只是這個理

由，眼見她忙著這個不速之客，這份心意真讓人感動。

　　先前在警察署遇到的荒謬事情，不但一下子攪亂他所有的舉止，也在幾天中消耗了他的體力，卻不經意地學得教訓，迄今為止，不管他期待過什麼法律之類的；就是相信過不可信賴的吧？我房間的鎖像是一個玩具，擋不住放肆的人。明俊跟潤愛商量了一番。

　　「我現在正想要回去。」

　　潤愛張大眼睛望著他。

　　「你說什麼？現在很晚了耶！」

　　「我可以打開車頭燈，不要緊的。晚上比較沒有車子，可以加快速度。」

　　「老天！好奇怪喔！」

　　不能把心事坦白說出來，只能說好奇怪，潤愛的心頭很悶。

　　「對呀！就是好奇怪。」

　　「就是什麼？在這個晚上，你想當機車選手嗎？」

　　「你如果真想走就請明天走，雖然我們家可以留你幾天。」

　　她咯咯地大笑著。

　　「可以接待幾天？」

　　「只來你一位客人，我們家不會餓著的。」

　　「那麼，夏天的日子裡，我就來打擾你了！」

　　「好哇！」

　　她好像高興得要拍起手掌。

　　「哈哈…不是多了一位食客就怎麼樣的問題，而是妳的父母親沒意見嗎？」

　　「我不是說過了嗎？」

　　「妳是指什麼呢？」

「我家人口少，去年你不是來過？我是獨生女。」

「兄弟呢？」

「沒有。」

「嗯？」

「呵呵！不認爲答嗯不妥當嗎？」

明俊開懷大笑，幾天以來心情頭一次這麼愉快。

「那麼就這麼辦！」

「怎麼辦？」

「我先回去說一聲。」

「好，後天，最遲大後天回來，再來打擾。」

「不要說打擾，我這個主人原本就樂意接待，這麼說好像我強迫你來，好了，先把上衣脫掉！」

事情決定以後，心情非常舒服，原先沒有任何計畫；而現在要在仁川度過夏天，實在是一件天大的喜事，眞要在潤愛家待上一整個夏天！這是作夢都想不到的，難以抑制興奮雀躍的心，英美鐵定會嚇一跳。總之，眞高興離開漢城一段日子，有一段充裕的時間待在鄉下，使心境安靜下來，相信會是個好的修鍊。潤愛說我一定累壞了，要我好好休息，進了房間後，輾轉想著，不知不覺地湧上了睡意……

有一種感覺稱之爲預感，人們從古至今都使用這個字眼，無論那個人，一生中都會有一兩次這種經驗。現在明俊也感覺到了，不用經過仔細的思考，就能深深地感受到，他將此稱之爲預感，因爲沒有更適合的字眼，能加以形容這股感覺，雖然他自己也想不太通。只是以他的情形，還沒鑽入感覺的最深處，本身的事再怎麼說都是自己最清楚；當果子從那棵樹上逐漸成熟，將從那美好的枝頭落地之前，果子的呼吸已經跟得上成熟的腳步，隔

著厚牆，聽到隔壁房間交談，聽的人會焦躁，有時甚至很不耐
煩。明俊彷彿聽著珍愛的事物正在倒塌，在夜裡半夢半醒時分，
聽來像家中屋樑乾裂的聲音。堅實的牆壁裂開的聲音，對此預感
卻也無可奈何，對於平靜的倒塌，無法插手也不想插手，只有等
待。他思緒很亂，卻也懶得動那軟趴趴的身子，事實上是怕，怕
到驚嚇的地步。

　　他沒有跟潤愛提起，一個人在街上不停地走著，走過碼頭周
圍的街道，他享受著戴著麥稈帽子的樂趣。沒有潤愛，也沒有拷
打他的刑警，在充滿魚腥味的魚市場，魚都瞪著眼睛，被浸泡在
冰塊中，他望著魚貨打發時間，覺得這樣很好。屋頂上的陽光透
過窗戶照射下來，看著黃魚乾淨的銀色鱗片，這樣渾然天成的美
感，讓他覺得所謂的美術實在太多餘。明俊看起來不像買魚的顧
客，而那些裝著不知情的人也真好，他從前太在意別人而活著，
對所有人示好，就好像有種女人，對丈夫和情人以外的人也示
好，像是天生的鴇母。比女人更聒噪的男人到處都有，像明俊就
是。男人一定要威風凜凜才行？女人一定要善良乖巧？鬼扯蛋，
那已是石器時代的事了。所謂文化，是信任不合情理的正統。威
風凜凜這句話，在金錢至上的時代中，只有奧運會上還存在正統
的價值。在心愛的人面前，裝出一副威風凜凜的樣子，用心表現
出雄性剛強的味道，因為那些女人瞪大著眼在瞧，這種風潮是多
麼地殘忍，為了滿足那些女人的胃口；就像西班牙人鬥牛，是殘
忍的屠夫遊戲，牛角上沾滿血，人，則倒在地上；在今天人們不
能奢望〈英雄降臨〉，就算在這個金錢萬能的年代，人們仍然買
不到，不是人變得不一樣，而是條件有所改變。剝掉外表後剩下
的核，就是美麗的迷信，我身上也許埋著萌發英雄誕生，英雄殞
逝的種子嗎？不知道，我只能確定，在這黑暗太陽照耀的廣場

上，只有無從萌芽的種子。

　　膚色黝黑且帶些臭味的女人們，用鐵鉤將魚鉤入竹簍裡，聲音沙啞地叫賣著。一條喲！兩條喲！三條喲！聲調中具有節奏，讓人忘記她們原本是女人，她們會思考生存的意義嗎？大概不會。據說哲學來自悠閒，姑且不論來自何處，對於受過教育的人來說，思考的習慣是無法除掉的，而〈想〉的部分有如魚的鰓一般，若將之除去，魚會死去。唯有把思路中的結解開，才是實際的解決方法。

　　個人的密室和廣場打通時，人們的心胸才會舒坦，只有廣場沒有密室奴隸和帝王，這樣的時代相安無事，一旦密室和廣場隔開了，就出現困惑。人們始終找不到像蒼天埋怨的廣場，便不知如何是好？

　　先前潤愛眼中點燃的火花已然不見了，每邀她三次，只有一次會允諾。跟著明俊漫無目標地在外面逛，當他說到漂浮著瓶罐、油污樹枝的碼頭的趣事，她只有靜靜聽著，不知她是否沉醉於這一番有趣的經歷。不管如何，從臉上的任何角度來看，她總是被弄得心亂如麻；明俊每每被嚇著了，如果說人們可以互相瞭解，那是多大的誤會啊！人能瞭解的只有自己，用被對方騙了的藉口，來要求分手，就像根本沒有借錢給人，卻硬要對方還錢。〈愛情〉這個詞，人們如果將所有的希望投注在這個詞中，如此充滿了誤解、徒然地期盼、不可靠的信任，就是愛情。哲學家架構出一套大綱，在他人生的論點中，有著〈愛情〉這個名詞。在還沒施展〈愛情〉這個法術，哲學原本是一件破爛的衣服。潤愛嫻靜的神情，從明俊這種觀念哲學者看來，是穿著華麗套裝、觸感柔順的〈一瓢水〉。

　　他想佔據這個裹著柔嫩肌膚的個體，這個念頭忽然升起，就

這麼辦。在某個夏天，在某個曠野中，一場欲仙欲死的經歷像電流一般貫穿腦子。

「髒東西突然變得好看時，我最高興了，你要不要張開眼看看？」

「一定必須是髒的東西嗎？」

「漂亮的東西看起來漂亮，這是當然的道理；但是髒東西看起來只會髒，如果看透髒東西裡蘊藏的美麗，人們的心必須提升到更高的境界。」

「當然啦！」

哦，她說當然啦，如此沒有大腦的話。望著她的側面，耳後秀髮如雲地飄動。明俊有著說不出的厭惡。

「海和山，你喜歡那個？」

「兩個都喜歡。山有山的味道不是嗎？」

主啊！請原諒這個頑固、鑽牛角尖的女生，請原諒她七個七十次。明俊吸著煙，將眼光移到眼前的一艘小汽船，剛才那些有關哲理的話似乎不能感動她的心，他再怎麼傳送電波，潤愛的接收器似乎損壞，不然就是頻率不合，電波就折射偏掉了。用上帝教導的愛情能感動她的心？

「只要站在海邊，我就會想要到任何地方去！」

她在唱老歌呢！從損壞的唱片中傳出這江水落花流水……的流行老歌，她如此地漂亮，又是專攻國文的，明俊有個可愛的想法，潤愛的話語也是老歌了，在明俊耳中，難以入耳的牢騷苦悶，在別人聽來是復古的老歌，這是文化的差別嗎？

「會有一個沒有煩擾的地方嗎？」

「不知道，不管有沒有這種地方，能離開就好。」

「那種感覺我知道，這叫夢想。」

「夢想。人們好像活在盲目的夢想裡。」

「爲什麼稱之爲盲目？」

「就是受騙，我怕結婚，家裡常常催我。」

「就是說啊！我也知道害怕這個東西，人類起源的時候就有了，躲得掉嗎？有時看到上年紀的人，想到他們能不自殺而活到現在，眞不簡單。」

「不是不簡單，是無可奈何！」

明俊心中的一根刺被拔掉，感覺漸漸舒暢。爲何仍無法鎭定下來呢？愛恨交織的煩躁是自己不安的現狀。這麼看來，廣場的黑影一直跟隨著他，來到了這港口中熙熙攘攘的人群中，即使如此，他也沒有理由把一肚子火氣出在潤愛身上。

就說那一天吧！跟平常一樣，於午後兩點驕陽如炙的時刻出門，覺得有人在後面跟蹤，回頭看。是潤愛！於是他停下腳步等她。

「怎麼一個人說來就來，說走就走呢？妳不是來找我，而只是來我家而已嗎？」在黃色的陽傘下，她笑著。明俊搔搔頭，和她湊齊了腳步。

「今天我們不要去碼頭，去別的地方吧！」

潤愛點點頭，繞過碼頭爬上去，走了好一會兒。明俊想到這時候男人必須採取主動，只要自己稍微暗示一下，她都會聽從的。可是他怕被拒絕，因爲他總被當成一個紳士，而現在搖身一變成爲另一副嘴臉，確實需要膽量。他的生活曾經自由自在通行無阻，如今要找一個卸除惶恐的位置，卻找不到，他眼前的視野很狹窄，他好像被矇住眼睛的彎馬，在令人窒息的山路上拉著馬車，被那陽光曬得皺眉，一天過一天被驅趕著；最近他的生活中有無數的政治聚會，他對此一無所知。原因有兩個，其一是他不

懂當下發生的事，聚會中的人大多正在拿天大的事情胡說八道，像早就看過上帝的天書；如果說從學習哲學這東西有所收穫的話，是不能拉高聲調，遮蓋過你所懂的，拉高聲調只會讓人聽起來是沒有敵意的；原因之二，是要有更好的機智，身爲父親之子的他應該小心。現在，有如充滿了罪惡的陰謀，引誘他去追求一個女人，追求爬上了地平線，而有著煥然一新的力量。他們腳踏在左邊，那位置的視野包含村莊坡度形成凹陷的盆地，右邊可以眺望碼頭和街道被一棵老欅樹檔著。剛剛見過碼頭裡熙熙攘攘的情景，現在的視線轉成豁然開朗，便訝異地望著這片空曠的海邊，正午的陽光照著無垠的沙灘。明俊內心充滿了欣喜的悸動，油然生出一股不知要感激誰的念頭，在從盆地邊緣俯望著大海，享受著那份靜謐。好一會兒才移步到樹蔭下。海上不見船隻，只有誘人的雲絮緩緩升起，白色柔細的團塊，在陽光照射下，頭部和肩部邊緣，反射出玻璃般刺眼的邊緣；下半身拉出了陰影，襯托明亮的上身，整體的形狀讓人聯想到女性的裸體，像極了剛出浴的皮膚，記憶中英美常常會在洗澡後，開玩笑地到他房間，那皮膚美得令人心動。他苦笑了幾下，也只有英美讓他感到萎縮，對他而言，英美扮演著什麼樣的角色呢？

　　朋友的妹妹？父執輩的女兒？我的朋友？主人家的女兒？爲什麼有這些稱呼？迄今爲止，他從未把英美的家當做主人家，那又是什麼？他再仰望雲彩，有閃亮的小東西在頭上的天空飛著，雲好像一塊塊地各自嬉戲著；卻有隻海鷗，似摸著胸口，瞪大著眼睛，注視著水中的食物，或斜著翅膀，或插翅，或筆直地斜飛，構成一幅自由翱翔的畫。

　　明俊回頭看潤愛，她正盯著腳，腳掌搓揉著沙粒。身上綠色細紋的洋裝很顯眼，樹蔭下海邊的陽光很明亮。他突然抓住她的

手，四周似有些擾動，卻靜靜不動。有好一段時間，兩人不知道下一步該做什麼，越是如此靜靜不動，越令他尷尬。潤愛不停地擺著手，有點想掙脫的樣子。她這一邊突然使了些力，明俊也加了些力量，把她拉近，用另一隻手攬住她的腰，嘴唇猛然地湊近。她雙手擋著他的胸部，低頭避開他的唇。明俊在攬著她腰的手上出力，用另一手臂把她的手臂反轉，並向前抬高，潤愛擋在他胸部的手臂便放鬆了，一把被擁到他的懷裡了。明俊雙臂勒緊她的身體，撫摸著她的唇，她低頭把臉埋在他的胸膛，一直不從，明俊全身發燙，他鬆開了手臂，用力抓住她的下巴和後腦杓，不等她留意，就往嘴唇壓下去，她如同正在等待似地即刻張開了唇，他從她的舌尖感覺到了自己的舌尖，她的頭貼上明俊的雙臂，全身的重量都壓上去了。他用胸部承受她的重量，一邊吸吮著她的唇。她閉眼攤開雙臂，滑潤的肌膚迎合著他，很快的擺動著。

　　他吻過她的唇後，撫摸她的臉頰、額頭、脖頸，從連身洋裝的縫隙摸索她的胸部，她再一次地蠕動，她用力把她攬入懷抱再放開。她挪動位置坐妥，她正在整理散亂頭髮，看起來已經和明俊很親近了，人之所以擁有身體，讓他再度起了好奇心，未經告白就完成這件事，沒有懊惱遺漏了那個情節，如果說到情節，從初識到今天，已經超過半年多的日子，只到達手伸出一半又縮回的進展，白癡的半年。現在他開朗又滿懷愉悅，抓住潤愛的手用兩手掌揉搓，她指甲形狀長得很美的手指，讀著她的手，如同剛才接吻的情景，他的動作正在牽動她的一顆心。

　　她隱隱約約地回應；她享受滑潤的碰觸。他想著最初她拒絕的神情，注視著她的眼睛。

　　她一下子低垂著頭，神情讓人愛戀，把她的手指一個個折出

聲來，折完五個手指，再拉另一手的手指折著。她咬著下嘴唇看他胡鬧。情侶對坐時很容易胡鬧打發時間，讓他嚇一跳；和他原先想像的不同，一點都不難，玩完了她的十個手指頭，這次把她的手指拉來用唇一個個撫摸，指甲修得很乾淨，真想把它整根地咬斷。海上的雁子還在原地飛著。

　　那天晚上潤愛早早地離去之後，明俊枕著臂腕躺著，盯著她坐過的墊子，有一種滿足的欣喜，潤愛穿的苧麻韓服，漿得硬梆梆像蜻蜓展翅優雅的姿態。就是這個身體在自己懷中急喘著，帶給自己一份驕傲，曾經看起來那麼堅實的石牆，卻輕易地倒塌下來，真像是一場虛幻，戀愛對明俊來說曾經只是一項稀罕的〈技術〉，如今是可以用手觸摸到的勝利，他還在疑惑是不是鬼魅，他把嘴唇湊近，她的唇早已張開，他想著她是情場老手嗎？不，應該是喘氣掙扎之際，造成這局面，她一直垂著兩隻手臂的嗎？她不纏繞我的腰，也不搭上我的脖子，讓他覺得不安，她就這麼猛然地接受嗎？她的舌像一隻犀利的蛇，不是慾情十足地蠕動？柔和沾濕的皮膚分明在訴說著愛情，人可以擁有的最昂貴的戰利品大概就是人，他是如此地滿足，這段假期間，她的身子騰出一個空間，他稍微的觀察出她的心。使他完全地相信，心是隨身的，除了藉由身體，人還能藉由其他方法來了解別人嗎？雖然神是看不見的，人製造偶像，用來盼望神現身眼前；同樣地，人造了另一個人的肉身，也許可以把看不見摸不著的愛情具體化，因為人太寂寞了，想要觸摸〈愛情〉，這個新生代的肉身只是個影子，在虛幻中映射著寂寞。看來，陽光中閃耀的雲，海和山，天空，港口中進進出出的船隻、火車和軌道，國家和大樓，統統不都是投射的影子嗎？投射在極度寂寞的表面上，那具身子老了，不能裝載更大願望時，就會孕育寂寞的種子，因此生命展開了，

所謂的生命，是無法遺忘往事的寂寞之子，放蕩的女子會因為曾被騙，不得不去找一個對象來騙，那就是生存。放蕩的男子只在遇到真正中意的女人，才會停止花俏的治裝，換上睡衣，生下最後一個小孩，中止散播寂寞的種子，空間才擺脫了寂寞，生存，是不知道終點，被情慾所困擾。很會生小孩的肚子。

　　被刑事踢得傷痕累累，明俊這個觀念哲學家在攪著蛋黃的夢境中踱步而睡著了。

　　汽船發動的聲音，有點像山鳥的啼叫聲，他，汽船，山鳥啼，舉起酒杯對飲而盡，刺激喉頭後流入腸子，他遷來仁川之後，常光顧這家小店。

　　客人不算多，很好，可以俯視的窗外景色很好。

　　走廊底端海浪洶湧，他把燃盡的煙丟到窗外。

　　「您再喝一點吧！」

　　老闆一手提著酒壺，站在背後，提酒壺的手指節很粗，明俊無意間瞧瞧老闆的臉，慢慢地抬起頭。

　　「不了。」

　　老闆莫名的畏畏縮縮，好像有話要說，明俊笑了，點著自己的旁邊位置叫他坐，老闆把壺放在桌上，搓著兩手，曖昧不清地說道。

　　「有船。」

　　首先，是他的臉色，古怪的一張臉，說這話時，他還瞄了瞄門檻。

　　「……」

　　「不要緊，您第一次來時，我就知道了。」

　　「你說船什麼？」

「嘿嘿，您不要裝了，第一次來的客人都會假裝不知情的啦。」

老闆拿起一個杯子，倒了一杯喝了之後，附在明俊的耳邊說了話。明俊鬆了一口氣，回到先前等著老闆回答時的泰然，老闆見他的神色，示意他去看，但老闆反而緊繃著一張臉。明俊叼起一根煙，忘了點火，愣愣地望著窗外，毛毛雨如同一片濃霧，霧中不時傳來短促的汽笛聲，霧中有潤愛乳白的胸部，任他撫摸，毛毛雨飄浮著，像濕漉漉的汗水淋著前胸，他想起她在盆地裡冒出一句話：

「那裡有海鷗。」

她很突兀地說著虛幻的往事，那隻海鳥像海浪起起伏伏地飛，很惹人厭，比她更讓他討厭，如果有一把槍，他會瞄準那隻白色的小東西，用抖動的手指扣下扳機，朝乳白的前胸開火，雁子正盤飛著。

老闆附在明俊耳邊說：

「我是說去北方的船……」

「李先生。」

船長站在他的身旁。Matross煙斗的煙火閃爍不定，亮光中見到長相清秀的船長在笑，明俊躺著說：

「船長是大帥哥。」

「嗯嗯……哈哈……謝了，我太太聽了不知會多高興！來，起來，來我房裡喝一杯，我要開那瓶存了很久的威士忌。」

「您要給我獎賞噢？」

「獎賞？」

「那麼我可以選擇要什麼樣的獎賞了。」

「原來威士忌還不夠意思囉？你當真要我付出大帥哥的代價了？」

明俊舉手指著星空，再轉下指著自己的臉說：

「您不要擋著我的星光。」

船長退後一步立正，做出戴帽舉手行禮的樣子。

「尊敬的 Diogenes 閣下，對不起。」

他併攏皮靴後跟，抬步向後轉稍停頓，頭也不回地闊步走去，轉到拐角。Diogenes 轉回頭高興地仰望星空。

星星，星星……

海上的星空讓人感動死了，明俊不信宗教，在星空下看人的路途便知道人的心靈。

他和潤愛曾坐在海邊盆地，一直待到星星開始閃亮的時刻。他當時為什麼手忙腳亂呢？第一次擁抱女人就想知道她一切，並且急躁地想了解。

「你再多說一點嘛！」

「有什麼意思呢？」

「老天，你在研究什麼呢？」

「我？就說是白痴，現在沒什麼事。」

「那有什麼事？」

「就是潤愛啊！」

無庸置疑的，潤愛是他的全部了，明俊在二十歲的年紀，第一次見識女人，擊倒了所有事物，仍有剩餘，被她的肉體所迷惑，他比誰都愛潤愛，比泰植還要多愛她幾倍，內心如此，大概有了某種精神上的契合。至少對潤愛來說，和他交往一場，有所收穫吧？她多少成熟一些了吧？

「我喜歡聽硬梆梆內容的話。」

「小心眼！」

她的話很容易被當成稚氣又空洞，我當時習慣攬住她的脖子，我會不會弄錯了？也許是潤愛的真正聲音，那不是毫不掩飾的心聲嗎？她不是有同輩少女的坦率純真嗎？連同後來發生事情來判斷，理應如此的。例如明俊厭惡打寒噤的灰色貓頭鷹，在她的眼裡也許是一隻金黃色的鸚鵡。那時她的肉體並未自我覺醒，怪我自視頗高太愛擺架子，她不是受委屈嗎？不論是誰，都厭惡任人撫摸的，但女朋友卻不同了，如果潤愛常常拒絕的話，他就知道她不是一個不動的東西，而是一個〈人〉。兩〈人〉的碰觸竟被潤愛認為受辱丟臉，是太不為對方著想，他始終無法得知她到底享受了多少樂趣，明俊竟開玩笑地稱那件事的目的是為了體驗存在，在他看來，潤愛的答案不太好，而他的題目也出的不怎麼樣，如果沒有真心，肉體就是一個空殼子了，時至今日，兩個人的失誤要遮蓋也無從遮蓋了，不僅僅弄清楚了彼此的身體，並且兩情相悅的情形下進行的話，也只有安慰說，所有的失誤都不追究了。

尤其當無從再續前緣的一些往事，有利於被害人一方的解決，其實對雙方都好，和她相遇分手的話，被一種罪惡感所困擾，是勝者的感受，一個人對別人到底會造成多少程度的傷害呢？如果說已經把別人的前途都弄砸了的想法有罪惡感的話；他就是竊取了上帝的位置，人不能弄砸別人的，只能弄砸自己的前途，不管從那種意義來說，和我交往，對於潤愛是一種經驗，如果再針對這個體驗論東論西，就是蔑視她了。

該回顧反省的事總充滿感傷，不是有人說，想要愛對方，就不要污染對方、抓傷對方嗎？在南方的日子裡，哲學便是他生活的全部，沒有父母、沒有錢、沒有名聲的青年，在擁有的東西之

外，哲學大概可以補償，還可以讓你看到夢想。在這片土地，在數不清的歲月，住過多少貴賤人士，在這社會裡，連作夢都不敢，這時候的哲學，似乎是良心最後的藏身之處，哲學涵蓋所有身分，不論君主或奴婢，所有的人驚嚇於活著這件事，追究其意義便按捺不住。總之，他在哲學的塔裡，把人當成風景觀賞。潤愛在此時出現了。

　　她走來時出乎意料地敲敲他的窗戶。他跳躍過窗框，抓著她的手，再拉起她的手，引導她向綠色曠野走去。她原先在書櫃擺著一排排漆金的書房裡，就算你進了書房也會覺得無趣。眞的！這沒有誇張。明俊不要她漂亮的臉蛋爲了思考，而佈滿難看的皺紋，他以前的這份憐惜算有侮辱到她嗎？

　　他慢慢地坐下來，冷不防打了一個寒噤，站起來伸個懶腰，仰望天空好一會兒，有流星墜落。

　　聽說在一個晚上看到三顆流星會好運，他便等待下一顆流星，眞的等到了。

　　這一顆和剛才那一顆的墜落方向有一段差距，再等下一顆好了。等不到，掏出一根煙抽，抽完了依然等不到流星，笑著轉身站好，走了幾步便停住，俯視著甲板嘀嘀咕咕，再怎麼說，我戀愛過，再止步一次，直接轉回碼頭。

　　朴不知去那裡，不見人影，爬到上層衣間抽出一條毯子時，朴回來了。

　　「你去那裡了？」

　　朴磨磨蹭蹭。她說：

　　「嗯，就是……」

　　他一邊把話題岔開，一邊爬上自己的床鋪，到底怎麼一回事？他臉色不太好看，好一會兒才說：

「明天不是到達香港嗎？難道沒有辦法上岸嗎？一提到這話
題，大家便議論紛紛，都在找你，又找不到你。」

又是這些話嗎？朴猛一翻身往角落躺下來，下鋪也不再出聲
了。

泰格爾號大約在晚上八點鐘時駛入香港，這時南方國度漫長
的陽光仍然灑滿船身。

大大小小、各式各樣的船隻停泊在港口，船員的一舉一動更
清晰可見。沒有人注意到這些，戰俘們擠在甲板一角觀望香港街
景，他們的視線越過船隻直指街道。

不夜城。

山坡地勢附和香港的夜景，太陽還未下山，早已到處燈火通
明，既非白晝又非夜晚，黑暗和光線猶豫不決，這樣的景象蘊含
著一股詭異的氣氛，壓抑所有遣俘的情緒；無法帶來鼓舞的力
量。整整半個月，等待起錨的半個月，逃離出守望到煩悶的港口
之後，這是戰俘們第一次看到街道。他們一致有強烈的願望：期
待踏上陸地，就算只有一個鐘頭，再不然三十分鐘也好。半個月
踩踏不著陸地的人，如果終日無所事事，會被芝麻小事纏身而發
狂，要是能逛逛那燈火輝煌的街道，即使一下子都好。就算不能
購物也無妨，如果能瞧瞧店舖，當眾人對某事想法一致時，掀起
了一股他們看不見、卻又無所不在的漩渦。在那廣場中，形成團
隊性的進退動態，而不是個人性的。李明俊也在廣場中，正在處
心積慮地擺脫這些。因為連漩渦都有殺氣騰騰的味道，讓人擔
心，他也和眾人一樣想上岸，萬一眾人再這麼堅持下去，那麼上
岸的重責大任會落到自己的身上，直到上岸事成為止，都不能離
開船隻，這些戰俘明知實情是不能上岸的，卻仍然被糊裡糊塗地

攪得心煩氣躁，好像必定會發生什麼事，他因此很氣惱。

「李同志，你來幫忙辦辦看這件事。」

「你指那件事？」

他明明知道的，還這麼回答。

「上岸的事。」

「那不是根本行不通的。」

「誰不知道啊？但我們試試看把行不通的變成行得通。」

明俊一言不發，圍繞的人群中發出責怪似的聲響，這麼一來，讓他莫名其妙地有一種害大家上不了岸的歉疚，明俊舉起手對著額頭敲敲，這時人群中有人說話了。

「我們不該站在這裡，走！到房間裡去。」

大家跟著到了船艙，三十一個人進去之後，房間就滿滿的了，明俊和金在裡面靠著牆站著，他們前面的人坐在走廊，其他的人則被擠到門邊，坐著和站著的人都正眼瞪著明俊，不是欠他人情的眼神，而是威脅強迫的眼神，這感覺壓得讓他窒息。

金開口了。

「總之，大家一致希望上岸，李同志，你就盡量試試看，不是我出不出力的問題。想當初，是在中途變成不能上岸，穆拉吉不也很無奈嗎？」

「就是說啊，因此才要請你幫忙，大概是擔心出事，才不讓我們上岸！會出什麼事呢？最嚴重的大概就是逃亡！我們能夠逃到那裡呢？拿香港來說，是我們和中共鼻子貼鼻子的地方啊！我會在這逃亡嗎？你從這一點說服他們吧！」

明俊環顧四週，一張張的面孔，都聽不懂這番話。讓他想起有一次也是這樣的局面，一雙眼睛掃射著他，在勞動新聞社編輯室的那段新聞，爲了〈集體農場記事〉自我批判的那天晚上，包

括編輯主任在內，三名同事就是這副眼光盯著他的，那時他們一邊用哀求的眼神，一邊向我卑躬屈膝，現在這群人也這樣對他，也許大家都知道上岸是件過份的事，所以推到他身上，然後他開口了。

「同志們，還是一句老話，問題不在於能不能交涉得好，而是根本毫無交涉的餘地，現在這船上沒有一個人有能耐讓我們上岸，即使穆拉吉滿懷好意，他也無可奈何，各位渴望上岸的心情，我怎麼會不知道呢？我也是感同身受，只是我們該想到一點，那就是不要為了小事而誤了大事，以後我們遇到大麻煩，會需要他們，各位，請諒解我的苦衷。」

沒有人答腔。明俊向眾人掃視一遍，有人的眼睛和他一對上便垂下來，可是過後，又不屑地抬起來。

明俊漸漸不安了，那種錯在自己的可笑感覺開始膨脹，同時他的顴骨開始刺痛，為何錯在我，為何錯在我呢？

他不停地反問一句話。瘋了，我瘋了嗎？這些人，這些老兄是我的同志嗎？只不過搭了同一條船，從開始我們不就沒有可以站在一起的立場嗎？每個人都因他們各自的原因搭上這條船，難道就因為搭上同一條船，而該毫不遲疑地把他們當成同志嗎？

到最後都沒有人要說話，篤！篤！泰格爾號的汽笛隱隱地震響了船艙的牆壁。真讓人受不了。

「好，不管事情成不成，讓我們說說看。」

講完這句話，他撥開坐在前面的人們，走到門邊，在他消失之後，暫時沒什麼聲音接著，就迸開了七嘴八舌的討論。

「李同志是來監督我們的，根本不是站在我們的立場看事情。」

對於他的談話，多人贊同。

「誰說不是，誰選過這小子當指揮的？他是通譯官啊！」

「每件事情都用說教式的，真是不順眼。」

「總而言之，事情即使不顯現，也要實際去試試，才讓我們心裡舒服啊，他說從一開始就全盤否定，算什麼嘛！」

「那小子不是當過政治保衛部員嗎？」

「你這個人，不要講那些，以前做過什麼，又有什麼關係呢？」

吵吵嚷嚷一陣之後，比剛開始更安靜。沒有人再開口了，懸吊在天花板的水晶燈罩射出的燈光下，房間瀰漫著煙霧，也許是發電機的電力不均勻，燈光一閃一閃明暗不定，稍後他眼光突然發亮時，金和鄰座的人從剛才就一直竊竊私語，他的形貌卻被扭曲得很狼狽，他突然故意提高聲調，說得讓房裡的人都聽得到。

「我沒嚐女人滋味已經有多少年啦！就這麼路過香港，唉喲。」

最後還做出那種魚水之歡的擺動，一陣平穩的笑聲傳遍座位。

要踏進房裡的明俊，聽到金說的最後一句話，以及眾人刺耳的笑聲，他暫且佇立著猶豫不決。令人作嘔的一團東西哽在胸中，並非想要責怪他們，只是覺得噁心，自己想要吐掉叫做李明俊的這塊東西，他放輕腳步走到甲板上，正巧有上陸的船員經過，拍他的肩頭，向他點頭；走到皮筏後還擺擺手，他望著皮筏離去才轉身過來。

進入房間以後，眾人收起臉上的笑容，以殺氣騰騰的眼神相對，他站在門檻一動也不動，費神地鎮定下來。

「正如各位所料的……實在是……」

他說不下去地停頓下來，好一陣子依舊沒人開口，當他察覺

有聲響而抬起頭時，站在遠處的金湊近過來。

「完全行不通是嗎？」

他的眼神默認了這句話。

「事實上李同志從開始就反對，即使談的話還能多談什麼呢？」

明俊猛然抬起頭，瞪著對方。

「您講的是什麼話！」

「不是什麼話，事實不是如此嗎？」

他病懨懨地閒扯起來了。

「如果李同志真的了解我們的心情，就請再為我們奔波一次，在這期間，我曾經研究過，就是我們分兩梯次，每次十五個人上岸，萬一先走的出了事，下一梯次的人就不能上岸了，船員也要上岸，我們一人跟著一個船員怎麼樣？」

「船員已經上岸了。」

坐著的那些傢伙魚貫地站了起來。金則歪斜著嘴。

「哼，我早料到了，李同志和船長有交情，他有辦法把事情擺平，朴兄您要好好監視，在同一個房間誰知道你有沒有什麼好處。」

他抬頭望望站在明俊身邊的朴。

明俊則猛然抓住金的臂膀。

「呵呵，你們看這位老兄，一副要打人的樣子噢。」

說完，再正面盯著明俊看。

「當官不錯嘛！我說的不對嗎？連我們的份都一次嚐個夠吧！」

話還沒說完，明俊的拳頭往金的小肚子用力揮過去，金東倒西歪，只覺得是突如其來的一陣暈眩，捧著肚子呻吟，低垂的臉

又被打了一個耳光，他向後倒退兩三步，差點倒下來，只好蜷縮著身子，只見嘴唇裂開，牙縫也滲出血來了。

「這小子，你看，啊，這個……」

冷不防地用力打他的臉，這次金不再多說，逼近著腳步，明俊盡量閃躲，臉又挨了一記，金現在完全惱火了，拋開最初抵擋的態度，也摩拳擦掌，周圍看熱鬧的衆人讓出一個小空間，紛紛貼牆站好，爲了躲避金的第二次逼近，金伸出的手臂被明俊一把攫住，兩人就在地板上扭打，明俊鉗住金的脖子，指甲緊緊地嵌進肉裡，金急喘著爲了要擺脫明俊的手而掙扎不停，這時正在觀望的某個人突然映入眼簾，使他分了心，但一下子出現後又消失，怎麼搞的？刹時他手臂突然沒有力氣，感覺到肚子上面有另一個身體的重量；金跨坐在明俊的肚子上，雙手抓住他的脖子，明俊拼命睜著逐漸沉重的眼皮，環顧四週；圍觀的衆人的腿像叢林一般密密麻麻，樹木頂端都有貓頭鷹在盯著他，眼前漸漸模糊：迷霧的叢林，其中發亮的貓頭鷹眼睛，這些可笑的貓頭鷹……我藐視你們，藐視、藐視。

明俊眼睛睜開後，一連串和金打鬥的情景出現在眼前，好像夢境，他抬頭環顧房裡：沒有人，房門空蕩蕩地，他傾耳傾聽，連接的房裡也沒人，只有船上發出的各種聲音，聽來像是遙遠的喧嘩，其中有些是開關門的聲音，上下閣樓的聲音，繩索在甲板上被拖動的聲音，短促的口令，廚房移動碗盤的聲音……種種聲音融爲一體，也無從冠上什麼名稱，接著他又專心聽了起來，聽久了，那聲響逐漸地膨脹。

像滾動的雪球一樣，把聲音吸收而來得愈來愈大，他把自己和增大的雪團相比，然而這件事很古怪，不對勁的是，在吸收的

過程中，惟獨李明俊這個核，不停地被掉落迸開出來，就算用力地想要攀附著還是一樣，他突然從床上坐起來，想到自己是孤獨一人時，便渾身起雞皮疙瘩，而在這之前，他經常都和別人一起的，有時和女孩子，有時和夢幻，還有和泰格爾號在一起；他常常體認到自己是活著的一個人，或者是一個東西，也曾佯裝自己是夏日曠野中被曬得發燙的小石頭，是強韌的卻又令人發噱。最後是這艘船的同志們，然而現在什麼都沒有了，他從口袋摸索出煙匣，抽出一根煙，煙中間部分被折斷了，再抽一根，還是一樣，可能剛才不小心折斷的，把折斷的煙啣在嘴裡點上火，很久不抽了，使他暈眩了一陣，隨後又把煙蒂扔到煙灰缸躺到床上。把這件事前後斟酌，我知道，經過冗長俘虜之後第一次到外界的心情，剛才正要進房間時，金的話：

「已經幾年沒嚐到女人的滋味啦？」

真的，在俘虜收容所的那段日子，曾聽說有鴇母進進出出，然而由於是那些人插手的，明俊從未親眼見過，在收容所的日子裡，明俊幾乎遺忘了性這件事，那個時期他寫的歌詞還夾在手冊裡，像是想要抓住什麼似的，他翻開手冊隨便讀了起來。

睡袋

在南方的帶刺藍色
卡其色睡袋裡
我是凋萎的一根香蕉

不知那一天
鮮嫩欲滴的花香之中

只是你望過了十字星

貧窮是元兇
讓我生命如此出糗

窮人有不咒罵的嗎？
丟不掉夢想利己心
為了屠殺強奪那沾汙的
把手掌藏在腋下

在南方的帶刺籬笆
卡其色睡袋裡
白白枯萎掉的一串香蕉
像截肢的壁虎抖動著

　　並非為著性愛的緣故，白白枯萎的一串香蕉換成了被截肢的抖動著的壁虎，明俊在被俘虜之後，清楚地了解「性」同伴的面貌，不是皮肉，不是色彩，也不是形態，不是溫馨，不是滑溜，更不是處在峭壁的身體掙扎，類似奔放掙扎的某種情況，如果我說的都不對，也就無從去疑慮了。在收容所裡大家最喜歡談性愛話題了；可以聽到別處場合聽不到的很多慘酷事情，這是某個小兵戰俘曾在西部前線打仗時的故事，他說事情發生在一個夏天，他順著山腰爬過，突然在草叢裡發現了一具女的屍體，不論戰鬥員或非戰鬥員，在戰地見過屍體並非什麼大不了的事，但重點在於屍體陳放的樣子；她的下體被插進一根樹枝。那小兵說絕對是美軍幹的好事，因為不久前美軍曾行軍經過該地。只是不知道是

那一方的什麼人下手的。

　　即使有程度的輕重而已，大概沒有不被沾髒的手；如果說有那種可以理直氣壯承受母親、姐姐和女朋友的清澈眼神的乾淨手，就讓我看看，還有那母親、姐姐和女朋友的眼神中，是否把從戰場歸來的子弟和女朋友的兩隻手看得一如往昔仍乾淨無垢呢？悲哀又骯髒的想像，而再怎麼髒，怎麼悲，它都是句眞話，明俊聽著那士兵的陳述，一邊回想著以往，自己算是什麼呢？拷問者，強姦者，然而我卻是生理自發性的未遂者嗎？閉嘴，你問我不是認爲如此較好才搞出這椿事的？不，絕不是，當時我沒有時間去衡量事情的前後，就像我醜惡的本能，曾經勃起是事實，而放過了她也是事實，這麼說，在夏天山腰樹林中，性慾極強的女人，是如何排解她們的問題呢？即使把這些所有的事情列入考量，他對性的衡量仍一成不變。

　　在人和獸相交的情景之中，人不會是獸，夏天樹林的男士，不能再用往昔乾淨的手，抱緊他的佩蒂或順喜，搞不好到死這件事都會困擾著他，這麼說他不是獸了，雖然如此也不能增減他的罪，巨濟島的海邊傳來波濤拍案的聲音處有個收容所，聽著那聲音，讓他在睡袋中睜眼難熬的還是夏娃這個復活偶像。

　　這麼說鴇母進出的事並非是天外傳奇的，懷抱著任何女人身軀，並不是一種怎麼樣的寂寞，懷念曾經纏綿嚮往令我刻骨銘心的那顆心，心即身，這是他在夢中向潤愛說的話，潤愛，我愛過妳，即使方法多麼笨拙，我愛過才扔下妳逃亡，即使我曾經想凌辱妳，我卻未像其它士兵，把路上的女人拉過來發洩；把陌生女孩發洩的傢伙才是禽獸，因爲他們不能拿出一個藉口。

　　金的最後一句話，進到明俊耳裡，感到金是一隻禽獸，三十隻禽獸散發出的腥臭，所以他才揮拳回應，並且扭著金的脖子。

　　在明俊要把對方打扁的那個時刻，那種幻覺突然冒出來了，為什麼在這個要命的關鍵冒出來呢？明明知道它是幻覺，卻無從阻止，更奇怪的是，在李明俊心中把它當成眞實的，並且又有另一顆心與之相通，即使明知它只是幻覺……這種微妙卻又複雜交錯的感覺，當每次出現時，心中總是一片虛幻。

　　他感到頭痛得厲害，幾乎喊了出來，他暗自吃驚，因爲想到了跟隨在後，無從得知的聲音，你問我要做什麼，我到處逃避應該面對的事情，我想我已經退到了一個死胡同了，這種感覺逐漸迫近，因此無暇加以研判，頭痛也是它的症狀，那個肉眼見不到的影子，至少仍隱藏著，這次更進一步傳來聲音時，好像曾在那裡聽過，這時突然覺悟到原來是身在停電的一片漆黑之中，他躡足摸索著走到門的方向，出了門，走過走廊，到了通往甲板的門口，那裡有武裝船員守著。

　　「什麼人？」

　　他移動腳步停在船員面前。

　　「噢，李先生。」

　　是他認識的船員。

　　「什麼事？」

　　「眞是的，李先生，原來你不知道事情的變化，大家都湧到船長室騷動了，吵著要上岸，說他們不是戰俘。」

　　他聳了聳肩，用槍桿猛敲甲板。怪不得見不到人，他知道了事情的原委。

　　「那麼現在大家在那裡？」

　　「臨時關在餐廳。船長咆哮著說是暴動行爲。」

　　「船長呢？」

　　「也在那裡啦。」

　　明俊收回移往甲板的腳步，轉身回到走廊，他回頭說了一句。

　　「總之我很對不起。」

　　「你說什麼，我還要繼續執勤。」

　　他大概在執槍敬禮；響起匡啷舉槍放槍的聲音。

　　船長不屈服，到澳門之前，不准在餐廳遊蕩的命令，他始終都不肯收回。穆拉吉只有圍在一起瞪著船長，穆拉吉和明俊預定在明天下午離開，離現在大概還有二十個鐘頭，無可奈何，還得在船上待一陣子，船長其實可以動用警察的，再加上他也沒有什麼求人情的心情了，為什麼會做這件毫無意義的事呢？只會把自己搞得疲累不堪，因此按照規章步驟來的話，是可以留下來的，船長和穆拉吉走出餐廳時，他也跟著出來。

　　船長沒說什麼話，明俊瞧著船長的寬肩，跟著他們兩人，進船長室時他又退了出來。

　　「船長，再見。」

　　等他說完，而要走往書桌方向的船長，回頭看著他點了點頭，明俊踩著階梯。正要下來甲板的時候。

　　「李先生！」

　　穆拉吉一手拿著香菸跟過來。

　　明俊踩著剩下的階梯下來，在甲板轉過身，看著正在下階梯的穆拉吉。

　　「對不起。」

　　穆拉吉停步站著，向他點了點頭。

　　「李先生你希望上岸嗎？」

　　明俊一陣莫名其妙，不過很快又會過意來。

　　他深深地握了握穆拉吉的手後，一邊放下，笑著。

「對不起，我真的不想上岸。到加爾各答時請我喝一杯酒！」

他說完後轉身走到船後方的甲板，靠著欄杆眺望香港，現在真的很晚了，目光所及之處都是燦爛的火光，比天空的星光更眩麗，比萬家燈火的燈光更細柔，戰俘們一度忘了事情的前因後果，你問我希望上岸嗎？不，真的嗎？李明俊？真的，並非為了同僚之間的義氣，現在他們怎麼都好，我是在想別的，不，說是在想也錯了，我是在用心傾聽有人一步一步走近的腳步聲，剛才在黑暗中，那個人甚至講了話，明俊搭上泰格爾號的時候，那個人應該也跟著上了船，他想知道那個人是誰。

從無聊的思緒清醒，他的眼神轉向街道方向，閃爍不停霓虹燈把空間填得滿滿的，港口都市的夜景，好像讓人見到一股力量，腦海裡浮現出相像的情景，那是遙遠的北方，是他去北方之後，在滿州某處曠野見過的黃昏彩霞。

窗上映著燈火，滿州獨特的黃昏彩霞一下子將大地染成一片壯觀的火海，讓他窒息。明俊正寫著明早要交到報社的稿子，不自覺地叫出聲，他放下筆走到窗邊，窗外的天和地是一片火海，飄向西邊的雲層像是彩色的玻璃，通往朝鮮人聚集的農場辦公室，路上的白楊樹；則像是倒著的掃把，又像是熊熊烈火，剎時間燃燒到四方，地上閃耀的是小石子了，遠處那一片無邊無際的玉米田也成了火海，連空氣都在燃燒。他低頭望了望，地上的身影似乎也發紅了。眾人陶醉在紅色晃動之中。那時只有明俊的心在燃燒，那顆心已經很久沒有噗通噗通地跳，從前在南方的時候，這個燠熱太陽下所發生的奇蹟，從那之後，傷心是凋落的樹葉，一下子乾癟下來，退去翠綠的顏色，變成灰濛濛的破布，除

了冷冷的灰色，不再有其它的顏色。

　　那天在仁川的碼頭，專門安排跑北方偷渡船的小吃攤老闆；他是這一帶好心讓人賒帳的天使，去北方！像突然冒出的一道閃光，那麼潤愛呢？也不能叫潤愛一道走，他實在無法了解潤愛，她曾經把他們的雲雨交歡忘得一乾二淨，在那塊空地的沙灘還殘留著日間的餘溫，她咬著明俊的臂膀蠕動得如一隻四月曠野中的蛇。她細細的臂膀用力地勾著他的脖子，不放下來，要站起來的時候，兩個人的頭在沙上摩擦，因而使得像絲瓜的纖維一般，再把口袋翻一翻，零零落落地掉出沙子，把皮鞋倒過來搖一搖，也有沙子掉落，然而就在第二天，她拼命地不從，像他剛開始擺脫他的嘴唇，拼命地推開他的胸膛，硬梆梆地夾著大腿，明俊被她雙手環抱的前胸推得往後站定，同時潤愛這個人已經變成一隻意氣不通的野獸了。想起他歪裂的嘴唇，以及他臂膀上被指甲嵌的痛楚，他陶醉於自己曾經佔有的信念之中，而一夜之後，同一地點她所表現的強烈抗拒，卻把他塞進了土坑，在前一個晚上，他曾和自己打賭，明天只要她不拒絕，他就要求她一道去北方，而第二天她不在自己意料之外。五十公斤多一點的她，已經用自己的骨和肉造就成不知名的一頭野獸了。她不再是女人了，也無從稱謂的一頭野獸。

　　「潤愛，妳不再付出感情嗎？你說過的字字句句都是謊言嗎？去戀上一個人需要顧及什麼面子嗎？那就像街上絆腳的小石頭，為了保全愚蠢的自尊心，會抹殺幸福啊！妳不需如此，我認為散發熱情的妳才幸福，我要把潤愛心中的牆敲毀，攀越過這之類的牆，男女才能踏上真實的人生大道，男人女人都一樣，女人在防備破產的時候，偷偷存的零錢，這些小錢能保障將來嗎？不可能的吧，妳相信我，只要妳十分信任我，就可以化身成無所不

能，請妳拯救我吧！」

「我算什麼呢？」

我算什麼？明明和她並肩站在廣場上，突然他卻變得孤零零了，腳踩的影子也更狼狽，他搞不懂爲何被她拒絕，因爲第二天她的大腿攀著他的腰發抖，她好像抓到了要領，程度已經不是他言語可表達，如果說她聽了明俊話語的明朗笑容，事實上她躲進他伸手不及的密室，就像他所說的，她築起一道牆，如果這是她原本的個性，那也不錯。

「討厭。」

她不屑地說，她說謊；她不知道自己是誰，如同沒有自我意識的野獸，既使如此，單憑明俊一人之力也無法教她，因爲那並非單純的教她說出自己的名字，而要先破除牢不可破的迷信，就像幾萬年來累積在她細胞中恥部的一層肥肉。如果除去這層肥肉，她將變成另一個人，不再是現在的潤愛了。如果維持原狀的話，她便是那個從原始時代，由叢林中亞當身上爬行，進化到現代，在香榭大道下賣弄滿口謊言、並且把謊言堆積成身上的肥肉。有如活不過一季的多蟲夏草，挖掘沉重的地表泥土，在古代，找出自己的那一份化石都很吃力，每個人都應該獨立挖掘和尋找，她見到化石便會相信嗎？不！她會辯說那不是她的祖先。正當此時，小吃攤老闆傳來悄悄話。甲板下暗暗的船艙裡，之前存放了魚貨，腥臭的令人作嘔，她激動地要奔向不染塵垢的嶄新廣場，卻被鐵鍊綁住，不知如何是好。他夢到廣場中清澈的噴泉正在畫出彩虹，爭艷比美的花正在招蜂引蝶。柏油馬路那麼乾淨堅固。到處都豎立著銅像，人們坐在長椅上，漂亮的女孩望著噴泉，他走近她的背後，她一回頭，原來是她的男朋友，發覺忘了她的名字，在他正心急的時候，她微笑著抓起他的手。

「名字那麼重要嗎？」

眞是的，名字有什麼用處呢，只有他是我男朋友這件事可以確定。她問道：

「你爲什麼這麼遲？」

他覺得丟臉，可是一下子想不出可以回應她的話。

「我還不是來了嗎？」

「來是來了。我問這句話傷了你的心？」

他搖搖頭說不是，把她攬往懷裡。

明俊在北方見識的是一個灰濛濛的共和國；她燃燒著滿州的血紅晚霞，卻不汲汲於自己改變的命運，更讓他吃驚的是這些共產黨員並不企盼雀躍或激動，他在投奔黨派之後的演講時，確實感受到這塊土地的生態，一張疲倦的臉孔塡滿學校、工廠、市民會館的位置，不是生活在革命的共和國熱血奔騰的面孔，這使得在台上高談闊論的自己，不由自主地尷尬起來，再說演講稿內容吧！按照黨宣傳部的意思修改定稿之後，便是一篇那些共產黨員陳腔濫調的文字，明俊自己想說的大綱不見，取而代之的是非得藉由他口，卻又毫無理由說出的一些話。

「李明俊同志在南朝鮮見聞到什麼了呢？我們游擊隊在太白山脈裡和李承晚傀儡政權浴血奮戰的故事，這篇稿子裡怎麼沒提到呢？還有農民被剝削的慘狀也不見了，大家請看！對於那些傢伙出的報紙，也都語意不清。」

黨宣傳部長把桌上的一張報紙在明俊眼前攤開，那是漢城出版韓國新聞一類的，連續三個版面的上端印著〈智異山戰果豐碩，擄獲20人，並取得大量武器彈藥〉，是那種看後即忘了的報導，明俊不覺臉上有興奮發燙之感。

明俊覺悟到自己現在是活在一個窄小的框框裡。接到〈勞動

新聞〉總社編輯部職務的命令時，他曾對新的生活作了心理準備，每天工作結束之後，他仍留在報社的圖書館念書念到很晚，把布爾希維克黨史用一個禮拜的時間一口氣念完，因為黨員每每提到〈黨史〉時，總能很流利地背誦。不管是在那個集會，「偉大的列寧同志曾在第……次黨大會說道……」把眼前事情發生的模式仔仔細細地從〈黨史〉中找出來，然後再從其中找出對應的方法，就好像牧師舉著翻開著的聖經對大家說「那麼讓我們來聽聽上帝是怎麼說的。使徒行傳……」不論何時，任何事情都按上合適的「黨史」標題，使人能朗朗上口。這就是共產主義者所說的教養，明俊所用過一些語彙的意義，通通都需要改，造出新語彙的人並非他們的過錯，達達主義的群眾為了製造新語而修飾事件所作的努力，要在新的基礎上牽動人們，對於像製造新語彙的這件事，我實在不想責備。所有的過錯就是製造出來的語彙本身。達達主義者一貫作風，共產主義者也有他們一貫作風，若說達達主義者製造夢，和自言自語有樣式可循的話，共產主義者也曾想製造群眾的語言，他們的語言既無顏色的替換，也無味道。

　　在每一個集會之中，只有依樣畫葫蘆的語言和前後之別而已，不是革命，而是革命的有樣學樣，不是即興，而是即興的模仿，不是信仰，而是信仰的謠言。到北韓半年後的去年春天，明俊一面詛罵著自行入虎穴的自己，一面想我該做什麼？在令人窒息的空氣中，額頭冒著汗，他瞪著租屋的天花板。

　　父親又結婚了，身為〈民主主義民族統一前線〉中央宣傳負責人的父親，和新婚妻子住在牡丹峰劇坊附近，這位〈朝鮮的女兒〉說著一口道地的平安道方言，典型的朝鮮女人，那天見到她時，她頭上綁了條毛巾，正在洗父親脫下的襪子，明俊像見到了什麼可怕的鏡頭，而把臉轉過去。花草樹木修剪很整齊的庭院

裡，30燭光的燈光，鋪上報紙的小餐桌，擺在面前，和明俊年紀相仿的新母親，這是地獄的一幕，明俊慌張地逃走，所謂平凡的泥淖，這一幕應該是案牘勞形的薪水階級家庭的晚餐，而不是身為反日鬥士和知名共產主義者的父親的生活，他並不排斥父親的再婚，他如果像父親一樣為了信仰而在陌生的國度虛度青春年華，和某個女共產黨員結緣的話，他一定會像一個小孩子討她歡心，巴結她的。

然而，這個女人，把他當老爺來侍奉的〈朝鮮人民的女兒〉，他身上那裡有革命的氣質呢？在第一流共產黨員的家裡，中流小資產階級的閒情逸致中，那裡有革命的銳利鋒芒呢？父親似乎在迴避兒子，迴避放蕩的兒子，令人作噁的小資產階級的一天天生活，出了家門，闖了一些有損父親這個身分的小禍害，對妻子和懂事的兒子表示出寬大的心胸，然而父親又在外面惹了什麼罪名呢？故意出賣革命的罪名顛倒理想和現實生活的罪，父親不會不知道這些；理應愧疚於心的，報社的事他也插過手，自己在其中生活的空氣終於用盡的一個春天；到北韓之後，父子第一次面對面，明俊的心情一經撕裂而變得不可收拾。

「這是什麼人民的共和國？這是什麼人民的蘇維埃？這是什麼人民的國家？」我從南朝鮮脫逃，並不是想要來這種社會，坦白說我也不是不能活，難道因為父親您在這裡活躍，他們恨我就能把我殺了嗎？我要活著，我希望有價值地燃燒我的青春，有意義地過我的生活，在南方的時候，我再怎麼環顧都沒有讓我發現到有意義可以生活的廣場，即使有，那廣場又太髒太淒慘了，這可怕的空氣，什麼地方出來的空氣會如此沉重地壓抑呢？您說是人民嗎？人民在那裡呢？建立屬於自己政權而面帶喜悅的人民在那裡呢？攻破巴斯底監獄那天，像法國人一樣高呼共和國萬歲的

人民在那裡呢？我寫法國大革命的報導時，挨了主編的罵，在工作單位自我批判，他說法國革命報導是資產階級的革命，而不是人民的革命，這我也知道，然而我想說的不是那個，我想法國人民的胸中熱血沸騰的故事是詩嗎？不，不，爸爸，他們鮮紅心臟的脈動就是全部了。那就是我們和資本主義的唯一區別，不是百分比的問題，不是生產指數也不是人民經濟計劃的超越，而是我們胸中應該燃燒著自傲和熱情，只有這一個問題，在南方沒有這種熱情，所有的就是低賤和慾望，戴了面具的權勢和性慾而已，有一些去西洋學了所謂的民主主義回來的傢伙們，炫耀自己的那一代祖先曾當過判書，參判的，一方面爬到人民的背上，穿著外面訂做的鞋，挺著他們的大肚子，這是怎麼一回事，把曾在日本人手下當過官像父親您一般的愛國者抓起來處死，自己卻坐在什麼處長、廳長的位置上，對人民發號施令。南朝鮮是一個百鬼橫行的地方，亂七八糟，年輕人若不是掙扎在性慾、爵士樂或畫報裡美女明星的乳峰中，就是把老外當成親人藉機會溜到外國，留學的名義使他們得到暫時在險惡社會的渾濁之中脫身，為了可以娶到一個漂亮太太，和一份不至於餓肚子的技術，而去到外國。我說的這些都是組成資產階級最重要的菁英分子。但既不能像他們又不能如何，如你我的芸芸大眾，就只好翻著哲學啦、藝術啦之類描寫十九世紀歐洲璀璨的故事書來欺騙自己，現在也有數不清的人在如何忙著，以年輕人來說，怎麼會沒有理想主義的社會改良熱情的人呢？只是他們不能在南朝鮮的土地上活動，我在那裡土地上性格中的弱點漸漸變大，於是我決定逃到新的土地，我去了北韓，然而對於我小孩子氣示好的行動，偉大的人民共和國卻無情地拒絕，〈李明俊同志，你說話的口氣好像只有你一個人是在為共和國著想，其實，按照黨的命令做事就等於在為共和國

做，請你拋開個人主義的偏差觀念。〉啊！黨要我不要生活了，在每一件事情之中，我都體認到我不是主人，黨才是主人，只有「黨」在興奮、在陶醉，只是叫我們合音罷了，〈黨〉在思考、在判斷、在感覺、在呼吸，你們就只有陪襯的份，我們做得再好，〈列寧同志早說過……〉〈偉大的史達林同志曾說過……〉都說過了，所有的話，都已由偉大的同志說過了，現在什麼都不必說了，我們任何人都不可能變得偉大，啊！這是什麼玩笑？為什麼會寫成這個樣子，馬克思主義不能是現實生活中所有問題的唯一解決方法，所謂馬克思的理論，正確地說應該是在他著述之中分析自己時代問題所應用的方法論。然而在理論之中，方法和政策卻又糾結在一起，應該要分開，不過這是每一個理論的通病，對於政策，方法論的創始者不必一定要正確，更何況是後來的繼承者，任何人都不能獨佔解釋權，再怎麼偉大的同志，都無法完全說明所有的事物，我們也不能如此信任他們，他們不是只相信某個理論決定了的真理，真理更能再加以改正，直到完全能符合理論為止，最後決定的態度我們可以信任，那些決策者想要建造一個如此的共和國，不是比那些中世紀的殉教者死得更神聖？是誰在搾取先驅者的血，從我來北韓之後，瞭解了一般小市民、勞工、農民們都以某種的生活態度在生存著；他們冷漠不關心事情只會在旁邊看熱鬧，他們被牽著來來去去像鸚鵡一樣被訓練口號，是的，所謂的人民對他們來說，他們只把人民當成羊群在利用，讓人民墮落的是他們，而且北朝鮮的共產黨員們是可笑卑微懶惰的狗，帶領著羊群和狗群，金日成同志是人民共和國的首相呢？哈哈……」

　　他還抱著雙手，頭低垂著在笑，父親一言不發，明俊邊說話，邊觀察父親的眼神，等待回應，他始終默默地坐著。笑得累

了，他突然趴在地上，不出聲地哭，他恨父親，他恨什麼都不說的父親。

那晚在熄燈之後，他察覺父親悄悄地拉開房門進來，他屏息著。父親在他床頭站了一會兒，然後蹲下來，把肩頭的棉被角拉平，他咬緊嘴唇心裏覺得很悲哀，難道父親只能給我這種愛嗎？第二天，他找好了一個住處便搬出來了，現在父親和自己已經形同陌路了，來北韓之後報社之類的工作不是也不如意嗎？他到了可以活動筋骨的地方，他希望做一番心理調適，難道在計算報紙鉛字的辦公室，耗盡氣力的這件事錯了嗎？在第一線工作的事實並非如此吧？正巧這時各工作單位輪流調派去野外劇場的建築工地當義工，他申請之後就每天去了。

有一天，他站在遊樂場屋頂一角的踏板上面，向下俯視，一片黑漆漆，那時是春寒料峭的日子，然而不論遠近，山和原野，都看不見春天的氣息，飄著浮雲的天空無可奈何地訴說著季節，篤篤響起了正午的汽笛，不知來自何處的列車，排列咬著前車的尾巴，在曠野爬行的神態之中，散發著深邃的神運，啊！是因為晴朗的天空滿溢著陽光的緣故吧？這是他在北方的平壤的第一個春天，怡人的季節就要來了，好季節，遺忘已久的往事像閃電一般地掠過眼前，他在暈眩之際腳步踩空從屋頂跌下來了。

躺在醫院病床的日子真是冗長難挨，不過沒有跌斷手腳還算幸運，據說左邊的大腿骨裂了，一定要躺上一個月，父親每隔三天來一次，偶而繼母也會帶食物來，然而直到他離去的時間裡，總讓他覺得是在受罰，幾乎所有的時間，他除了睜大眼睛胡思亂想之外，沒事可做，不過在這凡事厭煩之際，反倒成了很好的避難處。潤愛，遺忘已久了，最近卻偶而會掠過她的影子，算起來，這是到北韓之後第一次想到她，不過她現在離我很遠了，我

想念，轉身把臉埋在枕頭裡，忽然察覺到門被打開，有一群人進來，他抬頭望望，懷疑自己的眼睛，那不是潤愛嗎？不，不是潤愛，乍看有點神似，越看越不像，一共有六人，都是女孩子，手上捧著花，跟隨來的護士長介紹了她們。

「國立劇場工作的婦女同志來慰問您。」

這麼一看，她們的衣著和髮式不像一般人地樸素，她們是明星？音樂家？明俊不停地望著她們，病房是南向位置，醫院正門可以一眼望到，她們應該是從這條路進來的，然而他看不到，護士長說明俊是自願在野外劇場工作而受傷的。

「同志們，我們該給病人特別的慰問，劇場蓋好的話，同志們出來表演的地方，他是為了我們蓋這地方而受傷的。」

最前面的她，靠近明俊的床頭站著。

她轉頭看同來的人一邊搖著頭。

「來，有什麼特別的慰問嗎？」

她有著清脆的聲音。

「獻上比別的病房多兩倍的花……」

有個女的如此回應。

明俊緩緩地開口。

「不行用那種慰問！」

她們瞪著眼睛彼此對望，開始嗤嗤地笑了起來，她則緊抓著床架，強忍著笑，好一會兒，正眼盯著明俊問道：

「那麼怎麼辦才好？我們該聽聽病人同志的心願。」

「我想拍照留念。」

她們之中有了小騷動，聚在一起彼此嘀嘀咕咕商量一番之後，她一個人走過來；

向剛才一樣一手緊抓床架說道：

「你現在可以下床嗎？」

護士長搶先答腔：

「Нет 不行，還有一個禮拜不能動。」

「那麼就這麼辦吧！一個禮拜之後我們準備好再來這裡。」

明俊笑著點點頭，她好像還在壓抑笑意，緊閉著嘴，從懷中的花裡抽出幾支，插進床頭桌上的花瓶裡。關上房門，就傳來走廊上她們輕鬆放心的笑聲。

明俊也笑了，很欣慰地，轉頭看花瓶；串串嬌豔欲滴的花朵掛在綠梗上。他用力地喘了一口氣，躺好了慢慢地閉上眼睛，圓圓的臉，細長的眼睛，是明星？歌手？不知是什麼東西絞動他的心，我孤獨，孤獨才會從踏板掉下來，躺在這裡，叫陌生人一起拍照，想起了英美的哥哥泰植開過的玩笑，現在想一想，那段純眞吱吱喳喳的日子，讓人發噱的笑話，悄悄地散發著如同柳樹新芽柔細的感覺，我不管了，怎麼變動都隨它去，他媽的，我沒有理由如此鑽牛角尖地活著吧？他想忘掉對他陰險狡詐的編輯主任，他想忘掉準備要把自己弄出編輯室的陰謀，眞搞不懂，比他更懶散更晃來晃去的其他社員，和那個頗爲挑剔的編輯主任同志都可以處得好好的，自己的個性不只是思想方面的問題，還有性格上的缺陷，在這個社會上避不開勞動嗎？在人際關係之中，公事上沒有來攀交情的，如果自然把他的社會生活弄得更爲簡單或複雜；也反映了北朝鮮社會的反革命性質。帶著革命人民這個面具的小資產階級社會，這些不用腦筋的黨員們，和資產階級社會靠領薪水生活的人們並無二致，有所不同的話，只是……

門被打開了，露出護理長的臉。

「李明俊同志賺到了……」

她瞄了一眼之後，重重地關上了門，幾個人吱吱發笑走過的腳步聲也越來越遠了。

那一次就那樣認識了恩惠，她是國立劇場專屬的芭雷舞團員，平壤最大的舞蹈團體是由崔承熙領導的研究所，恩惠和從古典開始專攻的崔不同，由一位從蘇聯回國專攻芭蕾的安娜金當團長，團員們稱她爲金同志，也稱她爲安娜，她非常疼愛恩惠，稱呼她我們的馬夏，去劇場找她，也都會馬上見到。

明俊走到遠離窗戶的位置翻動皮包，找出了小冊子中的一張照片，當年的照片。在紅色晚霞的襯托之下，很有點風景明信片的味道，把照片插回冊子中，放回皮包，手握著鋼筆卻沒什麼提筆的意願。

位於南滿州 R 縣，〈朝鮮集體農場〉是中國政府爲了增產稻米，把在滿州的朝鮮人聚集起來搞得一個集體農場，南滿州 R 縣雖然名爲集體農場，過去只是在實驗用機械種雜糧，而每戶人家在分配的田裡仍是用傳統方式耕種稻米，組成一個大農場，當然那些農作物不能隨便販賣，他爲了要搞清楚這個農場的日常生活狀況，曾經耗掉了一個禮拜的時間。

首先還好能不花錢，而用走路的，搭南滿鐵路南下，一路上他像個小孩般喊著，他隱約地想起，小時候住過延吉，去奉天的路上延綿著無際的曠野。這以前是東洋拓殖會社佔有的土地，還不錯這塊地歸還了主人，根據他的詢查，北朝鮮農民十個有五個喜歡土地改革，最初他爲之吃驚；擁有土地的人們並不高興，他很快便知道原因了，因爲農地不能買賣，農地是國家的，他們只不過由地主的佃農，轉爲國家的佃農，在他看來小市民的情形也

一樣，小市民再怎麼賺錢，也不會變成〈有錢人〉；因爲國家不允許。市場之中日本時代的衣服、碗筷類的，仍是不可或缺的商品，消費組合中流通的生活器物很粗糙，並且也很欠缺，勞動工人爲了報酬的桎梏而疲憊，爲了人民經濟計畫的超前超量達成名目，不得不做些白工，先前謠傳人民共和國建設得不錯，如果從她的周圍繞一趟，就會發現什麼都沒有。

　　她是個個人〈慾望〉被禁止的地方，北朝鮮社會被禁忌的烏雲籠罩，被按上了人民是主人的軛，如果鞭打質問主人做自己的工作還愛惜身體不拼命嗎？命運坎坷變成主人做自己，變成主人的這些牛隻，牠們不知所以然的腳步踩著，〈第一名也沒有獎賞〉，誰還要再跑呢？即使黨命令要跑而跑，是裝著在跑而已，人活著都有夢想要過差不多最好的生活，不知怎麼搞的，淪爲一場鬼魅的賭局，迄今爲止，沒有人理出個頭緒來，等待著過了一個夜，這個軛會不會遁形爲鬼魅棒槌，廣場中只有傀儡，沒有人想找人搭訕一番，走近一看卻是雕塑的守門神，他一定要見到人，運氣眞好，遇到了恩惠，明俊只有在擁抱她的時刻，才能相信自己是一個人。

　　他手中夾著鋼筆，張開雙臂，在書桌上圍圓圈，手指互握，雙臂之間的空間；僅容一人的空間，好像是他到達的最後廣場，而眞理的園地如此的狹窄嗎？他在雙臂圍繞的空間裡，畫出恩惠的身體。空虛的空間因肌膚而充實，胸、腰、膝，她下半身把書桌穿洞，上半身冒出書桌上，她的臉在明俊眼前，他把臉埋進她的乳房，可是他的額頭無處倚靠，而滑落到自己互握的手上。

　　去了滿州一個禮拜，回來那天是禮拜六的黃昏，李明俊披著皺巴巴的風衣，低頭出現在報社的大門，他擔心約好恩惠去住處

等他，會不會等累了已經回去了，他看了看錶，已經晚了一個鐘頭，回去住處的話還要三十分鐘，這一天過得還順利。

　　大家都在準備下班回家，編輯主任說話了。

　　「今天有自我批判會，黨員同志們和李明俊同志留下來。」

　　明俊料到自己是個箭靶，重要的工作單位集會是不會讓自己參加的。叫自己留下來擺明了自己是個被指點的角色，編輯室同仁中連身為候補黨員編輯主任在內黨員共有三人，可是開會時有四個人，他一直不知道新來的一個年輕人是黨員。

　　同事們都下班離去，編輯室顯得很寬敞，連明俊在內共有五個人留下來，編輯主任坐在自己位置上，其他左右各坐兩人，李明俊湊近編輯前面的書桌坐定，編輯主任站起來說：

　　「我對要開始自我批判的李明俊同志先作一個報告，李明俊同志平日是個人主義者，不能徹底清算小資產階級的殘渣，在黨和政府要求的完成課業之中犯錯，他在中國東北〈朝鮮人集體農場〉，做現場採訪報導時，因為他的小資產階級判斷的落後性，不能實際地掌握對現場同胞的英雄增產，他傳達回來的是以主觀判斷做基礎的報告，偉大的列寧同志曾說過：〈社會制度即使朝令夕改，人類的意識形態不會在一朝一夕改變〉，李明俊同志依舊活在南朝鮮傀儡政權下、專政腐敗的小資產階級哲學時期的反動感情之中，未能能清算自己，不但如此，他對自己的思考方式視為理所當然，也不加以反省，身為候補黨員顯示他對黨和政府的忠誠度不夠，再進一步不能不說是對全體人民的重大叛逆，在此以黨和政府以及人民的名義，要求他冷靜地自我批判，其次李明俊同志的農場生活報導之中犯錯部分，我念給各位聽聽：〈……記者看到他們一些人的穿著大為吃驚。衣著是日治時代軍服除去肩章而已……腳上穿的多是日式木屐……若要提高他們的

物質生活，我覺得需要更付出更多的汗水和時間……〉這類的文字已經犯了重大的錯誤。再來是李明俊同志的自我批判。」

明俊起身走到編輯主任空出的位置，八隻眼睛冷冰冰地瞪著他。

「對於編輯主任同志的報告我不能同意。」

座位上騷動起來了，編輯主任問道：

「爲什麼不能同意？」

「我只是把親眼見到的紀錄下來而已。」

「他們有人把軍服修改後穿在身上嗎？」

「是的，他們說在日本人逃命的兵營中撿到的。」

「人民共和國也製造類似木屐的產品，你會不會看錯？」

「不會錯，日本鬼子腳指頭分叉兩邊夾住的東西。」

「好，就算這是事實，你不認爲報導事實就是錯誤？」

「我相信寫實主義就是把事實寫成文章。」

「這就是同志危險反動思想，社會主義的寫實主義採取是鼓舞人民同仇敵愾心和勤勞意志的方式，和資本主義不負責任陳列適時的處理新聞的方式不同。」

「可是這個時候，爲什麼要把這些刪掉？眞搞不懂。」

「因爲你侮辱了人民。」

「在過渡期間穿上日帝的軍服，我把這段事實寫出來，怎麼說侮辱了人民？」

「同志！去年，偉大的中國人民完成人民經濟計畫之中，生產了超過全國人民使用數量的衣物等生活必需品，大概一兩個人在勞動時穿了日帝留下來的衣服，然而就針對這一件事，便把人民爭取的、充裕的物質生產水準，作了懷疑性報導，這全都是因爲同志個人根深蒂固的資產階級知識份子的劣根性造成。全體人

民在創造新歷史、邁向光明前途的這個歷史時刻,李明俊同志卻以個人主義想像的判斷而吹毛求疵,今年春天中國共產黨年度大會中,曾經把毛澤東同志報告的經濟計畫要旨當成教養資料分給黨員,如果李明俊同志研究過其中的統計數據,便不會犯這樣的錯誤。」

　　明俊抬起頭想要爭辯,然而卻隨即打住了,面對他的是四張令人憎惡的面孔,不管對或錯,只要上頭的人開口,他們就會威脅著你屈膝低頭的面孔,明俊突然知道了自己該採取的態度,求饒吧!全盤接受就是說自己犯了錯,他的想法果然正確,集會就此十分鐘後打住,明俊露出感激的神色,引用了一些冠冕堂皇的話;決心改過、當一名黨和政府所期盼的勞動者,明俊望著這些前輩黨員露出疲憊、安心和勝利的表情,覺悟到怎麼會有這麼昂貴的「要領」;悲哀的覺悟,是他原先渾然不知的,他聽到了心中響起的聲音,那是多年前在 S 署後山用舌尖舔著浮腫的嘴角時聽到一顆心被搗碎的聲音,這次是從遠處傳來的更大聲響;也像是廣場銅像倒塌的聲音,如果可能,他想就地趴著哭一場,他還得回那間有四面牢靠的牆的房間,不,不是他的心房,心中的房間倒塌已久,跑向兩臂寬度的廣場,一個人哭一場,是只有強者才有的舉止,不管看不看得到人,現在明俊的偶像是有著柔軟胸脯和濕潤嘴唇的,今天的事情,使他感到焦噪和不自然。

　　現在開始,他非得有另一種活下去的打算不可,而她在他的未來佔有很大的份量,快到家巷口時,他幾乎是用跑步的。打開門,她猛然抬起頭。

　　「我正想要走,我想數到十,妳不來我就要走。」

　　明俊雙手插在風衣口袋,發呆地盯著她,她拿起書,看起來是為了打發無聊,從明俊書架上翻到的,明俊從她手中接過那本

叫〈羅莎・盧森堡傳〉。一手執著燈盞一頁頁地翻動著。

　　這是他從舊書攤買來，買來當天就看完的一本書。

　　「有意思？」

　　「沒什麼……」

　　「坐吧！」

　　這時明俊才脫掉風衣掛在牆上，自己一屁股坐下來。她也許揣測出明俊的情緒有點不尋常，便默默不語地隨著他坐下來，他閉著眼，胸中空的，肚子裡也空的，胸中和肚子飢餓到極限時的狀況一樣，然而卻不想吃什麼。

　　他嚥不下一口東西，然而從胸中到肚子有一股空的氣，體內的內臟完全被掏空，有風吹過這具名副其實的空殼軀體，他張開眼睛時，她筆挺向旁伸的雙腿就在他低垂的額頭之前。室內還沒開燈，在滲透著朦朧的霞光之下，她沒穿襪子的雙腿肌肉是那麼地均勻生動，明俊為之窒息了，初見時的記憶猶新。而現在越看越讓他覺得豐潤欲滴。從及膝的藍裙下露出的雙腿像軀幹雕像。愛戀啊！愛戀啊！明俊心中嘀咕著，從深邃之處湧現的靜謐感受，任誰都不能剝奪，為了守護這雙腿，可以賣掉貫穿歐洲和亞洲的蘇維埃，如果可能的話。有生以來，此時此刻，他第一次覺得有如在撫摸真理之牆，他伸手撫摸了她的腿；這才是我真切的真理，潤滑的觸感、溫暖、愛的碰撞，指的不是這個嗎？即使所有的廣場回歸變成空地，也會剩下這座牆，倚牆的人，可以沉睡到新的太陽竄升的早晨，它們是兩隻活生生的支柱！

　　身體的語言身體懂得，她也懂得，看著並任由他毫無禁忌地愛撫。

　　「恩惠。」

　　「嗯。」

　　她這頭轉身回應的野獸真讓人愛戀，我在外面的世界被打敗了，所以對她如此纏綿不放的嗎？勝利的時刻裡，男人對女人會有如此刻骨銘心的感情嗎？大概不會的，只在敗退回來被寂寞包圍的時候，才會如此需要情愛的撫慰。以前相信哲學的時候，忽略了她們女人，為了在社會改造的歷史中，尋找生命的代價，投奔來北韓後的第一天，潤愛的身影不再浮現了。現在我還剩下什麼呢？我剩下的真理只有恩惠的軀體，真理竟是這樣的近在咫尺！

　　明俊魯莽地摟抱她，她一如往常地閉上眼睛，她是為人民而活的〈藝術工作者〉，又是人類歷史重整行列中的〈女鬥士〉，好！即使如此，她仍是我的恩惠，此外，她還可能有幾個她自己願望的角色。他把臉頰湊上她的臉頰撫摸，咬開她厚唇吸吮著她柔軟的舌，不覺之中夕陽西下。房間裡暗了下來，他一隻臂膀圍繞摟著她，另一手撫摸她的胸部和腰，還有讓她感受深刻的腿部，他想確認她身上每個骨節部位，撫摸一塊塊緊貼著自己的溫暖牆壁的磚塊，手一鬆開，這一切一切好像都會消失，好像信徒一生中一次次地尋訪聖地，一掃疑惑堅定信仰，用手觸感的時刻，真理才值得信仰，人可以信的真理，大概等於一個女人身體所佔的容量吧！所有偶像之所以誕生，在於人們不相信看不到的，眼見不到的東西我也不相信。

　　「恩惠，妳信任我嗎？」

　　「信任。」

　　「即使我是反動份子？」

　　「那也沒辦法。」

　　「即使我是出賣黨和人民的共和國敵人？」

　　「那又怎麼樣？」

「妳從那裡來的勇氣呢？」

「不知道。」

愛情的辭彙中，男人是大傻瓜，女人有才情。也可以說男人過於正直，女人則狡猾吧！也許因為男人很會算計，女人容易信任別人的緣故。明俊把潤愛擁入懷裡。不經意地覺得自己是另外一個人了。恩惠不像潤愛表現出純潔情結，她懂得在心中空出一個位置，把明俊牽進去，並且燃燒她的熱情。每次他們雲雨之後，他都撫摸明俊的頭髮，在撫摸他胸部和頭髮的手勢之中，他彷彿見到了母親，母親和兒子，始自遙遠古代的肢體語言，他似乎想起一件事：

「嘿！我也許要去莫斯科。」

「莫斯科？」

明俊目瞪口呆。

「大概明年春天，不是現在。」

「妳仔細說來聽聽。」

「莫斯科有個藝術節，蘇維埃的各共和國、東歐、中華人民共和國和我們統統會參加，舞蹈這一方面，聽說崔承熙研究所會去最多人，要組成代表全國性的一個團，我們國立劇場也要派幾個人去。還有安娜同志不是蘇聯來的嗎？她一定要參與其中當領導，這樣我們不是非得參加了嗎？安娜同志今天也為了這事去過蘇聯大使館，我出門時她還沒回來。」

明俊直挺挺地躺了下來。莫斯科。恩惠去莫斯科？不行，她去莫斯科的話，便不會再回到他的懷抱，這樣的想法沒頭沒腦地冒出來。

「要多久時間？」

「還有多久離開嗎？」

「不！我問妳在那裡停留多久？」

「大概三、四或五、六個月吧？」

明俊一骨碌地站起來。

「嗯？這麼久？」

「不是藝術節耗那麼久，結束之後，要繞一圈人民民主主義國家，以前都這樣的。還不很清楚，我自己判斷的。」

「確定是藝術節？」

「確定，文化宣傳省寄來了邀請函。」

明俊靜靜地，恩惠稍稍提高了聲調。

「你不高興嗎？」

「不！」

「我聽不懂，你指那一方面？」

「我說不高興。」

「老天！」

她吃驚地望著明俊。

「恩惠，妳能不能不去？」

沒有回答，可能要從她的臉上找答案，她不眨眼地凝視著他。

過了好一會兒，她開了口。

「爲什麼？」

「跟妳分開三個月，我活不下去。」

她笑得很開心。

「眞像個小孩。」

「我是個小孩，我不是黨員，也不是人民的勞動者。我就是當妳小孩的傻瓜。」

「爲什麼總是扯到黨和人民？叫我們不要愛黨嗎？」

「並非如此，對我來說，妳比黨更重要。」

「老天！這真是小資產階級的思想哩！」

「那麼恩惠希望我是為黨而捨棄恩惠的人嗎？」

「沒有強迫你要捨棄那一邊。」

「如果捨棄的話。」

「我從未想過。」

「現在想想。」

「嗯？」

她還不懂從明俊的話中，分辨出有多少的真話和愛情戲言。

「我要再說一次，恩惠，不要去莫斯科。」

「這又為什麼？如果一味地叫我不要去。還有這也不是隨我意思，可以去或不去的。」

「其實妳只要下定決心的話，不論用什麼藉口都可以不去的。」

她直接的表示；讓人覺得她不高興了。

「我不知道要怎麼表達我的心情。只是，恩惠去莫斯科的話，我們好像不會再見了，妳把這一番話當成我勉強說的，妳就勉強接受吧！」

她仍然不說話。

「我沒有特別的理由說妳去了就不行，其實我們分開三四個月沒什麼大不了的，只是我現在的心情只要我們分開一個月，我就過不下去了，還有，我剛才也說過，這次妳去的話，好像不會再回到我的懷抱，我不知道為什麼，我有這樣的預感，拜託。」

明俊想到很久以前，曾經用這種方式求過她的，啊！對了，在仁川郊外海鷗群飛的海平面盆地上，他也用這種口氣求潤愛戒掉變幻無常的個性，裸身用這種口氣求她信任自己，而潤愛則始

終無法攻陷自己的城牆，是因爲沒辦法嗎？這也不確定，總之，明俊的北韓之行之所以能成行，才讓她自己懊惱敗興也是不可否認的原因之一。

　　多數女人迷信，一旦面對眞的要迷信的事情時，卻又猶豫不決，如果讓恩惠去莫斯科，自己好像要完蛋了，如果不說出口，什麼事情都不會有，一旦說出口，就造了一座牢不可破的牆，現在的情況就是。

　　「恩惠，妳什麼都不用問，只管照我的話去做，甚至妳把它當成玩笑，一笑置之也可以，表示一下，妳是愛我的。」

　　「好，我不會去的。」

　　她應了一聲，而雙手遮掩著臉。

　　眼淚從手指縫中流竄，看著看著，又滲出來，明俊走到她面前坐下，抓起她搗著臉的手腕，她的手被抓著，卻仍哭個不停。

　　他把正在哽咽的她攬入懷裡，會接受這麼不像樣的他，除了她還有誰呢？想到這兒，自己跟著哽咽了。

　　她回去了之後，他雙膝併攏坐著，好一會兒發呆地看窗外。聽見乾樹枝拍打玻璃窗的聲音，乾瘠的人生，現在，過不久就不會聽見那聲音了，單身的生活，說到過多的日子嘛，並沒什麼好擔心的，只是想到要以思索來打發拉長的夜晚，著實煩惱，自從來到北韓，他感受到時間好像是在跑步中度過的。住在漢城時，時間則像緩慢的步行。不！那時是沒有時間，不存在，至少對我而言是如此，對不生活的人來說，沒有時間可言，至少，他用自己的力量賺取食物和衣物嗎？華麗的幻想透過這些生活山澗狹路，就是到達食物和衣物嗎？大概是吧？但是如何賺取的問題大概要爭論了吧？他想起編輯的話：「同志顯然是有點誤會，你把共和國包養下來觀察的想法是錯誤的，同志只要在負責的崗位，

做完黨要求的課業就夠了，黨不期望英雄主義的感情，而徹底實踐鋼鐵般的人物會令人惋惜的。」也就是說叫大家當一名每天喪失人性溫柔的人，像處在資本主義社會糾葛的產業生態中。

在這裡並沒有容許插旗的空地，所有偉大的事蹟都被說光了。即使不用自己頭殼想也知道，因為大家只教你分毫不差地擺動，怎會變得如此呢？難道要怪罪北朝鮮不曾發生革命，人民的政權不是用人民染血的鐵金和鐮刀去建造的，而是〈全世界弱小民族的解放者與永遠的朋友〉紅軍帶來〈禮物〉。沒有巴斯底監獄的憤怒與喜悅，偷襲多宮的驚險鏡頭，沒有朝鮮人民見過斷頭台流血事件，沒有朝鮮人民看過用鐵鎚敲碎銅像和雕像。他上了大理石台階，再手持手槍闖入皇帝寢室放火，他們只聽說革命的風聞，三十年後如果還有人對這個風聞也同樣激動的話，那可稱得上是感情的天才。何況是別人國家的事，你說世界是地球村了？那是正當興奮時分才說得出口。對北朝鮮人民來說，不曾有過主體性的革命經驗就是悲劇，以公文命令的革命，自上而下，那並非革命，下達公文的人自稱〈全世界弱小民族的解放者與永遠的朋友〉，對投身於這思想的人們來說，是難於接受與置信的，如同聖經對基督教友來說，雖是神傳達的語言，當成是〈別人〉傳達的語言，想到無法拯救自己，真的比死亡更恐怖。想想到今天為止的生活，不管上帝如何，〈全世界弱小民族的解放者與永遠的朋友〉畢竟也是別人了。不可以公文代替，就像生命腦袋不可替代革命，那麼，針對公文革命所賦予的條件，找出配合條件的行動方式，是我們身負的革命任務，北朝鮮共產主義者的革命家風格就繫之於會如何完成這件事。

而安坐在文字教條的框框中弄得一官半職，向那些愛用自己頭腦思索的人們施壓，是那些想霸佔解釋真理權力的人搗蛋的工

作，在這種社會製造革命興奮浪潮的人是僞善者，或是匠人、革命匠、販賣革命用來領薪水的人們，父親也落的這般匠人，父親是爲了謀職才回北韓的吧？哈哈，眞正感受了革命的人，其實只有羅伯斯比、丹敦、馬拉（註3）、列寧和史達林而已，人類眞悲哀，歷史是倒扣上的路障，有力量的人們霸佔甜蜜又神氣的主角位置，把人類擁之爲伴郎伴娘，用來遮蓋自己的歉疚，大衆的興奮不能持久，他們也只有當時的激動而已，持續一輩子付出的情感，僅限於一人份的心臟；在廣場上，只有示威牌子和口號，沒有沾血的Ｔ恤和吼叫，因爲它不是革命的廣場，而是運動場，大家在做難堪無奈的團體操的運動，在如此的條件中，該製造出那一種行動的方法呢？實在沒有辦法跟任何人訴說什麼，眞煩，要獨自一個人頭痛承受，拼命地用功，可是這一次不能把過錯推給〈別人〉，眞正的絕望臨門了，李明俊隨身攜帶新聞社和中央圖書館的書，徘徊在馬克思主義的密林中，頭一次感慨著知識帶來絕望，說眞的，的確是密林，好像會發現到還不錯的人在僻靜的巷弄，循著走的話，不知不覺中，眞可以說是到達了整理過的密林中廣場，如今用自己現有的工具和裝備，順勢下行已經遭遇到難以越過的懸崖。〈全世界弱小民族的解放者與永遠的朋友〉也認爲一定是在密林的某地走錯，這麼說，密林之中根本沒有整理過的道路，因此也沒有地圖，就是一切靠自己動手，一定要對生命熱愛並且需要一段較長的時間。

　　明俊無法忍受恩惠不在的平壤，恩惠不像衆多的女孩子非得要住在那種社會不行，她也當不成盧森堡她的個性也不是這樣。她的想法常常會讓明俊瞠目結舌，明俊喜歡從無知女人身上得到一些慰藉，不僅如此，可能的話，還想和她互換身分，和自己靈魂無法契合，也許從她那遠離時代夢想的身上，明俊足了，神智

慣不給所愛的人思想，他的這個想法，日後再檢討的話，很可能滲入了虛假的成分，可是有的人在芋些時候，把自己對眞實事件的感受說成是幻想，恩惠堅持非得去莫斯科的話，明俊要怎麼辦呢？想到這裡，不覺一怔。回想她接受要求時，她哭而日也過度地激動，設身處地地考量，自己怎麼；說都不佰如此的，附帶著要公演，巡迴一趟歐洲，讓她雀躍待意，尤其想成藝術家的話，她常常像一遺忘世界地圖係以政治理念分割的事實，「如果在巴黎加強一下美術事業的課對我有用噢。」芭蕾舞者在巴黎進修是莫須有的道理。帝俄時代建立的芭蕾舞學校依開設著；仍是呵護的藝術枝幹之一，明俊說過也知道的。這次去莫斯科的機會，也許有好事等待著她，而她卻接受明俊的脅迫，爲了證明愛情的一顆心，值得感謝。攤開被窩再爬進去，恩惠走後留下來的「盧森堡傳」掉落在書桌下面，拾起來翻了翻放在鼻子下。

　　也許是惦記著她，彷彿嗅出她身上的氣味，放下書下，試著去抓回她的氣味之後，再把書靠近鼻子，消失了。他想起她第一次在她第一次在他房間坐時的腿，對了，她的腿帶給她驚嘆，她從未察覺，從今以後不辜負她地回報她不就行了？要回報可以回報她的。熄了燈，強勁的風勢吹動了樹枝，如同一陣又一陣的漩渦。

　　室內的暖氣把玻璃上的水蒸氣渲染得像雨滴在流動，明俊站在窗邊俯瞰遠處的大海。明沙十里浮現在水平線上，像一條粗帶子，他要在這個元山海水浴場的勞動者休養所休養一個禮拜，眞的來休養，不是爲採訪而來的。這個地方只有全國各地的模範勞動者才可以來，但這次是誰讓他來呢？最初他想不透，後來才知道是父親安排的，對於父親類似的作風，明俊不再爭執，前次自我批判時領悟到的要領，在不自覺中已經付諸於最近的生活之中

了，他的前途需要經年默默地工作才行，這麼說不能為小事一樁和一些俗物們衝突。想越過大海的人掉到水窪死掉是不行的。

這休養所的建築原是私人的別墅，後來被國家徵收佔用了，夏天是它最好的季節，冬天也另有一番風景，寄身於松林叢稀稀疏疏淡雅的別墅一角，聽著海濤入睡然後又被海濤喚醒的日子實在不錯。而連這種地方都有讀報會，教養事業之類的單位，任何地方都要面對這些單位的情況，令人洩氣，一直到習慣使用社會上的陌生詞句用語，來北韓之後，是經歷了好長一段語言混淆的時間，如這個「教養事業」的名詞就是其中之一。在這之前，明俊的用語習慣中，教養這個單字是強調私人的經歷，而教養之後接著的事業的單字，真是生硬到極點了。可是同樣的話被很多人反覆使用之時，便又產生了新的用法，像同志的這個稱呼，就是如此，大概錯就錯在沒有任何人都適當的稱呼，借用辯證法的說法；可以說量的發展引起質的變化現象吧？總之，這休養所還仍然是教育事業，並不嚴重，事實上，好不容易來到這可以讓身心休憩的地方，在硬梆梆地搞政治教育是很幼稚的。因此住在休養所的人算是暫且擺脫心中枷鎖。在暖氣房間入睡之時，明俊常常被困惑，我是小資產階級的獨子嗎？還是中央政府高官的浪蕩子？怎麼會這麼想的呢？在上位的人應該衣食簡單的，卻從未遵守過一次的東洋的謊言。如果不好意思的話，可以自我安慰的說：生活美滿的人如果當工作表率，可以享受當指導層或〈模範工人同志〉之類享受的，算了吧！這麼一來，我這樣的傢伙吃得肥肥的就不對了，啊！怎麼高官老爸一通電話交代讓他兒子享福幾天，人民共和國便會完蛋了嗎？李明俊。少扯些無聊的！

歷史或政治不是經常披狗皮而跳虎舞的嗎？但一到利用完的時候，還是把狗皮當狗皮扔掉，怎麼還幼稚地纏著不放呢？有些

時候，看戲就好，不必理會什麼。鴻鵠之志麻雀焉能得知呢？那些高官的心思，我們那裡能知道。就算讓你挺身而出又能如何呢？當年父親還有他們同輩的人不是在主導這個社會嗎？就讓死掉的人來埋葬死掉的人吧！

　　晴朗的多日，大海交疊映射出來的蔚藍，形成更藍的陰影，在右方遠處有兩隻、三隻海鷗鼓翼，如此的天空之下，怎能叫人不愉快享受呢？祖國的天空是一流的風流客啊！絕不會倒塌，絕不會吼叫，很瀟灑的噢！

　　他隨著響起的開門聲環顧了一番，餐廳工作的少女送來簡單的早飯和報紙，少女的雙頰紅得像托盤中的蘋果，明俊用手指扎了一下，還一邊嘻笑著：

　　「金同志，妳今天早上眞漂亮。」

　　「騙人。」

　　十四歲的少女毫無嬌羞之態，簡短地回過話在門檻吐了舌頭，把門關上了。腳步聲走遠了，明俊興沖沖地一手抓起蘋果，掀開報紙的時候，他叫了起來，再留意地細看內文，是地方消息：

　　—— 舞蹈藝術工作同志到達 ——

　　標題很大。

　　恩惠開心的笑容好像從標題文字後面偷看過來。她們一行正在全國巡迴演出，其中有很多是決定要去莫斯科的團員，恩惠是要補足節目的演出人員。說要一同去的，離開平壤已有十天了，他盤算著現在該到了咸鏡道方向，卻會在此地見面，想著不覺高興得發抖，公演是一點鐘開始，看來今天是禮拜天了，從箱子裡

拿出剃刀跑到盥洗室。

　　公演一結束，她從後門走出來。

　　「咦，妳這樣什麼都不管地出來，可以嗎？」

　　「有什麼不可以？還有這是怎麼一回事啊？」

　　「聽說妳來了元山，想念，突發奇想地來了。」

　　她瞪著他，他就笑了。

　　「收到你紙條的時候，正輪到我要出場，大略地看了一遍之後，把它塞到鞋子裡，便到舞台上，怎麼瞄都不見你在台下，結束後進來，怎麼找都找不到紙條，我正在想是不是搞錯了什麼呢？」

　　由劇院後門護送芭蕾舞演員出來，也讓我覺得可笑，她不是資本家的寵物、佩飾物的啊！她是堂堂正正的藝術工作者，藝術家不能擁有男朋友嗎？

　　我不是靠山，她的靠山是人民，這不是資產階級社會的舞台後台情景，他們那種濕答答髒兮兮的情景，不會在這個社會滋生的，這樣子很好，想到這一點就覺得輕鬆很多。他們在國營餐廳吃了飯之後，步行到松濤院。

　　越過水池爬上坡地走廊時，冬陽已西下了，松林叢裡的風比波濤聲音更擾人，松濤院的名字不是松樹和波濤的意思，而是松林掀起的波濤聲吧？想著便對恩惠說出來。

　　「也許吧。」

　　她很乾脆地打發他，繃著一張臉，進到室內之後，明俊從她的臉色開始觀察，卻又不一樣了。

　　她在燈光之下顯得很開朗，她解開頭巾，脫下手套，脫了大衣掛到牆上，明俊靜靜地站著觀望。他很滿足了，把曾經在眾人

群聚的劇院表演的女人，帶到自己床上的男人感到趾高氣昂，明俊此刻想說一些有力的詞句，可以對應那種無聊情緒的詞句而很衝動。

她面對著窗俯視漆黑的室外。女人的身材呼喚男人。挪步到她的身後，她仍俯望著窗外，動也不動。玻璃窗上流著濕漉漉的水，從後看到她的後頸皮膚特別白皙。明俊把手按在她的肩上。

之後，他們在三月中旬於國立劇場舞台後台又見了面。這時候剛好是恩惠巡迴公演結束回來，恩惠顯得很疲憊，他把恩惠帶到一個角落說話：

「我們藝術團幾月去莫斯科呢？」

「為什麼又說這些？」

「對不起，最近我有點怪怪的，我總覺得妳在這搞搞，到時候會突然一走了之。」

「老天！」

她用雙手摀住了臉。

「我錯了，妳看，人家都在看我們了。」

她的手仍然沒放下來。

「我錯了，妳看著我，我叫妳看我。」

這時她才放開手，她明明白白地望著明俊。

「妳原來不相信我噢。那麼就那麼辦吧？」

「你說說看。」

他猛一轉身走出來。恩惠跟著走小聲地說：

「等一下晚上我過去。」

那晚她沒有來。

第二天晚上，明俊從報紙上得知恩惠一行在當天早上就向莫

斯科出發了。

1950 年 8 月

共產軍進入漢城。位於原先 S 署的地下室中，李明俊隔著書桌和英美的哥哥泰植對坐，室內味道刺鼻，燈光黯淡。署建築物直屬內務部，搜查機構的政治保衛部使用之中，被捕的泰植湊巧送押送過來的那一刻，他發現到自己起雞皮疙瘩，湧現出類似興奮之情，太湊巧了。他沒想到見面相遇。英美的家人全部南下，房子是空蕩蕩的。

泰植在市內被捕時，正手持小型攝影機，抽出底片顯現出散佈漢城附近的共軍設施，他不相信泰植是因為此事中途被捕。更令人意外，潤愛和泰植結了婚。她來和丈夫會面，從二樓窗戶俯望到的，要不是明俊的話，她大概早就轉頭回去了。會面是不可能允許的，她沒向明俊說話，也沒叫他放泰植。她只是簡短的回話不得已的回應。然後惶惶而去，好像面對可怕的人。今天下午她還會來，並非被允許會面，而是明俊這一方的傳喚。

被銬著手銬垂著頭，幾天連續的拷問，泰植的鼻樑塌陷，鼻頭周圍被打扁腫了，歪斜發腫的一張臉，一看很像麻瘋病患，明俊一看到他更湧現莫名的興奮，如果易於形容，差不多的事情都很自然地解決。對惡魔有答案的話就不可怕了，可是見到被押來的泰植，他不能解釋心中的興奮，泰植是他的朋友，恩人的兒子，英美的哥哥，即使種種的關係都不算，他和泰植的交情並不壞。說不出是那裡，在最底線上來說有一點生疏，但是那時期論起朋友，卻必定要提到他，即使如此，被送進來的泰植等於是他的戰利品，答案只有這一個了。自從前任交接給他的幾天之中，還沒見過被逮的嫌疑犯。潤愛的突然出現，以及從她口中知道泰

植被收押了。佔有自己女人的傢伙落到手裡了，要死要活看著辦吧。

　　那種解答像掛在肉舖的生肉讓他反胃。手上只有玻璃紙和蕾絲的李明俊來說，他並沒有可以包裹血腥生肉的粗糙樹皮。

　　「你做這種事，眞讓我意外啊！」

　　泰植抬起發腫的眼睛，疑惑地望著他。

　　「你把心中的話統統回答出來不要緊吧？」

　　「當然了，隨意地回答，像從前一樣地。」

　　「那麼我就說了，你坐在那位置我也覺得意外。」

　　「知道了，可是我這個凡夫俗子，原本就有可能這樣發展。可是你呢？」

　　「不要嘻皮笑臉，所有的凡夫俗子都有可能。」

　　「你如此吃苦的代價，南朝鮮有嗎？」

　　「你坐在那位置期間的代價，北韓有嗎？我想問。」

　　「嗯，不要反問我，先回答我的問話。」

　　「不一定要先有了代價，人才開始行動的。」

　　「那麼？」

　　「也可以爲了製造價碼來行動。」

　　「像你之類的愛國者，爲什麼在南朝鮮沒有人知道你，我最恨被抓來的人了，在這裡愛國者一堆一堆的，滿街都是。爲什麼南朝鮮落得這副德性？」

　　「我可以講話嗎？」

　　「你直接說吧！」

　　「因爲像你一樣的人都跑走了。」

　　「謝了，只是你不是留下來了嗎？」

　　「不對，我只從六月二十五日（註4）留到今天爲止。」

「晚了啦！晚了，有沒有事要託我？」

「你殺死我吧！我受不了拷問了；如果你對我還有友情的話，馬上給我個痛快吧！」

「你死得沒人知道，也好嗎？」

「你，去北韓變成了俗物了！噢，我現在很煩惱只想早一點安息。」

「我現在對你，已不存友情。我確實感受到：我煩惱的時候，你在笑；你煩惱的時候，我該笑。這些我現在確實懂了，我該笑了！」

「你從前就是如此的惡漢嗎？」

「惡漢？對了！叫我更好聽的便是惡魔；你不要搶走我生平唯一一次，可以當惡魔的機會，我要當惡魔看看。

在這個混亂局勢中，我還有足夠力量放走你這麼一個人；只是，我不，我不會向你訴苦，舊日恩人獨子的生命操在我這個共產黨員手上。放了，不行，那麼我始終只是空中浮雲，我之所以到這個機關，也是我自願的。我希望經歷過這次戰爭後，再次投生，就是希望再活一次的意思。經歷這樣的戰爭，我也奢望乾淨的一雙手回去。我的手要沾上血，我的心臟要裝滿仇恨回去；我的眼和耳裡，也要充滿怨聲的一張張臉和吶喊煩惱。到現在我不相信任何人，在南朝鮮如此，去了北韓也一樣，在那裡我愛某個女人，我信任她；但是她也把我騙了！我不恨她，和每一個女人都一樣，她也只是單純幼稚而已！她現在人在莫斯科，我什麼都沒有，我要抓住什麼東西？那不是可以問到的。在戰爭中空手回來的人是傻瓜，像聖經裡出現的懶僕人一樣。要搜括戰利品，不能期待黨放手分給的戰利品。自古開始的戰爭都如此！那時你出現了，舊日恩人的兒子，我們談個不停笑話，投機的死黨，還有

……不說了。比這裡更好的街道，在那裡，我要去踩踩看。那腐敗道德的家要被放火了！因此而要變成罪犯，又要當人民的英雄；其實，都一樣的。無可奈何地我用自己的手犯下綁了我自己的罪行，不懂這是什麼原因！不是自出生開始就有的資產階級的原罪夢，我要用我的手揭開我的罪；因我要重新活一次！還有，你的太太，現在大概在我房間等著我啦，她也要幫我重生，生出一個人，除了求之於女人外，還有其他的路嗎？」

泰植一骨碌地從椅子上站起來。

「惡漢。」

「對啦！讓我更激動吧！讓我可以自然地重生。」

「你不要染指潤愛，我拜託你，我相信你最後的良心，這件事也只會讓你更煩惱而已！用其他方法，很多很多不都可以拯救你的嗎？拜託。」

「其他方法？我聽不懂。你還說我變成了俗物。還有，至少還有英美，英美在那裡？我去北韓之後，她說了什麼？」

在他說完之前，呸！一聲地口水飛過來了。

他用一手揉著臉欣然地笑了。

「Спасибо，這一句就是俄國話的『謝謝』。」

剎時，他的拳頭劃過了泰植臉上，手腕被扣著手銬的泰植，用手摀著臉。在被打倒之際，還被他用腳踹。臉上一下子變得血肉模糊，那血跡，讓他想到幾年前，自己就在這棟建築中挨了刑事的老拳，而流出的血跡。他如同當年刑事所為，他一把抓起泰植的脖子，再打一個耳光，幻覺到那個刑事已經附身到自己身上了！人要扳倒一個人的習慣，原來就是如此從一個身體移到另一個身體的噢！身體的狀態。他抬起腳來，踩上仰在地板的泰植的小肚子，他真像稻草人的身體在舞動，身心不一致。他很討厭的

抽離，爲了要去掉這層間隙不停地舞動手和腿。而泰植一動也不動地趴下了！他蹲坐下來，摸摸泰植的胸部，沒有死！他站起來掏出口袋的手帕，染上手中血的手帕，馬上變得黏稠稠的。他用乾淨的布邊把指甲都擦拭之後，朝房角一扔，接著叫喚站在門檻的監視兵。

「請移送到牢房。」

他到達之後緩緩地爬上階梯。心中爽快、若無其事。當然了。那次在那個海平面上可以看到海鷗飛的盆地裡，他撫摸著潤愛的情景也是如此；他對笨拙桀驁的自己，竟然技巧熟練而訝異。一如那次，他神態自若，連自己都嚇了一跳，真不當一回事。希特勒的拷問官，大概也是如此搞過來的吧；西班牙的那些宗教裁判官，應該如此搞過來的吧；而專制王朝的那些刑吏們；應該如此揮打杖棍的。還有潤愛正在等著；把她搞一搞，我也不會覺得怎麼樣的。

她一如昨天坐在明俊書桌旁的椅子上，見他一進去便站起來。她穿著麻布韓服，腳上著膠鞋，不見幾年前的稚嫩；取而代之的是端莊的氣息。如果以飽受勞苦煩心的女人而論，她還有一點氣定神閒。她的眼和細頸看起來楚楚可憐，看得出她盡力地要舉止莊重。明俊心想神經病、莫名其妙，這裡又不是你家客廳！他差點喊出來──妳不懂事情有多嚴重嗎？

「坐吧！」

她一邊坐著，一邊拉平裙角。

「潤愛。」

他見到她受驚的眼神，睽違多時再次呼喚的名字，頓時也讓自己目眩。不應該這樣子的，他在內心冷笑自己。

「我沒說一聲就消失了，對不起。」

「……」

「只是，我不是又來了嗎？也許可以說為了再見你一面的吧？」

「請不要說這樣的話。」

「是嗎？那麼說什麼話呢？」

明俊掏出香菸點上了火吸著，緩緩地享受；吸完一根；站起來走到潤愛面前，用右手托起她的下巴。

她的臉痙攣發白，閉上了眼睛，嘴唇乾癟；他湊上去壓住，潤愛像被電擊，從座位上彈起來後退站著。

「為什麼要這樣？明知道我的處境……」

明俊呵呵笑了！

「處境？你是說從前是女朋友，現在是朋友的太太？知道，知道我才如此。」

他挪近一步。

「請原諒，不要這樣。」

她的話，點燃了明俊心中的火。行了！

「原諒？妳說原諒什麼？叫我要怎麼原諒。」

他跟著她後退而前進。

「潤愛，我現在還愛著妳。」

「如果真是如此，就請不要污辱我。」

「什麼話？我愛妳還這麼說；污辱？摔掉資產階級的用語！妳還是個傻瓜蛋，這段期間，妳還沒學到嗎？」

潤愛扶著牆壁附上去。他一手抓到她的臂壓制在牆面上，不讓她動，她臉上泛紅地，用力想要抽出被壓制的臂。他看到她額頭滲出了汗滴。為什麼她要回拒我呢？那個時候她也如此回拒我。但和那個時候不一樣，當年我是被妳迷倒地真誠的年輕人；

而現在則是以勝者姿態凌辱妳。他用手指扣住衣襟往下拉扯，袖肩滑落，她的呼吸急促，要塌陷坐下來的樣子。

妳爲什麼不叫喊？妳不能像妳丈夫一般往我臉上吐口水吧？再把妳剩下的袖子，一把扯下一隻扔掉，現在她整個上半身差不多是半裸了。換個手抓住，再把另一半拉扯扔掉。用雙手把她的肩頭推往牆壁貼緊，凝視她。她閉著眼在喘氣，胸部一起一伏，白又豐滿的胸部。這個胸部曾經屬於他的；如今即可用暴力奪回，但卻不能擁有。想到這裡，剎時又想到了恩惠；他從未回拒過自己，任何時候都高興地擁抱自己。而她的胸部現在在莫斯科；莫斯科黯淡的天空下，怎麼能擁有那個胸部呢？直到最後說盡好話，她還是走了，不可信任的這些胸部。

這白白、圓潤、豐滿的謊言。他把手臂繞過她的頸，用力地拉過來。他聽到了鳥叫聲，那是從屋後連峰的山上發出來的。她像一個死人緊緊被抱在他的懷裡。懷中的她很溫暖；胸和圓圓肚子，也和從前一樣。那時候也聽到鳥聲，抱著她在地板上滾翻。頸、胸和嘴唇都緊貼著。鳥聲聽起來像海鷗聲，在仁川郊外，那盆地的沙灘，眼睛看得見那群海鷗，以及那些船隻閃動著帆進入大海，發出篤篤篤，馬達聲。

陽光普照的藍天，該死的大地，天空怎麼如此的蔚藍？他身上被堵塞的某處發出潺潺聲音，眼淚順著面頰流下，一直流。這算什麼？

「潤愛，張開眼看我。」

她像掉了魂似地望了望他，無力地把頭埋進他胸中。暖暖的淚水，也沾濕他的胸膛。把她扶起來坐定，回頭坐著，腦海裡一片空白，從山澗外吹來的風，又穿透山洞，明亮的燈光下，她一手抓緊上衣前襟，一手撐著地板坐著，閒歇地聽到鳥聲。他走到

窗邊打開窗戶，從建築物照射出的燈光，使樹葉看起來白濛濛像在飄浮。他望著那天自己坐過的位置，來到這棟建築物後，只要一有空，他就如此看望；到了晚上，甚至都還可辨認出來。他看到了，幾年前筆直地躺在那草坪上的自己；也就是用舌尖正在舔嘴角的自己，用腳贏過螞蟻的自己。那天是滿天耀眼的星星，化成蔚藍的天空。

讓窗開著，他走回潤愛面前，把他拉起來，脫掉自己上衣給她穿上之後溫柔地說：

「今晚妳在這裡睡，明早再回去。」

他不等她回答便開了門，叫來走廊角落的步哨，把她交代好。她披著男人上衣，跟隨步哨的身影，在轉角處消失。他關上門，倚著門，兩手一拍，聳一聳肩。

「你也當不成惡魔？」

他像面對的人高聲發問，他又鼓掌，在晚間時刻，空房間裡掌聲響得尖銳。他想豪放地笑一場，然而喉嚨冒出來的聲音，卻很弱很空虛。他用後腦杓去碰門板，不停地笑。

洛東江戰場黑夜下雨。李明俊傾耳聽腳步聲，但除了濕潤夜空的雨聲，他聽不出其他的聲音。

他眼睛睜得大大地，走在洞窟狹窄的小棚路上，他也無法辨認，碰到差不多的樣貌，努力要辨認結果都是到處黑漆漆而雨又下個不停，認不清四方！李明俊睜著眼，想著即使是人在黑暗中，等待的姿勢身體的習慣都一樣，真可笑！雖聽不到什麼，但還是傾耳靜聽；看不到鬼影子，卻仍睜大眼。這大概就是養成生存的五官的習慣吧！

遲來的季雨讓他微微地顫抖，手望著黑漆漆的洞內，等待即

將出現的身影，這是被生存打敗後的李明俊，在生存戰場中剩餘的唯一肢體動作了。他披著雨衣，他坐著的洞窟，從入口開始，有洞外的雨淋不到、三公尺長的捷徑小路，半月形狀，是沙質很厚的自然洞窟，他在靠近洞口的位置。

他等待恩惠，儘量走近她會出現的路上。

他把潤愛和泰植夫婦放走之後，接到命令要他去戰情一蹶不振的洛東江戰場，時間真湊巧，他爲了拷問刑求這些人，自己都被累倒了。回想最初自己還因爲能發狠蹂躪他人身體而有一絲邪惡的喜悅，對他人身上施加的暴力，使得李明俊信任身體的深度，他手上鞭子落在他們背脊上，受害者都切切實實地哀叫著，他想像過如果自己如果再下毒手的話，他們的青春年華不知會是怎樣的一個下場？他們應該穿著乾淨白領的西裝，配上閃亮皮鞋到處鑽動，用卑鄙手段得來的錢財，在劣質生活條件的祖國，過著像活在夢幻般西洋人生活。讓他想起用一百個人啃樹根的代價，換取一個人可以用巴黎香水的悲哀模式中毫無怨尤活過來的這些人，那種情形，曾使得李明俊把經濟學的抽象法則，轉移爲他的憎惡。

一直到戰爭發生，他曾想到要把這社會轉向到一個正確的面貌，他把南方經驗拉過來適應配合和那種面貌爲止的這段時間，是需要忍耐一段很長的時間。之後戰爭爆發了，人民軍如潮水湧至，獨自悶在〈內心〉的算計，較之眼前久到的「外在」動向看起來更爲令他恐懼，所謂的歷史，大概原本並非一之後就有二的吧？看起來俗不可耐的一些人，事實上就是政治〈前輩〉嗎？真害怕搞不好的話〈歷史〉把自己拋下而逃之夭夭。

一直到戰爭爆發他始終都沒有學好，因此在 S 署的地下室學習如何跟隨歷史腳步，把抓來的那些人渣，爲了培養自己面對人

民公敵的感受，李明俊揮舞皮鞭，這些無辜者的反應不一，有人拼命裝尊貴，有人咬牙切齒地忍著痛。而大發卑鄙厥詞的人，每挨到一鞭，就發出撕裂的聲音，爲了喚起拷打者的人性憐憫，而施展其眼神演技，目睹承受痛楚的形形色色，李明俊就像拷問泰植時心中那份罪惡的快感，在短暫時間中消失了，燈罩下的燈泡映出圓形光線之下，他鞭打掙扎者的身軀，不是人民公敵，可恨的資本者民族叛徒，間諜之類堂皇……他們是穿著衣服，說著話，吃奶水的禽獸之一而已，最初他們很會反映煩惱的傷痕，原以爲人人身上可以期望最具有的反應。

　　他到最後都不能從潤愛身上得到明確的答案。確實曾經佔有過她的信念，就像她經常讓他見到不知所以然的抵抗，就像隔著一塊玻璃觸摸東西時的虛妄深深地充滿他的心中，說明了人和人的交往連身體的結合都是多麼地不可置信。

　　最初他想拷打不是那麼一回事的；他相信會聽到和他下手力道相當的唉叫聲，可是錯了，因爲有虛張聲勢的人，也有很能忍受的人，全在拷打一方和承受一方的判斷差距，拷打五鞭的話，有的人可以承受六鞭，有的人可以承受四鞭，而縮減差距的方法卻只有一個，加重鞭打，讓人不能撐住那窩囊的面子問題，這個方法一拖久就到了極限，因爲人被除掉之後就無法被作爲賭注了，喪失意識或已氣絕的人沒有剩餘價值了，被蹂躪的身子豁了出去，亂喊亂叫，不可以當成是真實的反抗，只要他們恢復意識喘過氣來，便又神氣地裝模作樣，再被打的話，就會被折磨成喪失意識的肉團，因此李明俊在拷打之中也敗了下來，並且在那段時期，如果說可以致勝〈歷史〉的話〈頭頭〉們的〈外在〉動作也在〈歷史〉的緩慢步伐中敗陣下來。

　　現代武器的這種媒介物，至少在戰場上阻擋身體和身體之間的相遇，尤其是手槍不及的距離之中，加以砲擊的戰爭有如一場很糟的鬧劇，夕陽西下之中聽著遠處砲聲，站在戰壕前的話，這莊嚴的死亡關頭突然好像是和自己毫不相干。

　　在師團司令部遠遠見到恩惠時，最初以爲看錯了人，擦身而過，也未用心想想，一下子以爲是從前的幻想，及至背後的腳步聲接近，叫出他的名字時，他止步未能很快地回頭看，她當時是看護兵。

　　昨天在這裡遇見時，她沒有任何辯白，說不說什麼都一樣，能夠再遇見就讓他很感謝了，他無心責怪她，他沒有精力分辨誰做得好誰做得不好，他把思想，女朋友和六親完全地拋開不顧，和掌握不住的死亡，相視而坐的他，眼前又出現了恩惠，總使他一向平靜的一顆心糾葛之處，帶來了嫌惡，以及想吶喊的喜悅。

　　隱約聽到了聲音，向洞外挪動身體，看到漆黑一片，並無人跡。有事不能來？大概已經兩點了吧！白天她說能來，如果沒有事一定會來，他漸漸急躁起來，會不會她迷了路呢？他抄捷徑去司令部的路上，刻意爬過山頭找到這個洞窟，躺在這個不甚起眼位置的洞裡，可以心情放鬆的休息，本想再帶一個人，後來便打消了念頭，其他的人知道的話，洞窟給予的舒適程度便會減輕。

　　近處有人跡了。

　　明俊在黑暗之中盤著腿，當他聽到恩惠喊著自己名字，才走出洞口，他摸黑把她拉到裡面，把她的雨衣脫掉，放在靠洞口的裡面，大概因爲走了一段路，她的身上很暖，她把自己的雨衣舖在地上，防止粗沙鋪成的地面冒上冷氣，他把她的臂繞到背後擁抱她，在用力放在她抓住自己衣襟的手上用力。

　　「請原諒。」

　　在 S 署的二樓，潤愛也曾求他原諒，恩惠現在也求他原諒，潤愛和恩惠的同樣話語，含意卻天壤之別，潤愛的話是天使附身的惡魔說的。恩惠的話則是滿身罪惡的女人向男朋友的懺悔，只是我始終不能把潤愛當成是惡魔，我放走她很好，幫泰植逃亡也做得好，不要想成是放了恩人之子，而是救了潤愛的丈夫一命，潤愛大概不會出現了，即使有機會再見，她不會再是潤愛了，因為我就像她說的，她知道事情的真相，如今恩惠不是又出現在我面前了嗎？又求我原諒，當然要原諒，叫我原諒什麼呢？不管什麼事，妳叫我原諒，當然要原諒，我對其他的事一點自信都沒有，卻有原諒他人的肚量，耶穌基督前生大概造了不多孽，因此祂高喊教人家要原諒別人；你們之中沒罪的人可用石頭打她，一定也包括他自己了，我不如耶穌這般偉大，但我會原諒妳一個人的。我原諒妳一個人。他手臂一用力，把她舉上來嘴唇附在她的耳邊。

　　「我愛妳。」

　　「我在莫斯科一點意見都沒有，搞壞了。因著戰爭回國遇到募兵時，我第一個報名申請當看護兵。我那時想一定要見到你，求你原諒，如今我死了也瞑目。我錯了，即使恨我也請你原諒我。」

　　「我愛你。」

　　「請你說原諒我。」

　　「愛這句話，不是和重覆十次的原諒一樣嗎？」

　　她哭出聲了，只見潤愛哭過一次。在 S 署二樓，他打消想要凌辱她的念頭時，她抑住了眼淚，潤愛原是個細心的女孩子，而恩惠，戰前在平壤他的住處計畫不要去莫斯科的時候，也曾如此地哭過，現在叫他原諒她打消計畫，並且又哭了，其實潤愛從未

違逆過自己，那時他不管局勢的變化，不聲不響地跑到北方的這一件事，便能稱之為情人之間的背叛了，妙的是條理分明的潤愛卻讓他有不能完全懂她內心深處的感受，明顯地違逆過他的恩惠，則是絲毫不差地信任自己。她起誓的時候，大概表現了她真實的一面吧！還有她現在祈求原諒的心中也不會有半點虛假，他放任她哭著，在洞窟裡聽到的雨聲，好像天地之間寬宏的嘀咕聲響大，卻很柔和，他的哭聲像雨聲一般柔和，任何時候聽起來都好聽。

　　他們幾乎每天見面，有時候在晚間，有時在白天，沒有約定的時候，明俊想到她可能會在洞裡等待自己，便躲開眾人耳目，爬山過去。這時她大概都在洞的底端呆坐，這是一個看不到形式。在那個戰場中，格式啦！或者繁文縟節都顯得令人厭煩並且毫無意義。和不見形體死亡的陰影對抗的一天天，他們在彼此的身體上平撫著抹滅不安和惋惜的力量。

　　坐在洞裡向外望，眺望到遠處的右方峭壁上有一座高壓線塔，白雲在天上飄浮。他想到上小學美術臨摹課程，曾經做了一個網子，把它撐開，畫出進入十平方公分四角的框架中的風景。

　　面對如此大的框架，真不知如何畫起，便隨興所至地亂畫了，這洞窟的入口不像框架稜角那麼筆直，稜角被折斷，邊緣伸展著長長的雜草，那個空間清晰可辨，連續晴日，光束中浮動的風景很美，從洞窟開始看景，覺悟到世上所有的風景都很美，往左邊的方向被封閉，往右邊方向也被封閉了，經由向下被遮蓋的洞口，明俊望著另一個世界，而在洞裡，便像一頭野獸蜷縮在巴掌般大的位置，他責怪自己坐著觀望外世界戰車、大砲、師團，及共和國正在淌血，真的疲憊透了。熏熏的地溫讓他覺得是自己

的體溫，他羨慕挖地洞自由生活的人們，他也懷念挖了地洞伏地摸索嗅出古代雌性體臭的時代，如此觀望的風景眞美，原始人眼中所有的風景都美，豐盛的陽光饗宴，讓人親近的大地熱氣，爲什麼我們不能自由地認爲這風景美呢？此刻響起窸窸窣窣的聲音，是恩惠，她彎著身子進來洞裡，在明俊身邊躺下，身上發出藥味，她脫下帽子，墊著頭，冒出一句：

「爲什麼會有這場戰爭？」

「因爲孤獨。」

「誰？」

「金日成同志。」

她又閉上了眼睛，轉過身來撫摸著明俊的胸膛。

「自己寂寞就有權利如此搞別人嗎？」

「金日成同志大概以前沒有女朋友吧？」

「即使有也不高明吧？」

「李同志當首相的話會怎麼做呢？」

「我？是我的話，不會搞這種白癡把戲，不打戰，我會下一道命令：凡我朝鮮民主主義人民共和國公民負有熱愛生命的義務。違反旨者是人民公敵、資本家走狗、帝國主義者的間諜，違反者一律以人民之名處死刑。」

「哈哈哈！」

她笑得像個男人，雙手抓著明俊的脖頸亂搖晃。

「有這種詩人首相的共和國人民才會作亂噢！」

「詩人？啊！那麼科學老兄們搞出來的就是這個樣子？」

他抓住拉過來她攀住自己脖子的手腕，她的眼神朦朧了，身子僵硬起來，他把她擁入懷中，閉上眼睛，胸、腹、腿，她的身子和他的身子緊緊貼著在發抖，想起戰爭爆發前她在一起的種種

情景，第一次提到莫斯科之行的那晚。元山海水浴場那晚，還有背信，讓他愛又恨的女人都是同一女人，就是現在懷中的這具軀體，這具軀體挪到了莫斯科的話，背信，挪來洛東江的話，會懊惱嗎？右手移到恩惠軍裝前的鈕扣，然後皮帶被他一把拉過來，粗粗的皮帶頭晃動作響。

「這具可愛的身體，怎麼配上這麼一副醜陋的鐵怪物，是誰把這軀體呼喚到波修瓦大戲院大理石大樑支撐的遊樂場？」

「戰車吐血的現場呢？要找出這軀體藝術家纖細的無助的人嗎？不行？如果你們以人民的名字來欺騙我們的話，我們也會來一個適當報復，不要太小看人了。」

「你們如果欺騙我們，我們會絲毫不差地騙回一分。在你們守護放著戰車和大砲的位置上，我們正在找尋原始的廣場。」

把鈕扣和皮帶一把攫住，把草綠色勞動服上衣脫掉，把臉埋在她敞開的胸前，她的胸中傳出萬種的聲音，聽到猛烈的機關槍聲，亂爆的砲聲，咀嚼著地面的戰車輪軌聲，凝固如鋼塊掉落的轟炸機的引擎聲，比這些聽來更遙遠一圈的聲音，穿過松林的風聲，衝擊堤防的海浪，遠處的海浪聲。

睜著眼仔細看恩惠，她也睜眼迎和他的眼神。現在用身體明確擁抱，彼此，為出生遙遠古時，曾遺失的自己另一半，如果不是自己身體，不會如此地愛戀，他把手臂繞過她的腰緊抱著，不懊惱，她早就知道我不會卓越出眾，她要躲過那些富麗堂皇的名字。

如果我是能愛這女人愛到死的男人就好了，這陽光，夏天的草，熾熱的大地，四隻腿四隻臂硬實地攀纏，在原始的小廣場，夏日正午的陽光令人喘不過氣，沒有風。

這期間共產軍的所有火力被集中在前線，山腰挖出的戰壕

中，一些戰車漏夜移往前方的射擊位置。

　　某天約在洞窟相見時，她手中握著剪刀，明俊則拿著前線送來的戰情報告書，她像從醫藥帳幕工作途中來，明俊拿著的報告書應是十分緊急的。他眼花目眩地望著那把沒放進口袋的剪刀，並非因為它映射出的夏天烈陽。他們的手中各有一個罪孽證據，此時此地恩惠手中的剪刀，可能讓我們軍人喪命，至少延誤病情到截肢的地步，她是南丁格爾的不肖後輩。明俊的報告書中，也許記載折損我軍一師團的移防情報。站在這裡此刻，他們就是叛逆者，他領悟到了呆呆地站在洞口位置，便急忙地把她拉進洞裡。

　　戰情真是每況愈下，共產軍沒有飛機的援助來防守，使得一個小小地點便付出了加倍的耗費。醫療設施形同虛設，這種情況下，區分醫官或護理人員便毫無意義了。在大街上緊急處理不是軍醫官毫無用武之處，恩惠為了照顧患者，一天大概只能睡三四個鐘頭，白天約在洞窟見面她先到的時候，常常會睏得打瞌睡。在明俊的胸膛裡顫抖，不時地氣喘之間以呻吟地說著患者正在等候，一把推開他再站起來，在他非常地體諒這種處境，但面對之時，讓他感到很悲哀無奈。

　　躺下來之後，夏天裡的草叢刻意地覆蓋住洞口像海草浮現在藍天之上，三公尺的半月形廣場，李明俊和恩惠撫摸攀繞彼此的胸膛和雙腿，計畫著活著的最後廣場。

　　現有的預備隊，統統被放在前方，明俊從司令部聽到了正在傳播的謠言，可能總攻擊近了，跟恩惠通告的時候，她欣然地笑了。

　　「我們死之前拼命地見面好嗎？」

　　那天晚上明俊等了快兩個鐘頭，她最後還是沒有出現。

　　第二天，共產軍的所有彈藥在最後總攻擊中一次用盡。然而卻不得不承認洩露了動向，幾乎是在同時，正如等待中的，把天空遮蓋得烏壓壓的聯合國空軍的轟炸機和聚合而來的共產軍火器側面遭遇了病院，這一天的戰場使得洛東江流血，而不是流水，恩惠要他們拼命見面的計畫完全地破滅了，她戰死了。

　　書桌上攤過著海圖上，圓規也被丟在一邊，不見船長。船一駛近澳門，眾人又纏著他，去向船長求請允許上陸。

　　船隻一停靠澳門，一票戰俘人又開始纏著他問船長求情讓他們上岸，明俊終於把他們擺平了。眼望著他們臉上的敵意和不滿，他們仍不為之動搖，積壓已久的疲勞酸痛好像做一次地侵襲過來，肩頭很沉重，也就懶得和別人談話。

　　開始遣返登記時，發生了令他左右為難的事情，聽說可以去第三國，他一度以為這就是為自己準備的一條路。

　　聽說停火消息時，明俊陷入沉思之中，他壓根就沒有回到北方的念頭，父親在這段期間過得怎麼樣無從得知，既使他還活著，單單用這一個理由說服自己選擇北行是不值得的，父親有父親的生活方式，若說盡孝道這件事，實際上是沉重不可行，況且北方攀親附戚又算什麼？這麼看來，現在他暫時沒有一定要北行的理由，在北方他沒有任何親人，恩惠也不在，如果說某人在某一個社會；和那個社會中的某個人結緣，然而沒有跟任何人結緣的社會，是在那裡呢？尤其你對那社會本身已經失去了信任，不信任地作著揖，是很痛苦的，而不信任地站在政治的廣場上也是會很恐懼，共產主義的那幫人，不是他剛來北方時所想像的。

　　有時他想他們的存在，在大家都失去信心的現代之中，簡直是一種奇蹟。理想主義的最後守護者，他把布爾希維克主義和基

督教；尤其是把天主教當成精神的產物，抄錄在配給的手冊中。

基督教	布爾希維克主義
1. 伊甸園時代	1. 原始共產社會
2. 墮落	2. 私有制度的產生
3. 在原罪之中的人類	3. 階級社會之中的人類
4. 舊約時代諸民族的歷史	4. 奴隸，封建，資本主義社會的歷史
5. 耶穌基督的出現	5. 馬克斯的出現
6. 十字架	6. 鐮刀與槌子
7. 告解聖事	7. 自我批判制度
8. 法王	8. 史達林
9. 梵諦岡宮	9. 克里姆林宮
10. 千年王國	10. 文明共產社會

　　基督教始自伊甸園而後法老王的歷史，剛好微妙地和共產主義產生以致壯大的歷史契合，他們是雙胞胎的畫作。

　　專攻哲學的他，自然不會忽略這一段曲折過程，這一段曲折，在於馬克斯是黑格爾的弟子，黑格爾在聖經之中首先脫掉歷史的外衣，其次塗掉地方色彩之後，抽取了那純粹圖式，換句話說，黑格爾哲學是聖經的世界。所謂的圖式；愈優秀愈容易遵循，馬克斯只是在老師花盡心思捏好的一個裸體上，穿上經濟學和理想主義的衣服。

　　就像在現代教會之中，找不出最初期教會虔誠的熱情和信仰，雖然共產主義在外表上已經被牽引到一個寬敞的地方，然而

創始的那一批當初所擁有的虔心已經喪失很久了，黑格爾的哲學已經是如同蜜糖般的鴉片；去除不去的毒素，李明俊在布爾希維克社會生活的這一段經歷是無法抹掉的，因爲在那一個乩童的作法中，他們親眼目睹了盲目的膜拜，不是一個用自己瞭解眞理的地方，而是寄望在乩童作法。

不是自己可以興奮得手舞足蹈，而是被盲目的牽引，充滿的不是愛和寬恕，而是憎恨和報復，她捨棄俄國東正教聖經，選擇馬克斯。

共產主義的馬丁路德尚未出現，對抗克里姆林宮鐵鍊的人，在審問時所受的拷打，權威主義仍然鞏固不破，就像上帝要再降臨的話說了兩千年，共產主義集團會再實現的話也說三十年，這裡也就是他可以了解的極限，不但無法越過也無法乘勢而下，在這一片可怕的密林之中，他可以空出多少位置來？對於自己的體力和智力，他是一直在減少信心，要是在北朝鮮，不論和誰一起都無法找出這個問題的答案，然而這些都是在戰爭爆發前就已經知道的事情，不能很快地找出解開歷史的咒文，就停止了生存，忍耐著一點一點地，用自己的頭腦一步一步地踏出來，然而戰爭爆發了，他被當成戰俘抓走了，他想著在北朝鮮這種地方被敵人抓走再回來的處境，他感嘆著回來的這一場命運，至少和別人一樣的忠誠心是被接受的，而很明顯的不能依自己所願渡過平靜自力更生的餘年歲月，沾過帝國主義者菌毒的人，每逢有事，都會被揪出來懺悔一番的，就好像生活在社區之中的痲瘋病患，而不是居民的一份子，這種情形之下能做什麼事呢？

這就是無法回去的眞正原因，那麼，選擇向南方的這條路嗎？明俊的眼中，依據齊克果先生的說法，南方屬於並不實存的人們所有不是廣場的廣場。若說盲目迷信可怕的話，連信仰都沒

有卻是虛妄，那地方有什麼好呢？那地方有墮落的自由和懶散的自由，那地方是有自由的一顆心，今天共產主義之不得人緣，眼見所及，一言以敝之就是鬥爭的狀態，無法向人民指出敵人是誰，馬克斯生存的時代並不明確的人民之敵，在今日原子探知機的針頭都被弄得迷迷糊糊，為了找尋貧窮和邪惡的那些像從前幫主一樣可憐的人民在分割又彼此攀纏的社會組織的迷宮徘徊流浪，就癱下來了，跑到東洋哲學館，買下一年份的土亭祕訣卜運，在日子難過的生活之中，怨這個人怨那個人，再怎麼說都太過分了，在接踵而至的每家酒館，擠滿了或者嘻嘻哈哈，或者徬徨焦躁的芸芸眾生，為了他們該核發更多的釀酒廠營業執照。在北方，沒有這方面的自由，也沒有偷懶的自由，只有隨意蹂躪自己的風格；南方的政治家都很天才。都市裡人很多，每家酒店裡人也很多；你為何來到人間？為了哭一場？為了笑一場？為了安撫那些煩躁搥胸的芸芸眾生，而發出了更多釀酒廠開業執照。婦女團體叫囂著立法不准賣淫的過程，通常都上了當天報紙的社會版。他們的政治哲學極其詭異，如果堵塞他們解套，水管則爆裂，那可想而知，水柱將衝擊往何處了！即使如此，他們仍勸導自己的子女上教會，或者把他們送到國外接受更好的教育。

　　他不想投入這種或那種的社會了！然而他必須要在兩者之中選擇一個；也就是說服刑期滿後，就不能賴著不走。而他是被追逐到死巷裡的禽獸，彼此都同意被遣送到中立國的。他失魂呆坐的死胡同正在塌陷之際；冷不防有一根繩索掉到面前，那一刻的興奮，他仍珍惜難忘。板門店－好像面對雙方的說服官那份痛快；在過去的日子裡，也是絕無僅有的。

　　眼前屋內的陳設，是方便讓雙方的人馬對看的。書桌擺中間，戰俘從左邊進入右邊出去。順序是共黨先，共黨軍官四人和

便衣中共代表一人，共五人。他走到他們面前停住，坐在前端的軍官笑著溫和地說道：

「同志，請坐。」

明俊不動。

「同志要去那一方？」

「中立國！」

他們彼此打量一番，叫他坐的軍官，笑意傳過桌子上說道：

「同志，中立國也一樣是資本主義國家，飢荒和罪犯蠢蠢欲動的地方，你去了要做什麼呢？」

「中立國！」

「請您再考慮考慮。這是不能回頭的重大決定，同志的父母親住在那裡呢？」

「中立國！」

這次是坐在他旁邊的軍官開口問道：

「同志，如今人民共和國中，為參戰勇士頒布了年金法令；同志您可以比其他人先得到工作，並且可被擁戴為英雄。所有的人民都在等待您歸來，同志家鄉的草木也在歡迎等待同志凱旋。」

「中立國！」

他們聚首在嘀嘀咕咕商量。

最初開口講話的軍官再度開口了。

「我們充分體會同志的心情，長久以來的戰俘生活中，不得不接受帝國主義者奸邪騙術誘惑的情況，我們都可以諒解。您不必擔心這一點，與其說共和國責怪同志的小小過失；但更看重同志對祖國和人民的忠誠。我保證不會有任何的報復行動，同志您
……」

「中立國！」

中共代表不知在叫嚷什麼。軍官滿臉凶相地瞪著明俊說：

「好！」

眼神挪到剛開門進來的下一個戰俘。

他接著走向坐在對面、聯合國代表的桌子旁，他和剛才一樣直挺挺地站著。

「你那裡出身的？」

「……」

「哼，原來是漢城噢。」

他翻動面前的表格。

「雖然你說中立國，我總覺得很茫然，那裡有比自己國家好的地方？去過外國的人，不是都不約而同地說道：去過外國，才懂得尊重祖國嗎？你如今心中的鬱憤我也理解；大韓民國正在過渡期中，有著各種矛盾，這個誰會否認呢？可是在大韓民國享有自由。人嘛！最珍貴的就是自由，你在北韓和俘虜的生活中，應該可以感受的，人……」

「中立國！」

「呵呵，我可不爲難你。只是我國家、我民族的一個人要遠走他鄉異國；身爲同族的人，怎能不說一句話，提供參考呢？我是受託於二千萬同胞而來的，我想至少也要多拯救一個人，把他帶回祖國的懷抱……」

「中立國！」

「你是受過高等教育的知識份子，祖國現在需要你，你要棄危機中的祖國而去嗎？」

「中立國！」

「越是知識份子越多不滿；可是，難道這樣說就要把自己消

失不見了嗎？我是說如果患腫氣的話，我們認爲失去你一個人，比遺棄十個人，更算是民族的損失！你正年輕，而我們社會上百廢待舉，我比你年長幾歲，想以朋友的立場奉勸你幾句。請你回到祖國懷抱，爲重建祖國而工作吧！要去陌生地方生活吃苦嗎？我頭一次見到你的時候，就印象深刻，而且非常喜歡！你也不要想偏了，我把你當成自己的弟弟了；如果你來南韓，我有誠意給你我個人的幫忙，怎麼樣？」

明俊抬起頭，凝視著撐得平平的帳篷天花板，用比平日低一度的聲音，自言自語說：

「中立國」。

用握著的鉛筆敲打桌面，轉頭看坐在身旁的美軍，美軍聳聳肩，瞇眼笑了。在出來的門口前，他在書記書桌上的名册上簽好名字，一走出帳篷，他好像忍不住打噴嚏的人，一骨碌地向後挺住，盡情地笑開；笑出眼淚，還口噴飛沫咯咯地笑著，停不下來。

這件事就像說要給你全部的海水，你卻喝不了它！人只能喝一大碗的水而已；當然說要給的這件事很荒唐，要擁有它也很幼稚。海洋和一杯水，橫在中間的還有山谷、眼淚、血和汗。身爲生長在這塊遠離國際社會的土地上的知識勞工，真是悲哀得要死……！他們一直相信魔術而不相信科學；魔術師說用永生的水換海水。的這種話，他們明明清楚，卻仍要販賣權力的藥；以言語迷惑群眾，幼稚地在尋找那一隻神祕的酒杯。等到察覺到什麼，再回顧港口一眼，他發現他們卻佔據著港口，一動也不動；他們要把知道眞相而轉回頭的落難者，關進監獄。歷史以小步伐移動著，相較於人的巨大矛盾，幾乎是產生不了什麼刺激！到目前爲止，人所生產製造的物質收穫，大概都得以平均分配於所有時

代。早自遙遠的古代開始，群居的人都運用自己的智慧；所謂的
公平，就是要平均分配悲哀和喜樂。然而在面對許多尚未解開的
難題時，所謂的公平，根本什麼都不是。人如果不專注完成的事
物，卻只專注應該完成的事物，便會在自己原本位置上喪失生存
的力量。人應該解開的事是一眼就讓人看到的，那就是〈死
亡〉。在面對恩惠死亡之時，李明俊船上最後的桅棹被拆了！將
現有的一切置之不理，也沒有活不下去的力量，讓人有一種認命
老得快的人！而每個人都有不同的路，沒有靠岸腳踏石的行船
人，就會忘了港口，隨著浪潮而去，冀望到達一個未曾幻想過的
島。爲了在島上過著沒有幻想的生活，太早經驗到恐懼的事物，
反而弄得一身疲憊，爲了休息，一面也等待著，到最後終於壽終
正寢。這個原因，使他決定了中立國之行。

　　中立國，那是一塊沒有人認得我的一塊土地。在大街上晃它
一天都不會有人來拍拍肩膀，不但沒人知道，也沒有必要告訴人
家我是誰。

　　醫院的守門人員、消防署監視員、戲院的賣票員，能當什麼
就當什麼；這些都是比較不勞心的工作，只要每天重覆同樣的工
作就行了。在守衛室裡，我守著來看病的人們，我把門檻整裡乾
淨，每天給花圃澆水。院長上下班的時候，站起來向他敬禮。護
士們吩咐的差事，買份報紙啦，或者去拐角點心鋪買盒巧克力
啦，我也都誠心地爲她們做好。她們大概會在領薪水的時候，湊
足了零錢買個便宜的帽子、襪子當禮物送我；我便鞠躬說聲謝謝
收下，並且愉快地笑笑。他們之中有新來的小鬼會問道：

　　「李叔叔是中國人嗎？」

　　就會有人以稍稍的蔑視，改正新人的無知。

　　「眞是的，他是韓國人啦！」

　　我會一直面帶笑容不說話，我在值日室裡睡覺，半夜巡查發現了值日護士忘記關瓦斯，解救那所大醫院免於火災；我受到表揚，說是要呈報上級，我手拿帽子從椅子站起來說道：

　　「院長，我該回去了，離開位置太久不行。」

　　我穿過庭院，走到守衛室，緊貼著窗子站著；我的背脊都感到尊敬的院長先生的眼神。我常看報紙，注意的大概都是海外所發生的事。大概幾年會出現一次三四或五六行有關韓國的消息。

　　「韓國觀光協會因來韓觀光客每年增加，孩童追隨觀光客身後，對課業疏忽，造成當地居民不滿，向政府當局嚴重抗議，以致內閣全面垮台。」

　　我看到這一段，欣然地笑了！抬頭張望的護士說了一句：

　　「這種國家住起來一定很舒服了！」

　　結婚？我不要，我又不是結不成婚而來找對象的，再來去了消防署工作，在一眼便可望到整個城市的瞭望台上消磨一天如何呢？在高處看到的都會景緻是生存的基礎、生存的歌。像甲蟲一般慢慢爬行的汽車，像火柴盒方方正正的工廠和煙囪，腳下經常豎立著玩具一般的城市、屋簷；我的腦海中浮現出，屋簷下展開的生活。大漢在嬌妹面前屈膝示愛，他問我的愛要如何表達呢？反而是他裝著糾纏不休，女生搖搖頭一味地笑。

　　「小姐，妳相信他吧，他說的都是眞話。」

　　我忘了自己身處的位置，對方聽不見，卻一味地搭訕。聽不見就算了！妳想聽好話，有數不清的偉大人物會說；結果所謂的助言卻是廢話。沒有人有資格說助言，只有上帝可以說助言。祂現在也累壞了；人不再像古代那麼善良，但卻也不能說人壞，反正事情就是這麼演變的。人和上帝之間總有生疏；這樣反而好！

我看到燈火了！呢？市長家周圍，喧嘩的喇叭聲，把路堵塞了，奔馳！對了，水管已經噴出水來了，唉！有更值得看的嗎？如果知道正確的時間，就和滅了火一樣的。人的事也如此嗎？不懂不懂，讓人煩厭的話就此打住；滅火的傢伙，幹嘛這麼多廢話！

還有，戲院售票員怎麼樣？到了這般閱歷，看到塞錢的手，就可以正確猜出職業年齡。對於出現了呼籲用自動售票機的聲音，我呢？就帶領全國的售票員，舉牌到大統領官邸前。

「不要抹殺我們享受在窗口買票擁擠的樂趣。」

過往的大學生，看過木牌上的文句再告訴朋友。

「像不像古時候中現代主義者的詩句呢？」

白天活動完，晚上便休息。這些單純的人換了衣服，便去常光顧的小酒店，喝了一點飲料，小費卻給的不少；算是善良好心的客人。女服務生有那種來談個小戀愛的眼神，而我則用手指表示「妳說這種話不行噢！」她像一個純情少女漲紅了臉；同時卻揚起眉毛，緩緩轉身離去，我住在公寓，出門和回來的時間都很規律，而房東太太更是準時取房租，並常來找我把所有的心事，像對家人骨肉一般地傾訴。這時，我乾脆開個玩笑打發掉。而八號房的年輕小兄弟，一喝酒就抱怨，瓦斯裝得不好怎麼辦；房租拖了幾個月，叫他支付，他便回答好。「啊！把瓦斯公司的一位先生弄進七號室吧！」房東太太笑了，她也是什麼都經驗過的人啊！

諸如此類，在尚未完善的國家裡是存在的，但相信有一天會改善的；因此，他選擇了中立國。

他面對壁櫥的鏡子對照一番；充滿血絲的眼睛、陷下的雙頰、散亂的頭髮。但如同五月嫩葉在欣欣向榮人生途上的我，怎麼會是這樣的德性呢？

　　他踏著階梯下來，昨晚站步哨的船員背上背著木板要過去，一看到他便搭訕：

　　「李先生，一到加爾各答，我就請你喝一杯。」

　　昨晚的事情，必定傳遍了船上，不懂事的這群戰俘在鬧事之中，給他們一點點面子，會更讓他們信任。再追究一遍，就算沒有過那一類的事，不論那一方也都只會冷冰冰。經常自大狂妄。穆拉吉昨晚表現的心意，也是如此。明俊一看就懂了船上人的眼神，便陷入說不出的寂寞。他討厭別人隨意地把自己製造成英雄。再追究的話，他也搞不懂，那時候為什麼如此地討厭姓金的。

　　那次，我心中窩囊渲洩。這些人機伶地搞懂整個事件。眼前的船員背上背著的木板看起來很輕；他用一手就把木板放在甲板上，同時請明俊吸煙。

　　「到了加爾各答，好像就會讓你們上陸的。」

　　「到時，你說要請我喝酒的。」

　　「當然了。」

　　「為什麼請我喝酒？」

　　這位海洋的老勞工，被明俊問得很惶然。

　　「嗯？問我為什麼？呵！」

　　看樣子，用他簡單的頭腦，來解釋對明俊感受的好感，好像是很難的。明俊覺得好笑，便作怪地笑著。

　　「就是說啊，為什麼要請我喝酒呢？」

　　船員把卸下的行李重新扛到肩上。

　　「就是想請你喝酒。」

　　他說完這句話，怕再支吾過去會抹一鼻子灰，故意美妙地擺動下半身，伸出不必扶住行李的一隻臂，闊步向著船頭逃走。明

俊發呆地望著他的神情，依據海上的說法他像個男子漢，總之，
他想，他原先想回到自己房間，後來改變心意，走向後面的欄
杆，這麼看來，他是常到那個地點的，想獨處的時候，腳步就自
然地走到，心中有什麼盤算來到這裡的話，會有個結論，再加上
這個拐角人跡不多，繞過拐角，毫未修飾的平平的甲板，好像一
個陽光下炫目的小小遊樂場，如此倚牆站著，呆呆地俯望甲板的
話，想起小學時，倚靠校舍牆壁曬太陽的情景，如此地僻靜，避
開熙熙攘攘的地方，常常來此的心情，和別人不結群，再怎麼簡
陋都好，只要我自己利用，如果沒有那個廣場就不能喘氣的習慣
又算什麼？再怎麼說那都是弱者的藏身之處，在洛東江戰地找到
一個洞窟，也是如此，他從未帶任何人去過，如果帶人去的話，
那洞窟給予的神聖僻靜感好像就會遺失了。以前恩惠出現的時
候，也讓她使用了洞窟，就是只指點給一隻最親近的雌性一個藏
身之洞，像人的那種，尤其是像我的那種傢伙，在一平方公尺的
位置，一時獨坐一人的經驗怎麼樣呢？從最初並沒有把女孩子抓
來的打算，並不是說叫人家不要有偷偷製造獨處時間和地點的念
頭，不然的話是怎麼的靈感預知恩惠會來，和她兩個人製造一個
洞窟等待著呢？不要逗人笑，讓我們不要逗誰笑，別人聽的話，
會丟臉，創造我們生命的人來看的話，所有的人都是同樣的傢
伙。自己以為了不起的話，自己便也差不多是爛貨，在廣場被打
敗時退到洞窟，世上果真有不被打敗的人嗎？人被打敗一次，只
有被敗得多賤和多高貴的區別。高貴地敗？總之，即使勉強算是
有風格品味的人士，任誰都要把敗剔除，但我討厭英雄，我喜歡
做個平凡的人，我不希望出名，當數億人類中無名的一個人，給
我一尺的廣場，和一堆朋友；還有，進入這一尺廣場的時候，不
論是誰，都至少和我打個招呼的，得到允許之後，盡情地動，沒

有我的允許，不要帶走那一個共生共棲的人，事情怎麼變得那麼難噢！

　　他低頭觀察甲板，陽光照射得很強，照出每個凹凸不平的角落。

　　甲板的木料很細緻，紋路略有不同，它的色彩有多少差異呢？觀察一番，不懂；總之，它的表面被折射的色彩不均勻。蜷身坐下用手掌碰觸甲板，暖和；再動手撫摸，粗糙麻麻的表面不如它暖和有感情的感覺。手掌的觸感卻值得信賴，不停地撫摸。往日如此地撫摸過恩惠的身體，如同被陽光熟炙的木料一樣的暖和；那是更爲滑溜的物質。他的手經驗過。那是摸索著、捕捉著，不存在，但卻排拒忍受不了，叫孤寂的傢伙。

　　這不是希望之旅、新人生之旅嗎？怎會這般的空虛呢？還有穆拉吉和老船夫，會在加爾各答請他喝酒的，爲什麼呢？站起來，扶著欄杆俯視底下，海水在船尾製造巨大漩渦，向後掀起長長的水波。如同攀繞巨繩的水勢，浮現出強壯有力的筋肉。此刻，泡沫之中飛快地迸出白色團塊，衝向他的臉。他嚇得要閃躲，它卻更快地掠過他的頭，溜到他身後，轉身一看，是海鷗。牠們在表演賣弄倒立和躍起，是牠們，自從搭船之後，煩擾他的這個影子。牠們身手矯捷，始終讓他有被某人窺探、一回頭卻匿藏不見的幻覺。他把額頭倚在緊抓的欄杆上，腦海裡有如萬馬奔騰，暈眩得厲害，讓他好一陣子不得動彈，接著覺得噁心反胃。頭伸向欄杆外，蒼白的東西快速地掉到下面水裡，在觸及海面之前消失了。掉落的嘔吐物，有如吐痰在大海，讓人覺得益發渺小。他把一嘴不好的口水吐掉，再轉身過來。他到現在爲止從未暈過船。這艘船噸位大，天氣晴朗，一直都是舒服的海上旅程；但如今暈眩未消，他忍著走到甲板，在靠近船員步哨位置的地

方，再吐了一次。進入走廊，船艙的門打開著，向外的一扉，拉
下了遮陽百葉，門檻附近很暗。

在他進入房間的那一刻，尾隨自己而來的影子，止步在門檻
的幻覺又掠過來。

擺在朴床頭的洋酒瓶，首先映入眼簾，他伸手拿了轉身佇
立。白色影子像飛箭出弦，他追趕著用力擲酒瓶，影子遠遠地消
失了，酒瓶撞擊門檻，碎片迸散四處，他不再追趕，發愣地站著
不動。他不理會不知所措的朴，兀自爬上床位，筆直地躺下。心
中一震，把手按在胸上，它像冶風爐一樣在喘動；妄覺之中擺脫
不掉像砲彈迸出來的海鳥的白色軀體，像灑上了白漆一樣。

他一骨碌地坐起站在角落，瞄了一下仍佇立原地的朴，他挪
近像有話要說，卻裝著沒看見走出房間。躊躇在門檻左右的一張
張面孔連忙進去了。直接上樓到了船長室，不見船長，壁櫥鏡子
映出自己的樣子令人生厭。他便轉身而坐，「我為什麼進來
呢？」昨晚讓他不好過的唐突難堪的啼叫聲又復活了。是牠們
嗎？他舉起拳頭碰額頭，腦子裡反而很清醒。

胃又在翻騰想吐了，他咬牙吞下了酸水，響起喀、喀的海鷗
叫聲，跑到窗櫺作勢要飛，上身仰向窗外，抬高了頭。

牠們可能在小憩——懸掛在帆上。因為牠們的緣故嗎？不是
不合情理嗎？喀、喀……傳來類似恥笑的叫聲。他喉嚨痛而轉動
頭。這些令人嫌棄又害怕的不祥鳥！他遠眺天空的眼睛，停在餐
具櫥上的鏡子裡，眼中有殺氣。他打開櫥門，右邊放著獵槍，他
查看了，確定沒有子彈，子彈在抽屜裡。他像打獵時趨近獵物的
獵戶一般，悄悄地走向窗邊，海鷗還在原地。他背倚著窗，身子
向外靠，把槍托頂在肩頭。晴空萬里，筆直棲息在帆上的海鷗也
都像槍身一樣靜止不動。兩隻之間下方，靠在近處的一隻海鷗慢

慢接近槍口；此刻，只要一扣板機，這隻海鷗立刻會應聲掉落。這時，怪事浮現眼前，他瞄準，但槍口前的這隻鳥，卻只是另外一隻一半大小的海鷗。

　　他回憶最後一次約會時恩惠所說的話。那時，明知總攻擊逼近，兩人仍一如往常，在做愛結束後，並肩躺著。「唉……」在深井之中喚人的聲音，不像誰的聲音，有著長長的回音，她在叫「嗯？」「唉……」她轉過身，攬著他的脖子深深地一吻；然後，附在他的耳邊說出悄悄話。「眞的？」「大概。」明俊坐起來看女人的肚子，凹進去的肚臍含滿了汗水，嘴唇湊上去，有微鹹海水的味道。「我要生女兒。」恩惠有了豐滿得噁心的肚子。舞台上苗條結實的身影、裸體，經常讓他窒息。在肥沃的厚度下，淌著鹹水的海；在那裡，有一隻名叫他們女兒的魚——已經播了種。她，緊抓著他的肩頭，往自己的胸膛依偎；並抓著男人的根，迎向自己白色肥沃的胴體，那藏在茂密森林之下，通往隱藏、深邃大海的洞窟之中。「會生女兒的，媽媽說我的第一胎會生女兒的。」被槍口瞄準的、按坐的海鷗，當明俊發覺牠只有另外一隻的半個大時，便知道牠是誰了！繼而，他和小海鷗四目相接，牠俯視著他。這雙眼睛，是在旅程之中，始終跟他玩捉迷藏，不見面孔的眼睛。此時，傳來海鷗媽媽的聲音，不要射到我們的小孩！倚在面頰的槍身倏地掉落了。槍口按著像棉絮一樣的團塊，在帆布邊緣上有雲移過來。

　　如同破損的機械在苟延殘喘，他挪動身體進入船艙，卸下槍。

　　鏡裡映出的面孔是額頭冒著大汗，雙頰抖得可憐。

　　發現有人上來的跡象，他急忙地拔掉子彈，轉身打開壁櫥門，把槍放回去。開好門轉身的同時，船長進來了。

　　好像是熟識的關係，船長沒有向明俊搭訕，而獨自走到餐桌前，伏身在海圖上面。明俊爲了隱藏不佳的臉色而附著窗戶站，以背向著船長。這時，只有海圖上，圓規劃過的「窸……」聲響著。

　　「李先生。」

　　「是的。」

　　「去印度的話，我給你介紹一個很棒的美女。」

　　「美女噢！」

　　「嗯，我姪女啦，你先去我們家看看我們家族。」

　　他挺起彎下的身子，用茫然的眼神，遠遠俯視明俊佇立遮住的窗戶和對面窗戶，那神態好像想著不久就會相見的家人。船長從桌子走到壁櫥前面，開門取出了獵槍，明俊僵住了，船長把獵槍摸來摸去，像前次一樣再遞給明俊，明俊接住，用精確的姿勢托在肩頭，把槍桿和身子轉圈，瞄向大海，正對準著大海和天空朦朧交集之處，準備射向大海嗎？

　　撐著槍身的左臂開始微微地顫抖，他放棄瞄準，把槍還給船長離開房間，走到船艙，看不到房間裡朴的身影，門檻邊的玻璃碎片仍然散落一地，腳踩在地板上的碎片，碎片在皮鞋底發出聲響，不過不久就沒聲音了。環顧房間四周，又走到甲板，猶豫著到底該坐或該站，他抬頭看到船長室，不好再去了，那麼去找老船員去加爾各答請我喝酒的吧！然後又走到汽鍋室，他不在這裡，又到餐廳，也沒有，他焦急起來，到了寢室，他的床鋪空著，不知他是否身體不舒服，有個年輕船員把手放在額頭上躺著，明俊又回到甲板上，找到老船員又怎麼樣呢？他打消念頭，腳步不由自主地走到後甲板屬於自己的位置，手抓著欄杆往下看，望著推進器撥開的海水，怎麼看也不厭煩，當他看得很入神

時，海水的撥動勾住了他的內心，使他也化成海水，濺起浪花，融入了大海，這並不是錯覺，眞實的平行現象，波浪與內心之間，距離漸漸拉近，最後軀體與波浪合而爲一了，並隨著蠕動的浪頭而栽了跟斗，在糾纏的波浪之中，慢慢散開解體，又如繩索被攀捲收拾好掛在船上，又如像螺旋的水花泡沫緩緩地解開來，化爲清澈的海水，體內的細胞一一地分散開來，一顆顆的細胞與水滴相互飛濺。

不停向後濺起的浪花，接著沉入大海，就消失得無影無蹤，大海流動的力道無可比擬，而牠是不會讓人受傷的海星，牠埋伏在裡面，身體不停地鬆散開來。浪頭向前倒幾乎倒栽的慌忙地把身體拉開，從欄杆滑倒在甲板上，仍晃動眼前游滑飛濺的影子，當它消失的時候，茫茫的影子被扶起來，又站起來，抓住欄杆望望大海便可以放心，他的腦子裡一片空白，如果不眺望大海，不填滿內心的空隙，他可能一下子便會暈倒，這樣過一段時間後，他又轉向船艙，房間和剛才一樣是空著的。

回到自己的房間，不想睡覺也不要找什麼，只是毫無頭緒地回想著，手上摸到了硬硬的東西，是扇子，門檻邊有人的聲音。

急忙轉頭看沒人出現，盡量緩緩地從閣樓下來，站在地板上，東張西望像在找事做，房間裡的物品沒有吸引他的注意，腳尖輕輕地把玻璃碎片推到一邊，然後用力踩下去，意外地沒發出聲音，再更用力踩下去，那個力量只讓腳底抬起而已，玻璃已是徹底破碎，動也不動，走到走廊，走廊沒有人跡又往船長室，船長不在，打開壁櫥門，槍仍豎立在原位，關上壁櫥門，開開抽屜，把剛才因爲船長要進來而未放好的子彈歸位，他輕鬆得有如完成重大事件。走進桌子仔細看的海圖，上面用鉛筆畫了這隻船

經過的路徑，他也學著船長手指尖抓圓規，裝模作樣地在海圖上測量一番，把弄了好一會兒，才把圓規扔掉，此時，才發覺另外一隻手一直握著扇子。

這是剛剛從床上隨手拿走的，他跨坐在椅子上，打開了刷子，上面畫著大海、海鷗的圖案，把扇子闔起又張開，慢慢地閉上眼睛，腦海裡浮現出一片無垠的草原，朦朧的身影像日出一般逐漸浮現。

……有面打開的扇子，哲學系學生李明俊往扇子底端寬框框前進著。秋天到了，拿出夾在腋下的校刊，有點得意洋洋的，他並沒有瞧不起女孩子，但總覺得她們是難以理解的動物。

蒐集書本，忙著去觀賞木乃伊。

他蔑視政治，也許是出自強烈的關懷和父親事件影響。其次，扇子內面較窄處，有個可以欣賞大海的盆地，在那裡有飛翔的海鷗。他向潤愛說，潤愛相信我赤裸裸地相信我，在瀰漫著魚腥臭味的船艙裡，在海水的搖晃中入睡，夢見置身在烏托邦。在朝鮮人集體農場宿舍中，窗戶掩映火紅晚霞，他發現了讚嘆欣賞美景的自己。在九月的某個晚上，懷抱著一顆放在皺巴巴風衣口袋裡，醃漬成蘿蔔梗一般的紅紅心臟，回到恩惠正在等待的房間。被房門撞到後腦杓，在一旁笑著，當不成惡魔的自己，他生存的基地真像一面扇子，從較寬的部分向內縮小，扇骨上是最後一次和恩惠擁抱打滾的洞窟，不知在何處聽說擁抱打滾生命的夢想不同，他此刻站在扇骨上，生活的廣場終究未見好轉，只有他那兩腳底寬度的大小而已。那麼現在呢？到未知的世界，沒有任何人知曉的遙遠國度裡，為了重新做人才搭上這條船。人們相信當人處在陌生的人群之間，連自己的性格都可以任意挑選。挑選性格？將會萬事如意，除了一件事以外，那就是他到剛才為止都

沒有認清兩隻鳥。託某一女子在墳墓中解脫的勇氣，還有他們一定要找到他的那份愛。

轉身仰望桅桿，牠們不見了，看看大海、大海鷗和小海鷗像溜滑梯般下降到大海，明俊卻第一次認清楚，牠們盡情飛翔的廣場。從扇子中間倒退，再往後轉身，清醒後眼睛盡是綠意盎然的廣場。

終於領悟到自己被什麼東西迷惑住了。在這段時間寬裕的路程裡，一旦想到，卻又要躲藏、逃避，甚至想用槍射擊，自己一定是被冠上緊箍咒，差點闖出禍來。大小海鷗雀躍地要潛入水一樣，掠過水面飛去，又折返與大海玩耍著。美女們打敗了墳墓回來在揮手，我的女兒啊！這才放心下來，想起在某個草原上經歷過的乩童做法，還有呼喚女兒，以及像這樣放心等諸事，鏡子裡映射的男人開懷大笑了。

夜裡，船長被敲門的聲音吵醒，從床上起身，馬上瞧了一下手腕上的夜光手錶，到達澳門還有一段時間。

「什麼事？」

「有個戰俘行蹤不明了。」

「啊？」

「現在有個他同房的室友來報告，檢查了所有人員，確定他不在船上。」

船長邊走著樓梯邊下來問說：

「是那一位不見啦？」

「是李先生。」

第二天

　　泰格爾號擺動著剛漆好白色油漆的三千噸的龐大身軀，失去了一位客人，撥開如同貨物堆積得密密麻麻南方陸地和大海的暖流，繼續向前滑。

　　不見白色海鷗的身影，牠們不在船桅，不在邊緣的大海。也許從澳門出發去了別的地方。

譯自 1976 年 12.15　文學與知性社發行版本

註 1：「沈清」──朝鮮時代一個犧牲自己幫助父親重拾光明的
　　　孝女，最後奇蹟般復活並當了王后。此乃傳說文學後來被
　　　整理成唱劇「沈清傳」，1972 年慕尼黑奧運開幕文化活動
　　　中，由韓裔作曲家尹伊桑改編成德語歌劇公演。
註 2：「新京」──滿州國時期長春被稱為新京。
註 3：「羅伯斯比、丹敦、馬拉」──羅伯斯比（Maximilien
　　　Francois Marie Isidore de Robespierre，1758～1794）、丹
　　　敦（Georges Jacques Danton，1759～1794）、馬拉（Jeau
　　　Paul Marat，1748～1794）三人皆為法國大革命的領袖，領
　　　導雅各賓黨於 1793 年 6 月 2 日取得政權，之後實行恐怖統
　　　治達兩年之久。
註 4：「六月二十五日」──韓戰正式爆發日。

九雲夢

　　他躺在棺材裡。木乃伊。棺材裡比母體中還黑，而且又冷。他毫無目的的睜開眼睛等待著某個人，將身體轉到另一側躺著，不知等了多久，還是沒有人找上門，甚至分不清楚過了幾年或幾小時，或許只是過了幾分鐘。篤篤，不曉得是誰在敲棺材的蓋子。誰呀？是我。誰？你忘記我的聲音了嗎？柔和溫馨的聲音很熟悉。趕快出來呀！你那麼喜歡那個小地方嗎？冷吧？趕快出來啊！走！去暖和的地方，跟我一起去。他用手掌將棺材的蓋子往上推開之後站了起來。好暗！什麼都看不到。誰啊？沒有人回答。他站起來從棺材裡走了出來，黑漆漆的，他雙臂盡量的往前伸開，雙腳各邁出去了一步。走了一段時間，就像在洞穴入口朝著燈火闌珊之處走去，有一樓梯，環顧四週踏上樓梯，在黑漆漆的冬天晚上，獨孤民踏上公寓的樓梯。一邊專心地想著昨晚的夢。他猶豫了一下，如果能喝一杯的話……身體會熱起來，雖然他不是一個愛喝酒的人，為什麼今天晚上特別冷、特別空虛，屋頂上的鐵皮發出尖銳的哭叫聲，正月的最後一天寒風最強，此時這棟廉價破爛的木造屋發出像是老鼠被捕鼠器夾住的慘叫聲。他縮頭發抖，走出玄關，走出對面那條街的巷口……走出寒風凜冽的街頭之後，原先打算要去喝一杯的念頭完全消失。辛苦地爬上黑漆漆的樓梯，好不容易才到了二樓自己的房門前面。

　　他脫掉手套，從口袋裡掏出鑰匙開門，一邊把門關好，用一隻手摸索著門旁邊的托盤，找著火柴，在不是很寬的托盤裡，卻沒有馬上找到火柴盒，另一隻手也伸到托盤中，用手掌摸索，左

手碰到了火柴盒，把它翻落在地板上。啊！這一次是彎坐在地板，黑暗中摸索著，摸到火柴了。他不是個急躁的人，此刻卻讓他很厭惡，好不容易抓住火柴了，好像一把抓住小小麻雀，一手緊緊抓住火柴盒，掏出一根火柴點火，鼻尖被磷的味道嗆到。火柴點的火熄掉，他又點了蠟燭。

　　沒有電，一根蠟燭照亮了房間，淒涼透了。右側牆上緊靠著一張軍用木床，眼前放著蠟燭的桌子和破損露出海棉的沙發，對面牆壁上釘著碗櫥，面向馬路的窗戶上掛著毛毯替代窗簾。

　　對了，還有一樣就是暖爐，入冬以來生火不超過五次，因這不僅花錢，而且不在的時候，便沒有人看管這間空房暖爐的火。像往常一樣脫下外套、上衣及褲子，鑽進被窩時，房門發出聲響，燭火也飄動了一下。他蜷縮著身子走到門邊對著門縫想要關緊。

　　就在此時。發現了地板上的一封信，大概是房東老太太從門縫塞進來的，令人好奇又興奮，怎麼會有信呢？他拾起信件先看封面，會不會是送錯了？獨孤民，確實是他的名字。然後再反過來，靠近燭光仔細看看，他突然像個被凍僵結冰的人，啊！這是？……怎麼會？邊顫抖著邊撕開信封拿出信紙來，然後唸下去。在唸信時露出一副既惶恐又恍惚的表情。即使唸完仍呆立著，蜷縮著身子，現在卻又挺直腰桿正經地佇立著，並非房內暖和起來，而他竟如此突兀地改變，一定是那封信的緣故。如此站了好一會兒，大夢初醒地望著手中的信。搖晃著腦袋再次把信挨近燭光下唸著，很難過的表情一次一次的唸著，唸了幾次後，他的表情開朗起來，然後緊握著信轉過身，信裡的內容是這樣的：

　　「民：多久沒有這般呼喚你的名字了？請別太責備我，我只

想見你一面，在這個星期天，一點到一點半之間，我會在亞細亞戲院對面的迷宮茶樓等你，詳細的內容見面時再說，民，一定要來喔！」

他再仔細望著那封信，沒有寫寄信人的名字，腦海裡卻馬上浮現她那淘氣的模樣，左臉頰上有黑痣。她，可以說是他的初戀情人。

獨孤民二十七歲以來只和她上過床。

獨孤民本是黃海道出生，因戰爭逃到南方。他的原意是想陪伴著父母親，但父親的意思卻並非如此。他離家南下的晚上，父親把他叫到廂房裡說：「我們都已經年邁，只等著死罷了，所以不必操心趕快離開吧！只要你能平平安安地在自由的地方生活就好了，快！」雖不是三代寶貝的獨子，但卻也是個獨子沒錯，父親不忍心寶貝兒子被共產軍抓走，他也只能遵照父親的意思。父親開了一間可以讓全家溫飽的布莊。獨孤民自小沒吃過什麼苦，在學校裡獨孤民雖非聰明伶俐，卻也在國小一年級時擔任過班長，也就是說功課還蠻不錯的，可是到了二年級時不當班長，功課也掉到中間；三年級時在全班六十名中考了第四十五名；四年級則考了第五十名；五年級和六年級時則在第五十五名至第五十七名上下徘徊；從初中到高中為止，他是一個不用功的學生。逃到南韓之後就馬上入伍，當了兩年兵大腿受傷後便退伍。戰爭如火如荼地進行，漢城淪陷後，釜山定為臨時首都，那時期真是生靈塗炭，獨孤民也未能逃過此劫。在地攤市集賣領帶糊口，工作經歷多采多姿。軍服生意、賣地瓜、撿拾鐵罐、無煙煤炭買賣等等。當然軍服生意也不是做批發，而是左臂掛著一件嗶嘰西褲，右手拎著一件外套向太太們叫賣軍服。「賣軍服喔！便宜賣

啷！」邊說著邊穿梭在各地攤之間的那種。賣地瓜也一樣，並不是在堆積如山的船上做地瓜買賣，而是在大汽油空桶上烤地瓜的那種，其它的工作也大同小異，簡單地說吃了不少苦，人都有所謂的黃金時期。通常人們會說：「當年我也曾經……」他所謂的當年也只不過是幾年前的事，他在美軍部隊裡連一句英文也不會說，以前在北韓學校教俄文，也不能說他的俄文很好，只是英文不好錯不在他。他在那裡找到天賦的才華，所以英文不好不是什麼缺點。前面提到學生時期時漏掉的；其他科目通通很爛，只有美術特別出色，上美術課的時候民心情愉快，美術老師曾經用力敲了一下他頭說：「民將來會當一個偉大的美術家。」民長久以來都忘不了這句話。他的天份終於在美軍部隊裡撥雲見日，話說有一天他在休息的時間，覺得好玩就隨手畫下監督下士的面孔，竟然引得大家圍觀相求，使他淪為「宮廷畫家」了，不但是肖像畫，美國部隊原本就喜歡的漆油漆和釘招牌，都成了他分內的事，不僅僅是這些好處，他佔了個好缺，也居中拉皮條或各種仲介，只賺回扣都多得算不了，就在這時他遇到了淑，她是以美軍為對象操皮肉業的「洋婦人」，他和淑最親密不過了，她的臉龐圓圓的，並且長了一副大屁股，事實上嘛，開始也是物質上的往來，叨擾的一方是她，民的這一方是施予，他抱歉自己只是一昧地接受而要對民回報，民並不在意回報不回報，她曾說民像蒸餾水一樣純粹，說自己是大學肄業，對只有高中肄業學歷甚低的民來說，不能不算高攀對象，他們並未住在一起，「彼此會不方便」淑說的，因此各自有家，「心卻經常連在一起」，獨孤民休息的日子，他們會一起去看電影，吃飯，喝茶，偶而也去聽聽音樂，雖然是音癡，但是珍惜所愛的人的嗜好，也就一言不發地跟隨著，那個時候，無論從那個角度看，她都不像是洋婦人。「別

人眼裡我們是一對很像樣的情侶吧？呵呵呵。」說得對，那段時期，周圍人士傳說民有一點欠缺，但是經由淑的口中說出來，民則是「很好的一位」以及「像蒸餾水般純粹的一位」，對於淑如此漂亮的女孩子愛上自己，內心感激不已，甚至還問過她：「我想問妳一件事……妳眞的愛我嗎？」她明明白白地望著他，開始咯咯地笑，她挪動圓滾的大屁股坐在民的腿上，手攀住他的脖子：「你眞的不錯，你怎麼會被我釣到的呢？」她的嗓音還有點抖。

　　那樣的日子過了半年多，她一下子就消失蹤影，她還向他貸了一筆小額信用貸款（男女朋友之間的信用貸款講起來也是令人發笑）。他推測她必定有什麼難言之隱，令他惋惜擔心，只要是眞心相愛的情侶，自然都是如此的態度，民也不例外。

　　現在竟然又寄信給他，他的心中暖洋洋，眼眶也熱起來，小子，妳早該給我信了，再怎麼說我會催債嗎？他不停地嘀咕著小子小子，爬到被窩裡，還把手伸出來唸著信，你一定要來，嗯！我不去，妳又奈何，獨孤民在一家小小的招牌店裡工作，當然不是自己的店，他是職員，收入嘛，自然不能和跟她在一起的那個時候相比，就像每個人的黃金時代不知不覺悄悄地過去了，過後才會感受到，這也是無可奈何的。他披著磨損大半的救濟品大衣，經常一副重感冒有氣無力鼻塞的聲音，他的工作就是畫戲院每檔懸掛的看板，彩筆遊走灑落在西部牛仔的毛茸茸胸膛和女人的肥大屁股之間，感嘆著自己當不成一名安定的畫家，更不是藝術家，佛教裡有所謂業的，每個人方向不同，獨孤民不是被一件事所牽絆，便走到盡頭的那種人，不經意想到她時，常常會想到一件事；很像少女初潮一般害羞和驚慌，有一天，他舉著在部隊中未完成的那幅肖像畫找她，她穿睡袍躺在床上，一手夾著香煙，

望了好一會兒，「你眞的有很好的天分。」然後若有所思地停頓一會兒：「怎麼樣？去參加一次國展不就被肯定了嗎？」民不知爲什麼心裡撲通地一聲，眼前浮現出深邃過往的日子，「民將來要當偉大的美術家」，好像對笨學生當頭一棒似地，浮現出老師的拳頭，那天和她分手之後他仔細想過，感謝她賞識自己的天份給予的鼓勵，如果不是彼此要進一步交往，不可能有這份關懷，第二天開始他就爲著出展作品動了起來，完全出自爲她當一名有價值的人的心理。

　　按裝鐵刺的牆，有美軍佈哨站崗，洋婦人笑臉伸著手對面站著，不遠處賣香煙的老婦坐在大小不一的一排木板後面，老婦身旁蹲著一個乞丐小女孩抱著罐頭，還有那是夜晚，就是這樣內容的一幅畫。

　　去到收件處的時候，他拋下作品之後就退出來，他怕有人會問些什麼話，在國展開幕之前的這段時間，過著生平未曾如此焦躁的一天天，某個秋日國展開幕了，他的作品不出所料地落選了，雖然這件事始終瞞著淑，他卻像做錯事一樣顏面盡失，如果背著女朋友結交別的女人，遭到拒絕再回頭的有良心人士，大概都會有的感受，獨孤民覺得只有歉意，而淑在那次後不久便行蹤不明。

　　受創傷心中，卻也可以感受到那件事，這樣的結果反而好啦，再怎麼說，她的條件對自己來說是高攀了，好不容易，應該說是自責，對鼓勵自己的愛人，實際上沒有那麼好的天份材質可以回報。而她卻寄信來，他一直爲此高興，和她分手之後，他的生活毫無情趣可言，運道不順，只有壞事連連卻沒好事發生，當然並沒有結交其他女朋友，獨孤民這種條件的人也有一段甜蜜的往日，任誰都不會相信的，人很彆扭的，有誰不會爲這一段過去

喝酒發發牢騷，眞可以說，那是獨孤民心中珍惜的一個虛幻的夢。換句話說，和淑在一起的日子，是他生命最珍貴的部份，是鑲嵌在舊衣上的寶石，在這個寒冷的冬天，如果沒有那段燦爛日子的甜蜜回憶，他眞的會凍死，雖然某位詩人說過：凍死的人是沒有回憶的人，正是針對獨孤民所說的，心冷的話人就死了，住在這裡像老年人骨節咯咯作響的老舊巴洛克式公寓，睡著沒有暖氣的冰冷床上，獨孤民至今不死，事實上也是這個原因，可是他本人以前並不知道。如同不懂得空氣的化學方程式，所以不呼吸空氣、沒有什麼機會念教理問答，或不知道上帝的姓氏主張沒有天主這回事一樣地不合情理，不能說民未能自行覺悟這類事實，眞理就動搖。

時鐘敲響了三下。

是樓下房東老太太房間的柱子鐘，民一二三地計算著它的聲音，這時還是無睡意，他又把信拿出來，今晚他不知已經反覆讀了幾次，他擔心把信放下來，信中的內容會飄離信紙似地，他要用眼神把一個個字緊緊地拴住，獨孤民不停地唸著信。

四天後的禮拜天，民張望著戲院，賣票窗口前的人潮擠得像一條彎彎的蟒蛇。

人都打扮得很好，二十多歲的男女最多，再來好像就是三十歲到四十歲的，大概都是雙雙對對，並肩排隊，一路都很愉快的神情在交談，男女有一方在隊伍中，一方在隊伍外，跟著隊伍中的伴侶移動，看起來很親暱。他掏了掏口袋，錢是很夠，便加入買票的隊伍，不覺之中，他的身後也排了隊伍，他被擠到賣票窗口，他的心開始沉重起來。

他的旁邊坐了一個老男人嚼著花生，輕輕地闔著眼睛，還一

邊不停地把花生送到嘴裡，右邊坐著一個年輕女孩子，好像在那
裡見過的，可是想不起來了。不到熄燈放映時間，觀眾還未坐
定，或吱吱喳喳或來回走動，被一股愉快的氣氛包圍著。女孩子
好像認為自己身邊的男伴是個美男子，再怎麼樣有教養的男孩
子，如果容貌上與他還配，就會像漫畫上所見的好笑神情了，她
在他坐進座位時瞄了一眼而已，覺得他長得好看，後來她有點尷
尬，舉手撫摸著塗了蔻丹的指甲；塗了淺粉紅的指甲油。下一次
我要塗透明的，其實不塗蔻丹也很好嘛，這男孩子喜歡那一種
呢？女的嚇了一大跳，那句話完全像鬧著玩地迸出來的，像在外
面飄盪一陣子，然後塵埃落定的一句話，落到她的心中，她非常
有意思。

　　人嘛，真怪，他說著這句話，用手指裝著整衣領的動作，民
覺得是身邊女孩子在笑，電影開演的鈴聲中，他被吸引而往銀幕
轉了頭。這是他日夜都看的西部馬車和海星的大漢子，印地安
人，千鈞一髮趕過來的救援隊，民心不在焉地看著銀幕，她為什
麼會沒來？她並沒有來。在迷宮等了兩個鐘頭，她卻未出現，發
生了什麼事？她不是會說謊的女人。

　　走出戲院，他漫無目標的挪動腳步，短暫的冬陽已經西下
了，電車搖搖晃晃的經過，一個女孩子迎面走來，待她過後，才
覺得在那裡見過她，突然想起來了，很像戲院裡坐在他旁邊的女
孩子，可是也不確定，她走得很忙，民佇立望著她的背影，真的
是剛才身邊的女孩子嗎？他有些在意，只有一個方法可以弄清
楚，追上去再看一眼，突發的勇氣讓他心跳，往女孩子消失的方
向跑去，看不見她了，有一個巷子，他不猶豫地折進巷子，原來
是個死巷子，他回頭走進一條大路，順著路跑步，眼前一亮，出
現了廣場，廣場結凍的噴水在閃耀的路燈下，有如把銅像移走的

底座，空盪盪沒有一個過往的人影。他筆直地佇立著，仰望著天空，星夜美的耀眼，像玻璃一般堅硬，深藍的天空裡鑲嵌著燦爛的寶石好像要傾瀉出來，他們在天上好像正對他說話：我們懂，當然懂得你的心，不要緊，都會順利沒事。事實上，星星不會說話的，民卻深信不疑，淑為什麼沒有來呢？民再走一趟回頭路，燈光稀稀疏疏映出的門戶前，他都停步片刻，燈光暈黃溫馨，藍色發光的窗子像是日光燈，住在屋裡的人都是幸福的人嗎？剛才那女孩子會在那扇窗裡呢？他想著剛才要見到那女的，如果真的見到了她，必定已經發生了好事，然而現在卻毫無意義了，卻沒有趕快回家的念頭。

時間還早，根本沒有人經過，夜裡非常冷，戴著手套用力揉擦耳朵，耳朵像是木頭手把，會發出乾癟的聲音，硬梆梆的，冷的厲害，不由自主的加快了腳步，街上的店舖大半都關了門，好像是夜闌人靜的街頭景象，他的頭上傳出鐵皮招牌碰撞的聲音，電線在哭泣，肩頭和背部，像觸電了很冰冷，他加快腳步，找著那一家店可以暖一暖身子，到了一家咖啡店前停步推著門，門不開，大廳亮著燈，他用力推，還是推不開，從大路方向窗簾拉不緊的間隙可以看到裡面，座位空盪盪的，櫃台有個年輕女人托著下巴，用力敲敲玻璃窗，她還不能察覺，再敲大聲點，她仍然望著空廳對面的牆，一動都不動，廳上有藍色燈光，她面前的立燈戴著粉紅色罩子，她的鼻頭很尖，雙頰圓潤的面孔很漂亮，然而是遠遠地踮起腳看的，她好像斜眼，她舉起一手臂，拔下髮夾，再用它搔頭髮。民第三次篤篤地敲門，女孩子插好了髮夾，再托著下巴。

算了吧，他離開窗前走了，環顧著街道頭尾，連一隻小狗的影子都看不見。唉！真冷。他冷得想頓足，捨大路而進入巷子，

沒走幾步，左邊有家咖啡店，他用肩膀推開門進去，進去一看，客人都圍著暖爐站著。椅子擺在他們後面，而又圍了一個圓圈，沒有人坐著，民走近他們背後，在先前人們的腰部間隙，把手套脫了，伸出手烤火，他們大聲爭吵，其中一人舉著一張紙朗讀。

　　「請大家看看我們的詩壇，瘋狂的夏季過後就是沉靜的秋季，這反動的季節，人們回顧過去的日子，爲有沒有失誤而煩心，爲了舞者太沉醉在客人們廉價的喝采中，而一味地要暴露而煩心，如果在古代，把看到女孩子大腿的人都算是男朋友的話，她要有多少男朋友呢？銳利的前衛詩人和前衛批評家們爲了起草可以悄悄拔腿就跑的轉向聲明書而熬夜。人們不會記得很久，沒有像民衆一樣善於遺忘，昨日的賣國奴反被稱爲今日的愛國者，昨日的超現實主義者，今日搖身一變爲穩健的自然主義者，人們察覺不到，報紙那麼說就算數，王爾德曾說所謂讀者藝術家那麼說的話，我們就那麼認定，現在則是新聞記者代替了藝術家的時代，貴重的生命，人會時來運轉，一生也只有一兩次的機會吧，最後都會被歲月淹沒，母親們忘了獨子的戰死，而開始迷上慈善事業和養老俱樂部，我們還記得那個時代，那個令人茫然不知所措的時代，死亡飢餓和我們共存的季節，我們忘不了，現在女孩子們忘不掉而感嘆遺失貞操的復古季節，對於像生命一般無可奈何的反動，好像糟蹋了貴重的內衣而懊惱，老一輩的這些人對年輕猛送秋波的這件事心痛，悄悄的挪動著散發陳舊晦光的山水畫和怪怪的硯臺，開始嘀咕著他們的信仰事實上不曾變動。這些幼稚的人，他們不管是誰都是正確無誤的，那時候他們那麼做是正確無誤的，我們會懂得瘋狂跳舞的那些女孩子的腿，因爲我們是他們的舞伴，我們不責怪他們浪費昂貴的內衣，是我們把那內衣撕破，我們喜歡那亮麗的前衛批評家的謙虛，他們是我們的喇叭

手，我們也未看輕那些老人家，他們愛我們，使我們在黑暗的時代之中學習了很多，像打了架回來的小孩子們在撕裂的背囊中放著沉重的收穫，比禪僧的眼神更發亮的東西，那麼多的瑪麗亞・瑪格達萊娜（註1），我們的妹妹向愛人也學習了很多，他們的床和夜晚不會白白地耗掉，老年人學得更多，他們才是最大的受益者，他們歷經黑色時節而年輕起來的，那是偉大的時代，走過我們面前卑屈和奴隸的時代，我們畢竟也不會懂得我們之後要來臨和平與繁榮的時代。只有我們的頭、心臟，和我們的生殖器知道的錯亂苦惱，和慾望的季節，我們是嚐過血味的猛獸，不會再馴養牠了，然而人們想把這個時代，用三分錢賣掉轉手，他們不只是經常用消毒水洗手，灰塵揚起就把嘴搗起來的衛生專家嗎？我們往日的戰友，現在不是悄悄地溜掉了？他們討厭和我們來往，想做一個穩賺不賠一本萬利的生意人。我們的情侶們開始唸春香傳（註2）開始裝懂，並且說國樂有深奧之處，他們最後什麼都沒弄清楚，讓我們寒噤，他們最後什麼都學不到，只是身體擺了一個姿勢而已，流行之外的都不懂；比麻雀內臟還小的毅力，無奈的一些變色蜥蝪、火雞、發出霉味的硯臺和長青苔的山水畫，還有封面破損的聖經，以及傳教婦女借用大僧正和外國將軍們的力量，正在準備狡猾凶險的反擊，其實這並非解決之道，他帶來更糟的羅馬帝國時代，虛假的時代，而不是嶄新純潔的時代，他們施展陰謀要給我們扣上叛逆者的罪名，要在歷史書上記上一筆。指摘我們輕率、沒有計策、陰亂、不聽長輩們的話，同時又沒實力、鹵莽、隨便，還不懂得世故，沒有節操、膽小、自大狂妄、把藝術搞砸了，我們真想用繩子把他套住捆著再埋起來，夏天的烈日下任誰見到牽引機閃耀機油在豆土裡翻土犁田，都不會有敵意，而這輛牽引機突然轉向往玫瑰園的話問題就不同

了，塵歸塵，土歸土。牽引機進入了玫瑰園裡怎麼辦呢？這就是
災殃，我們的戀人們不喜歡跑進牽引機整修的玫瑰園，並且輕蔑
我們這些頭腦不靈活、默許這件事的人，當然我們舉著失戀的酒
杯，學著蘇格拉底的動作，說我跟誰借一隻小雞又怎麼樣？想盡
辦法要延長壽命的人，結果一定招致悲劇，所謂詩人並非什麼了
不起的東西，牽引機接近花園的話，發出信號，必要的話像偉大
的前輩迎向風車，把園藝用的望遠鏡高高舉起，迎向牽引機胡鬧
一番，精疲力盡之後沒有躺在那個僕人桑丘（註3）懷裡，而被
摟在懷念的女孩子懷裡做了一個大丈夫似的微笑。幾天前我碰到
一個朋友，他朝著風車突襲都沒有用，我要他停止這件荒唐事，
所以當場宣佈和他絕交，他是我一向尊敬的朋友，卻不能和真理
交換。諸位，我們要防範牽引機的侵入，我們抗拒凍結我們心血
投資、沒收我們勒緊褲帶積存財產，搞詩壇國有化的那些人！」

　　這麼一來，傳出各種的辱罵叫囂，他們在吶喊，那是什麼不
道德的聲音啊？我真沒想到，叫你反省啦，靜一靜，你們為什麼
這樣，閉嘴，該死的傢伙，怎麼搞的？你反省，你們冷靜地想
想，你們鎮靜，閉嘴，我要求道歉。各位，我唸完下面句子之
後，請各位批判，他提高聲音唸：

　　經過一叢叢海草之中
　　連鐵皮船都會窒息的低水壓

　　為什麼是鐵皮船呢？是木船，你要懂得什麼叫丟臉，那個時
候有鐵皮船嗎？你不要開玩笑了。他們每個人掏出手中的紙，他
們各自揮舞著手中的紙條並踮腳高喊，他往櫃台方向看去，老闆
娘笑著點了頭，她看起來是個蠻和藹可親且很順眼的女人，突然

Madam 大喊並指向他說：

「大家不要爭辯了，向先生請教嘛！」

大家一窩蜂地把頭轉向老闆娘所指的方向並認得是他，立刻一擁而上，各自說：

「先生！」

「您到那兒去了呢？」

「先生您不在的期間引起了這騷動。」

「安靜點，大家安靜點！那麼在先生面前再唸一遍，各位肅靜！」

剛才那青年乾咳一聲後把紙張高舉在眼前，而民則站在前面發呆。

海戰

潛水艇沉入海底
鯽魚誕生
經過海草與海草之間
連鐵船都窒息的水壓
游過海溝
來到魚缸裡

思念海洋而波濤洶湧的蔚藍胸腔
原諒你。縛緊的妳
一陣驟雨旗幟般翻飛
轟擊都市的妳
奔來

奔來
這就對了

金魚
送到都市的你的潛水艇
在那雄渾的遠洋航路
在那成長的旅途
果眞能說連一次的愛情
都未曾有過嗎
水兵們曾懷念的

太陽都蹙著眉
打翻珊瑚枝
粉碎珍珠的
深水炸彈

金魚不來
頂不住
圓舞曲浪湧的 tea room
魚缸裡的金魚
連眼珠都紅了

聽啊，大洋的咆哮
看啊，巨砲的發作

感覺到胎氣的雌鯨

為了找尋巨大的產房而遊走

潛水艇沉沒的時候
二等水兵
親吻照片上的母親
那唇上有長壽煙的味道
孩子已經十九歲了
還沒有情人
抽煙也才剛學

那水域曾經是
處女鯨們撥開水浪
跟隨雌鯨的地方

鍋爐爆開
氧氣槽破裂
沉入海底的潛水艇
連比目魚晚生的崽子都不如

現在
萬噸級巡洋艦海洋之狼
如同擦拭煙管的
吸煙俱樂部的紳士
輕快地收拾著砲身
返回基地

豈能因為母親的相片壓在水底
就說海洋抽了
長壽煙

清香的海帶菜
雖非不如艦旗
豈能因為 81 名的水兵
永住在那水底
就說我們是偉大的
移民國

噴向空中的水柱
湧瀉的海溢
只有金魚來到
穿過窒息鐵艦的
海溝的水壓

還有我的伊人
比珊瑚更美麗的人
我愛妳

　　朗讀完後沒有一絲咳嗽聲，顯得一片寂靜，大家都聚精會神地望著他，民只是面紅耳赤，搓著雙手站著而已。
　　「老師，請！」
　　民望著他哀求般輕聲細語地說：
　　「各位先生，你們好像搞錯了吧！……我叫獨孤民，做看板

生意的啦！」

「我們老師眞是帥呆了！」

「最棒！」

「老師萬歲！」

「對了，大家安靜，老師請您說一句話嘛！啊？不要掃興嘛！啊？」

民環顧了一下大家，大家都是一臉快樂的表情，而且對民露出充滿尊敬與愛護的表情。有的人與他兩眼相對時讓他嚇了一跳，他就好像手燙到火一樣立刻轉移目光，他的眼光停留在燒紅的暖爐上，以暖爐爲中心，他就站在畫著圓圈圍繞的人群們的最前面，有時候他雖然擺著張開雙手在暖爐取火的姿勢，在旁看來頗自然及冷靜，但是卻傷透腦筋了，腦海一片空白，人群的目光就如鐵鏈般纏繞他的身體，他成了甕中之鱉。他老是搓著手，像吹進來的冷風碰到火轉化爲暖風般，感覺舒暢不已。他不知不覺地感到哽咽，他想和這些人交朋友，只要能讓我不講話站在角落邊的話，就可以舒服的取暖了。

「老師？」

他馬上抬起頭來，戴副眼鏡、打著紅領帶的那個年輕人低著頭催促著。

「各位請原諒，我……」

在這樣支支吾吾不知所措時，Madam 遞給他放在盤子上的咖啡，他如等了很久般地立刻接過咖啡，他的眼睛也突然停留在一個地方，就是他進來的入口，茶樓的大門打開著，冷風咻咻地發出聲啊。民凝視著站在眼前的紅領帶。他揉弄著手上的紙條看著腳尖，就趁現在，他立刻跑開來，紅領帶則被拋在空中。他一口氣跑到門後就馬上往外跑去，此刻有如宰豬時的嚎叫聲此起彼

落，同時大家也跟著追出來，他則緊握著拳頭拚命地跑。

「老師。」

「您太過份了。」

「抓住老師！」

她一邊吼叫，人們意外地追逐出來。他被嚇壞了，不停地跑在空曠的大街上，繞過某個角落，他向後轉看。那些人遠遠地一邊作手勢，一邊跑過來。他繞過第二個角落，稍稍放慢腳步跑著。

　　走上公寓樓梯時獨孤民猶豫了一下，心想只要能喝一盅渾身就會熱烘烘地暖和起來，不過他不算是愛喝酒的人，與其說不喜歡喝酒，倒不如說是厭惡飲酒。正月十五颳起的大風，把簡陋的木屋吹的搖搖擺擺，鐵皮屋頂吹的嘎嘎作響，民則凍得打寒噤，打消了到颳起風沙的街頭，民就一次跨過二個階梯迅速地走上二樓，站在自己的房門前。這時，他不自覺愣了一下，因為他想起來，前次信來的那天，和現在都犯了同樣的過錯。他叫出聲來，啊！同時，在黑暗中摀住了臉，過了多久了呢？他小心翼翼地劃著了火柴，火熄的話不行；會變得像那天晚上一樣的情況，他發抖地握著火柴，走到放蠟燭的書桌前面。

　　火沒有熄滅。

　　他全身滲透了冷汗，眼睛凹陷，看起來老了幾歲，他發呆地站了一會兒，小心翼翼地打開門進入房間，房東老太太的房間在樓下。他叫喚老太太向她要了一捆劈柴抱回房間，點著了爐子。薄薄的洋鐵皮暖爐一下子火就通紅地燒起來，房裡熏熏發暖，他把椅子挪近暖爐坐下來，回想這幾天他生活中發生的重大事件，他的頭腦原本就不是那種把什麼事件切割片片，秤秤重量，再聚

合一處的構造，他只是哦哦叫嚷著，活了二十七年的一個人。難得今天房間裡燒了火，嘗試要解剖自己的生活，就變得很為難，而她為什麼要寄信來呢？自己不出來，而把他叫出來，到底安了什麼心呢？還有，在那間茶樓裡尊稱民為老師，一直叫他說話的那些人為什麼會那樣呢？所有的事情好像都和淑的信搭上線，會不會那些人和她認識。風刮的很厲害，屋頂洋鐵皮嘩啦嘩啦作響，建築物好像老人家的骨節，每一處關節都在搖晃，民又把信掏出來，這次他找出了異常之處。他慌張地把信封就著火光仔細看，貼了郵票蓋郵戳的日期：1.25，再來看看信紙記下的日期：1.15，他的腦子像是刺到了蜂巢，一陣暈眩，原來 1 月 15 寫的信 25 日投郵的，這麼說信上〈下一個星期天〉是怎麼一回事呢？今天是 28 日，這麼說……，他掏出小手冊，找出離 15 日最近的星期天。

21 日，那是 21 日。

所有的謎都解開了。

信是過了約會日才到的，他從座位一骨碌站起來，他開門走到廊道，踩著吱吱作響的階梯下樓，敲敲房東老太太的房間。

「誰？」

「是我，七號房的獨孤民。」

「請進來。」

進門是要脫鞋的玄關，房間是隔著紙門的另一邊，老太太開了紙門，挪低了眼鏡打量他。她凹陷的眼眶裡，乾癟的像碳化鈣的眼珠。她背後的孫女歪著頭看民，是個斜視眼的小女孩。

「有什麼事嘛！」

「沒什麼！想請問一下。」

「要問什麼？」

「是有關於信件。」

「信？」

「是的。幾天前您不是把信塞進我房間嗎？」

「哦……對啦！有啊！怎麼樣，那封信有問題嗎？」

「是，請問那封信是何時寄來的呢？」

「什麼時候，當然是那天寄來的啊！」

「會不會是在之前寄來的，您忘記了呢……」

「當然不會，我怎麼會把房客的信件這樣子？」

阿嬤斬釘截鐵斷然地否認了，她轉動著那電石般的眼珠，民無話可說，呆呆地站在一旁。

「就這樣嗎？」

順便講了幾句問候語後，阿嬤就關起房門，隱約聽到孫女的嬉笑聲，神經病……他反常地突然冒出一句髒話。民回到房間。

那麼她為何把過了十天的信照寄不誤呢？難道託別人寄的嗎？還有她會不會遵照信上所寫的在下禮拜天，即二十一日出現呢？我想肯定是的，該殺的，竟把如此的重託弄成這樣，她一定很埋怨我吧？〈務必要來喔！〉他像洩了氣般。她看我沒有出現，會以為我變了心吧！她左邊臉頰上的黑痣還頗可愛的。只有我倆知道的陳年往事一件件地浮現在腦海中。偶而她會突然冒出一句〈我是個壞女孩〉讓人摸不著頭緒的話，並依附在他身邊哭泣；還有他叫我摸她那位於大腿內側的一寸左右被揍而留下的凹陷疤痕等。我為何不曾多關心她呢？忍不住了，我要去找她，他起身在屋裡走來走去，噠噠噠……鐵皮屋頂不停地作響，不過要如何找呢？他突然愣住，要如何找呢？他再三反覆地查看信封後沮喪不已，因信封上並沒有寄信人的住址，那麼？那麼？他又開始走來走去，不小心撞到牆，他以軍式筆直地往後轉，再走到對

面牆壁前又轉過來，他就這樣的在兩牆之間走來走去。大風依然吹著，吹的鐵皮屋頂嘎嘎作響，獨孤民的思考力頓時打結，毫無頭緒，十天、十天那！然而他突然殺豬似地大吼起來。對了！在報紙登廣告吧，他翻開抽屜拿出舊報紙，報紙上有 YAMAHA 鋼琴廉價賣的這種廣告，還有愛羅的媽媽回來吧！諸事已處理妥當，毋需擔憂，請速回吧！對了，就是這個，民不由自主地熱淚盈眶，〈毋需擔憂〉這一句最令人感動，就是這個啦！他拉出椅子對著桌子坐下，拿起鉛筆沾些口水就開始寫下去。

淑，請回來。所有的事都會順利，不要擔心，請回來。

民滿意地拉高聲調唸了兩次，哼，有點怪怪的，想了好一會兒，他把請回來改成：〈淑，請再出來一次〉，嗯，對啦，叫她再出來一次，該寫時間，〈2 月 15 日下午 1 點，請來那家茶房。〉這才安心下來。鎖了房門回到床上，眼前正是暖爐，受到燒紅暖爐的熱氣，他的表情開朗許多，伸出手取暖，不知不覺地睡著了。

如同茫茫大海的一條河，他用力撥動，要快跨過。如同早春解凍的河水，撥動許久，仍不見停靠的堤岸，他便觀望了他的左臂，其實從背脊部分便滾出去了，手臂下的五隻手指有若五腳文魚，緩緩撥動水波，而右肩也孤零零，那手臂也脫落兀自撥動。其次是右腿，他的脖頸唰地掉落漂浮水面，他的身軀脫落，臂膀、脖頸後，像一塊木柴，搖晃地向前進，其中左臂被切成兩塊大腸長度後，竟很快地有肉附了上去，湊成兩隻一模一樣的左臂在水中載浮載沉。左臂右腿，中間身軀，通通被肢解，之後又被切開再切開，剎時河水被無數肉塊覆蓋，不覺之間，一塊兩塊地

靜止不動，目光所及之處，大半以上都靜止不動了，剩下的則漂
往對面堤岸，脖頸幾乎被沖到岸坡後卻又穩住不動了，河水深，
卻映射得像一大片玻璃，他看到了散落在河底自己的臂腿，魚群
啄了一番後，悄悄溜走，一隻腿站立行走，另一邊，已經上了岸
的臂腿無力地摔倒，有如被沖到海岸的漂流物，堤岸出現了一群
鬼魅，穿著很好，卻都是殘障，沒有手臂或一隻腿，或滾動過來
的脖頸怪物，他們爭搶漂流物，開始拼湊殘缺的部分，而一邊嘀
嘀咕咕地，好像在哄騙那些漂流物，拼湊並不容易，有的臂甩掉
撿拾人的手，僵直地站立把玩五根手指。有的腿踹向對方的腰
部，一跳一跳倒栽著追逐的殘障，被追逐的肉塊亂成一團，肉塊
跳進河水裡，大戰一場後，沒幾個被那些怪物抓住的，幾乎都掉
進河水裡了，人們呆站了一陣之後，彼此又議論了一番，跑到對
面的樹叢裡。他們馬上又出現了，手上舉著一隻魚竿，走進水
裡，江水淹到膝頭，釣起肉塊就地拼湊，肉塊被針頭釣到，他們
高興地咯咯笑，鬼魅之中有一怪物單獨站在遠處，先前開始就東
張西望地在搜尋。是一個全裸的女人，她的身軀和臂腿俱在，卻
沒有頭，她看到了什麼呢？敲了一下膝頭竟用力地拋下釣竿，掉
進水中，那時探測到了一個東西，釣竿的針正朝向她的嘴唇過
來，他急忙舉臂阻擋，卻沒有臂。

　　啊！他抖了一下起身了，一片漆黑，鐵皮屋頂的尖銳聲響，
像老人骨架搖晃的整棟房子，全身滲透的冷汗，更冷颼颼，活過
來了，真好，只是一場夢。他很高興，很冷，用被子矇住頭，倒
臥床上。

　　走到大街上，時間還早，根本沒有人經過，夜裡非常冷，星
夜美的耀眼，像玻璃一般堅硬，深藍的天空裡鑲嵌著燦爛的寶
石，好像要傾瀉出來。戴著手套用力揉擦耳朵，耳朵像是木頭手

把，會發出乾癟的聲音，硬梆梆的，冷的厲害，不由自主的加快了腳步，街上的店舖大半都關了門，好像是夜闌人靜的街頭景象，他的頭上傳出鐵皮招牌碰撞的聲音，電線在哭泣，肩頭和背部，像觸電了很冰冷，他加快腳步，找著那一家店可以暖一暖身子，到了一家咖啡店前停步推著門，門不開，大廳亮著燈，他用力推，還是推不開，從大路方向窗簾拉不緊的間隙可以看到裡面，座位空盪盪的，櫃台有個年輕女人托著下巴，用力敲敲玻璃窗，她還不能察覺，再敲大聲點，她仍然望著空廳對面的牆，一動都不動，廳上有藍色燈光，她面前的立燈戴著粉紅色罩子，她的鼻頭很尖，雙頰圓潤的面孔很漂亮，然而是遠遠地踮起腳看的，她好像斜眼，她舉起一手臂，拔下髮夾，再用它搔頭髮。民第三次篤篤地敲門，女孩子插好了髮夾，再托著下巴。

他不想待在那裡，轉身站立的時候她又頭髮受凍，很像前次那個被淑放鴿子後獨自徘徊的晚上，也是這麼一回事。他環顧四方一番，熟悉的街景，當晚應該就在附近的，再進去巷子裡，會見到一家茶樓，還有一群怪人圍著暖爐吼叫，還有……那天的記憶。此刻他行走的路上，會發生的一件件事，昨夜的事，清清楚楚地浮現腦海，加上淑這次又未現身，他處理廣告的這半個月，和當晚的情況一模一樣，民心跳加速，他觀察周圍四方，那條街，用髮夾搔頭的女孩子，完全一樣，怎麼回事呢？他跳起來，過了前次的巷子，他挑選陌生方向跑進去，後來，卻又怎麼一回事呢？如同愈想脫軌的軌道上的機關車，陷入了熟悉的路線上。前次徘徊的街道，如今他都依次跑遍了。

「走錯了，那條是死路，走這裡，這一條。」

現在他在走出的巷裡聽到人群在轉角處蜂擁而出，而他則往

相反方向跑。

「老師。」

「您太過分了。」

「你們抓著老師。」

有如這麼一喊，眾人意外地靠近追過來，民被驚嚇著，不停地跑著大馬路，轉到某個拐角處，他回頭往後看。眾人遠遠地向他作手勢示意他跑過來，他幾乎跑不下去，快昏倒了，倚靠磚牆，喘得很厲害，張口喘氣傾聽，聽不到什麼，他瞇著又閉上眼，冰涼的磚牆像冰塊碰到面頰，他張開眼，仰望天空，怎麼回事？星夜燦爛的天空，卻有無數的探照燈一排排上上下下晃動不停。

此刻，麥克風的尖銳、金屬碰撞聲劃破凍封的冷空氣，有如都市天空中飄游的氣球中傳送過來，在空中傳送，麥克風說話了：

這裡是革命軍廣播電台，各位市民請拿起武器，所有能戰鬥的市民，武裝起來前來街頭，暴政已亡，恢復了自由。戰爭卻不願遠離我們，像患了單相思的男人在門檻釘哨，戀人們像清掃人員一般脫光光的，老人們掉了權威的枴杖，在老年期間被羞辱，我們的兒童沒有玩具，淋著黑雨，壓制者們只愛過外國銀行的餘額。我們，必須要活過呼喚著自由這個名詞，如同呼喚愛情的時代。必須要活過……船隻都已經靜止停擺了，煙囪被折毀了，花朵被踐踏了，公園被污毀了。戀人們被強姦了，我們站起來了。為了再次撐起比鯊魚更尖銳的肚子，為了蓋比砲身更堅固的煙囪，為了綻開不凋落的花朵，為了造一棟比山更堅固的家屋，為了裝飾比極樂的蓮池更美的公園，噢！還有為了要橫奪戀人們，為了讓壓制者們擁抱死亡，各位市民請抓住武器，可以戰鬥的全

體市民們武裝起來前來街頭，並請接受戴灰色玫瑰臂章的革命軍士官兵們的指揮。

民望了望天空。更多的探照燈光線或直射或交錯。砲擊，革命。是誰掀起革命的呢？不管廣播的呼叫，沒有一人來街頭，也看不到一隻狗，淒涼無奈的街頭很詭異，聽不到一發槍聲。他走離那道牆，直挺挺地站著。死巷子。正想轉個身……

「是這一邊。」

近距離過來的足跡，也不必閃躲的遠處聲音。他用背部推門，溜進了某一家裡。在他站進門裡的同時：

「錯不了！」

「就是這巷子！」

「向前走！」

衆人喧嚷著經過門前。

「社長您在忙什麼？」

民畏縮地回頭看看。

長長的走廊底，有一戴眼鏡的老紳士舉著厚厚的帳簿。

「請等一等……」

紳士下來到玄關站著，手臂插進民的胳肢窩，民被嚇了一跳，想用力掙脫，紳士更用力壓著不放。

「社長，您看，問題會被解決嗎？」

戴眼鏡的老人，一副小朋友告狀的神情，把他拉到裡面。

「不對，不是，事實上……」

「我都知道、都知道。」

老人家爲了阻止民問話，對著走廊另一處吼叫。

「各位原來都在這裡！」

這麼一來，走廊另一端門開著，比走廊的房間更亮的房間裡流出更亮的火花，幾位老兄把頭舉起，也許他們認出了人，走過來了，聽到屋外漸遠的腳步聲和喧嚷。

「死巷子啦！」

「你沒看錯？」

「怎麼會？明明是這巷子！」

「眞怪。」

「眞是哭笑不得……」

他們各自爭吵不已，不覺向裡退了一步。

「不！您該進去。」

戴眼鏡的老人和房間裡出來的一堆人很有風度地把他圍住，從背後被推了一把地帶到一個房間裡。房間被當成會議室了，鋪了地毯，兩旁還擺了沙發，中間有一長桌，繞著桌面放了一份份蛋糕。上席位置是一張安樂椅，他們讓民坐上去，見他坐定才都坐到沙發上，他們都五十多歲，其中剛才抓著民不放的老頭看起來最老，民把屁股挨著椅邊坐，一邊不停地搓著手，另一處，分開坐著的八名老人只低頭看地板而不說話，剛才那老人來到民的身邊，打開厚厚的帳簿給民看，細線條排列，密密地抄著芝麻般大的數字。老人手指著帳簿：

「怎麼弄都行不通，剛才我們也討論過了，重要幹部也都盡了力，首先東洋貿易借貸的 36，594，850 元的那筆錢，如此不只那筆，還有上個月五成化學領走的 73，869，875 元，剛剛向您報告過的，當然還有協同產業劃撥進來的 23，753，464……。」

民感到噁心恐懼而眼前一片昏暗。套著小背心、頭髮灰白的一個人，從沙發上一骨碌站起來。

「社長，現在監事說的協同產業 23，753，464 元性質不一樣。」

監事搖搖手刮他一頓：

「你說的什麼話，我跟你說……」

「我知道，即使如此，依目前的情況來說，我們對協同產業能不能守信不重要。」

「咦？喂，那麼好像我太……」

「監事，我不是說過我很了解您的用意嗎？現階段來說協同產業的 23，753，464 元只有被犧牲的一條路了。」

監事望了望民不再追究了。

「這是社長您要決定的問題。」

民從位置上站起來屈腰向眾人打過招呼說：

「請各位原諒我。」

一時之間發出深深的嘆氣聲。有個老人低頭，有個老人掏出手帕擦眼眶，他們靜靜的，都有老人的修養，卻都是一副副悲痛的神情。有一股沉重情緒壓抑著，他許久以來，只有相同命運的人們彼此分享的情緒，充滿民的胸中，監事抖著說：

「社長，這都怪我們輔佐不力。」

接著好一陣緘默，令人窒息，傳來柱子鐘的聲響，讓他猛然地想起公寓主人老太太房間的柱子鐘。那棟公寓，孤寂的房間，霎時令他十分懷念，監事又說了：

「請您裁決吧！社長有義務裁決，請您試試看所有可行之途，就按照剛才金經理說的，現在來說應該盡人事，使犧牲減到最少的方案來終結，協同產業案件，雖然是我另有想法所說的，也並非針對金經理的話有什麼想法，就像由三方來看會有的判斷……來，請下決心。」

　　老人們呼嚕呼嚕地咳嗽，露出催促的意思。這房間用什麼弄髒的，繁忙之際，民的腦海裡很快地有那種疑問，只是眼力所及之處，不見暖爐，但是房間裡空間熏熏，民感到手掌沁汗，又有呼嚕呼嚕的咳嗽聲，民站起來求情。

　　「各位，我要怎麼辦才好呢？」

　　沒有回應，民接著說：

　　「請讓我回去！」

　　他向門的方向挪動，老人們站起來。

　　「社長。」

　　「請穩定不變。」

　　「請鎮定。」

　　「您不該這樣的。」

　　「您看看這些可憐的老頭子就知道……」

　　「社長……」

　　眾人把民團團圍住，各自一把抓住民的臂腕、前襟、衣服後擺，和他對看的監事，鏡片後的眼睛正在哭，突然，收音機急喘地開始吼叫，收音機又不見了。

　　這裡是政府軍廣播，到底是怎麼一回事呢？趕快恢復秩序，市民們請扔掉武器回到家裡，協助收拾出一個和平的勢態，叛亂指導者即刻出現近衛師團司令部！我們會聽取各位要的，求我們要和各位締結榮譽休戰，各位知道這是什麼的錯誤，見面再談即可知道，現在各位走在最孤寂的路上，我們尊敬各位和各位的朋友，近衛軍司令部決定司令官下列的讓步條件，所有的管制事項；決定取消結婚登錄制度，決定集會結社自由，即令集會議論顛覆國家，只要事先向就近的派出所申請，即可被批准。而所有

車輛可以其馬力所及的最高速度行駛，爲了安全導航走私船隻將使艦隊二十四小時海上勤務，走私船隻入港時，則依其噸位及載運貨物，有定時的禮炮歡迎儀式。解除對身分高人士的所有束縛，所有善良市民擁有對言行無禮市民恣意施暴的自由。大幅擴大選舉及被選舉權，滿十歲以上兒童擁有選舉權，十五歲以上男女可以候選。針對深夜潛入他人住宅搬運物品癖好的市民，市政府將設置導遊單位。政府並將直接向竊取公物財產販賣業者購買，以避免中間商人介入，爲了充實國庫，並將於新年期間籌款。所有的醫師因爲藝術及宗教情緒的緣故，被保障有拒絕治療的權利。爲有夫之婦結交身心方面異性設想而成之俱樂部，並對俱樂部職員保障身分。近衛司令部司令官直接主持之下，訂立以上休戰提議，有更大讓步的休戰，叛軍指導者即刻向近衛司令部報到！我們尊敬你，我們等待你，即刻報到！

　　獨孤民觀察眾人神色；一張張神態自若的面孔，他提起勇氣說：

　　「好像發生革命了呢？」

　　監事疑心自己聽錯的神情，瞪大眼疑惑地望著他。

　　「我是說廣播……」

　　監事這才聽懂他的話。

　　「啊，您指股票報導？怎麼會準確呢？就跟天氣預報一樣啊，徵信所也不能相信，要做事業的話，應該要有信用調查的私人機構，要對這一部門掀起革命的話還早哩！」

　　獨孤民羞愧了，他漸漸領悟到自己有些誤解了。他再次求得諒解。

　　「各位，請不要再折磨我了。」

「社長您怎麼如此說……」

「折磨，就是……」

「您把這件事處理得多麼……」

「請各位都回原位，社長您也……」

他的腦子裡亂成一團；一條條細細的蜘蛛絲，每條絲掛滿
1234567890 數字，它們也不乖乖地在位置上，蠕動移位，他低頭
發出呻吟，老人們的臉上不約而同有著厭煩的神色，四處都聽到
他的呻吟，監事吐了一口痰，咳了咳，又開口說了：

「社長，您說我們折磨您，多讓我傷心啊！我爲了銀行不辭
辛苦地工作到這把年紀，我們都是服侍過過世的令尊，現在用同
樣的精誠服侍少主您，並非要您瞭解功勞，再說我們也不是爲了
功勞什麼的，而只期待爛銀行的繁昌，我這把年紀……」

老人講不下去，脫掉並舉起眼鏡，右手掏出手帕拭淚，又有
一個人從沙發上站起來，他乾瘦的身軀上還戴了一副金框眼鏡。

「監事，你這一番話並不適合在這裡說……你要快解決，大
宅院要倒也要倒得有尊嚴，並且要依據您的想法，並非沒有最後
的路吧？」

剛才，和監事照面的人又跳進來了。

「你說的最後一條路呢？」

金框眼鏡瞪眼望著對方。

「您不懂才問的吧？」

「啊！您怎麼如此說呢？怎會懂了還問的？」

「算了，怎麼還鬧到這裡呢？好了……」

監事要勸阻的樣子，隔在他們之間。

「大家都怎麼搞的？這是爲社長著想的嗎？讓我們不要議論

自己的事好嗎？」

接著在座位人士開始騷動。

「監事，你說什麼自己的事？」

「您說的還真詭異。」

「這麼說還是託付協同產業和東洋化學的那件事了？」

「真是的。」

監事從座位上掃描了四方一番。

「各位既然如此，我只好從這位置上退下來。我嘛，在這種情況下，還有什麼面子或策略可言，只是這些算是有意義的事嗎？好，我退下了。」

他把帳簿摔到書桌上，一屁股坐到沙發上，談話就此打住。民腦中的數字像蛆在蠕動，追隨著比頭髮還粗的線，他一把抓住頭，金框眼鏡描了民一眼，向著監事低頭。

「我錯了。來！」

左右兩邊老人們有如等待著這一句話，向監事眨眨眼，擺擺頭示意。監事抬頭仰望天花板，喘了一口氣，再站起來，收起帳簿，此時，門被打開，穿黃毛衣的年輕女孩進到房間，所有人聽到腳步聲，都觀望那邊，在所有老人都穿了小羊毛衣的房間裡，她像一朵花欣欣向榮。左頰的斑點吸引視線，老人們正在尷尬地比劃著民的臉色，並且比手勢叫女孩子走出房間。年輕女孩乖乖地走出房間，民發呆望著她消失的門檻，好像在那裡見過的面孔，那裡？朦朦朧朧卻想不起來，他覺得餓了，怎麼就暈眩昏倒了。他摸了桌上的蛋糕，很想吃，興起伸手過去的念頭，卻沒伸手，這麼一來，好像真的脫身不了了。

「社長，再向您報告，正如我前次股東會報告的：這是免不了的情勢，年年海外投資的 2，287，693，546 元，幾乎是保守估

計，一個月都不到便如此，誰想到了呢？一部分人士說年輕社長的實力如何如何，多話的這些世間人，而在場的我們卻比任何人更清楚。也因此請相信我們，我們現在的提案是在現有條件下最好的提案了。在此有問題的就是……」

民豎耳傾聽外面的動靜，聽不到什麼，追著他的一票人應該走遠了，坐在這裡，他覺得在外面安靜爲止，離開很危險，此刻安靜了，他站起來，踹倒門，跑出走廊，從玄關回頭看時，老人們正向著走廊蜂擁而來。他推了推玄關門，門打不開。

「社長！」

「怎麼了？」

「您千萬……」

老人們擁向玄關，全身熱血衝向腦門。他肩膀用力地頂住門。響了一聲門打開了，民滾到大路上，老人們在玄關現身。他一骨碌站起跑掉了，尾隨他的老人們，讓抱著帳簿的跑前面，跟著跑過來，民則跑向死巷子的相反方向，感受到掠過耳際的風，這個都不重要了，他比老人們跑得快，不久便把他們拋得好遠了。他一屁股坐下來，那條路位於後巷，卻很寬，向馬路開的窗，燈光很亮，從某家傳來叮噹的鋼琴聲，冬天夜裡冷空氣中，那聲音有如堅硬的冰塊滾動，那時，麥克風又開始吼叫了。

這裡是革命軍廣播，各位應該已經聽過他們的廣播了。你們這些人；抵擋不了壓制和飢餓、要求麵包和自由，他們當成笑話和淫談稗說，他們是惡魔，他們正在玩弄我們，各位市民請拿起武器，所有可能戰鬥的所有市民請武裝出列街上，壓制者們正在發飆，各位請借給我力量，他們也就要被摧毀了，讓我們創造各位的未來，各位如果不要受到人們的蔑視，請使用這根繩子，不

要繫住過去；我們的過去是鴉片和麻醉劑的溫床，壓制者奪走我們的戀人，反而擁抱腐敗的屍體，我們的寢室瀰漫著腐爛肢體的腥味，我們的血像軀體一樣冷黑，請把鎖鏈切斷。打退狡猾的休戰提議，他們用笑謔和淫談稗說回應，為了麵包和自由而崛起的人們，各位應該聽了他們的廣播，笑謔即惡魔，他們正在玩弄我們。

他們只期盼時間，只願意準備反動和虐殺。請呈現我們燦爛的過往，呈現我們的黃金時代，鎖鏈縛手腕之前，請呈現傲人的太陽季節，呈現曾經刺破六月藍天的戰勝碑，請呈現比一萬名李舜臣（註4）更強大凱旋的軍隊，請曾經讓女人們瘋狂喜愛的藝術家們現身，請讓這些裝載商品出海的船隊現身，各位忘記了。抓住各位內心忘情海深處不滅的船隻抓爬上去，收拾污穢的垃圾堆，浮現出紀念碑，喚醒沉睡在各位的臂彎、血脈之中的軍團，牽出各位心中生鏽的樂琴座。各位請借給我力量，請加入恢復各位過往的腳步，壓制者正在繼續必死的發飆，都市的下水道流著血；這些惡人的血和自由戰士乾淨的血混在一起，請阻止髒血和清血回流，請阻止各位父母兄弟流血，事態緊急，請荷槍，能戰鬥的所有市民請武裝出列街上，不要相信敵人的話，不會有砲擊，請接受白腕軍玫瑰花紋革命軍官兵的指揮！

民仰望天空，仍有無數的探照燈光飛竄都市天空，據說沒有砲擊革命，誰掀起的革命呢？不管麥克風吼叫，沒有人出到街上，不見人跡，怪怪的，也聽不見槍聲。

「這個方向，我說的是這條巷子。」

獨孤民望了望聲音的方向，捧著帳簿的一位老人走在前，他們進了巷子。他們開始跑，過了拐角，他便站直不動，又有一票

人不正向這裡跑來嗎？他往旁邊跑掉，那些是他在茶房見過的一票人，他挑著小巷子跑，那時，看到前方一票人跑在月光下朦朦朧朧的影子，間隔好一會，他重回來時路，跑不了幾步，又見到那一票人跑來。他們用走的了，他們的確是一票老人。民向路邊跑著，沒有巷子，他像一頭被追逐的禽獸，嘴裡發出「唔唔」的聲音觀察周圍，人們從兩邊挪近，他把背緊緊貼住某一人家的磚牆，偏偏他靠背的牆中是一個小小的出入門，他突然向外跌倒了，驚嚇後站立起身時，他的臉上被照射了強烈光線，驚惶失措的民，被幾個小心翼翼結實的人圍住拖走。到了一處大廳，他直覺是到了劇院，不對，只是和雜亂的劇院後台相仿，那幾個人把他放到舞台中央，然後大笑一場，她們穿了黑色緊身衣和舞鞋，她們全部手叉著腰圍住他再次哄笑，笑聲卻像歌聲那麼好聽，笑過之後，又做一次地喋喋不休。

「老師，您再逃也沒用。」

「我們操練過了。」

「可是美羅姐姐在那裡呢？」

大家被搞笑了第三次，民則不知所措地笑了。

「不可以作弄老師！」

「老師請幫我們看看，我們要排練一次。」

「可是美羅姊姊沒來，怎麼辦？」

「啊，她來了哩！」

他善意地回應那些人從門檻投射過來的視線。

其中有一漂亮的芭蕾舞者過來，她左頰有一痣惹人注目，民好像什麼時候見過她，當然民不會有跳芭蕾的朋友，他侷促不安卻表情愉快，有一點暈眩，卻說不出的甜蜜，美羅對民說：

「好，我就這麼辦了，芭蕾舞者幫自己喂，妳過來！還有，

妳……」

美羅從圍觀的舞者中叫出兩人，再面對民，民欣然地笑著，他笑著好像針對自己熟稔的事情，亂扯一番，覺得開心，而美羅笑著說：

「我正在想要不要和她一起跳……」

民又欣然地笑了。

「您答應我的推薦了吧？事實上，我已經猜想您會答應，有心理準備，預先練好了某些部分，那麼我要表演給您看看，好嗎？」

民走近靠牆的長椅子，可能是持續跳動的緣故，他滿身大汗，寬闊的練習場地，民坐的椅子旁邊燒著暖爐，他抖了抖，並非冷而發抖，有一點發燒，室內此刻熱得悶。她們在美羅指揮下排練。她在唱機觀望學妹們，用手指揮，間而停頓、修改。她猛一轉身向民搭訕。

「老師，我總覺得這裡很怪。」

「咦？」

「不會啦。」

她關掉唱機，轉一個身。

「您忘了上次您說過的嗎？」

「啊！不會。」

「那麼，您怎麼了？我認為按照您說的去做必定會成功，可是老師您……」

現在逃吧！現在起身踹開那扇門，那麼他們便會追隨過來。可是還要逃。他觀望約 20 名默默聽著兩人故事的女孩子。她們都是一個姿勢地站著：左腿筆直支撐身體，右腿跨著左腿。一隻腕臂支撐下巴，另一隻手托著那手肘，年輕的製造者們黑色舞衣裹

著身子，明亮燈光下的站姿，讓他打寒噤，該逃了！他想知道踹開那扇門跑到大街上的話……後來他動不了了，她們的視線把民綁在椅子上，他連動一指頭都很吃力，啊！如果不原諒我、如果放開我……可是美羅看著他不說話，妳們打算把我怎麼樣？他接收這些遊蕩的視線，抬頭看著美羅。她在亮光下美得嚇人，黑舞衣中的身材使他莫名地衝動。他沒想到女人的身材會如此美妙。他突然想起淑大腿上的傷痕，想念她到心痛，如今她人在那裡呢？

「老師，這個場面是劇的第一幕，醞釀下一個場面也很重要吧？所以我要把它這樣改一改，喂！妳們過來。」

她向大家作手勢，排排站的舞者們跟著圍了兩個半圓。

「這麼修改好嗎？舞台很寬，可以盡量利用，真好，還有總覺得看起來很沉重，太輕浮的話會走樣，來，從這裡開始練練！」

她再度扭開唱機，音樂傳出來，民當然也不懂是那一首曲子，緊緊壓抑他的心弦，引發他莫名的悲情，他還是很幸福，又悲又幸福，他從未聽聞過，而事實上，民此刻聽的音樂，緊緊壓制他，同時也沉浸在比薄荷更涼爽的幸福中，他搓著手掌，觀望20隻美人魚。

這是美麗又靜謐的一幅畫。

她們如果不持續地跳下去，還有如果不向我搭訕說話，還有就此坐著取暖的話，他想他不會逃亡的，民現在不冷了，汗也不流了，溫暖又幸福，她們忘我地排練。

美羅不理睬他。他很幸福，她們如果不找他說話的話，他會很想和她們交朋友，她們很像敏捷的禽獸，他想到了淑，淑會如此這般地跳舞嗎？她們如果當他的朋友多好呢？她們如果都是他

的妹妹的話，他高興得雙頰發燙，手掌撫摸暖爐旁發熱的膝頭，不停地點頭。

女孩子們用心地跳著。

她們在美妙音樂下擺動的舞姿使他著迷。她們在寬闊的大廳裡姿勢劃一，敏捷又溫柔地擺動，獨孤民觀望著，覺得幸福。音樂叭一聲地止住，他猛然地看了美羅，她走近民面前，民嚇一跳沒站起來，不動地等著她。她怎麼會來這裡呢？她會說什麼呢？她抖了一抖。

美羅站在她面前，她的肚子在他面前，她雙手抓著，她的手指很白很圓潤。

「怎麼樣？」

「還好，沒事。」

「咦？」

她直愣愣地望著他。民說不出為什麼覺得不安，很煩，她的問題不能回應正確答案，讓他羞愧，她笑了。

「老師，您想那件事嗎？」

「咦？」

「您想那件事嗎？」

民紛亂之中費了一番腦筋追憶，突然想到了信。美羅不是提到那封信嗎？好像是。原來是那件事，如果是那件事，我們可以談，他說。

「我不懂，總覺得怪怪的。」

「什麼怪怪的？」

「我是說那封信。」

「信？」

「我是說那天晚上我收到的那封信。」

「那天晚上？」

「噢！」

啊！原來不是那回事，民沒面子。搞清楚了是不知道自己是誰？而她什麼都不懂，知道我是誰嗎？我是我，我是獨孤民，淑的男朋友。有一個舞者跑來站在美羅身邊，她看起來比美羅矮也更年輕，美羅一副拿她沒辦法的神情望著她，這個小鬼乖乖地對美羅說：

「姊姊，現在沒有什麼需要向老師打聽的吧？」

「怎麼說？」

「我們大家都這麼想的。」

「姊姊怎麼搞的，就是我們嘛！」

「她再三地說我們，誰知道呢？老師您說對不對？老師知道嗎？」

「嗯……」

「妳看，連老師都不知道吧？」

「但是姊姊，這是什麼大問題嗎？」

「妳說的不錯，事情也不是這樣子。」

「我知道啦，心情問題。」

「是嗎？」

「當然囉！」

「妳真的記著這件事嗎？」

「當然了，我沒有忘。」

「或許該忘記的事還真多。」

「應該那樣地生活才對。」

原先觀望著兩人的那些舞者，已經挪近圍住暖爐，民不知為何心裡很悶，而女孩子們輪番看著美羅與小鬼。美羅舉臂作勢叫

大家坐好，自己也蹲坐下來，小鬼說話了。

「姊姊，妳喜歡冬天嗎？」

「我？嗯……我喜歡冬天。」

「最喜歡？」

「真好哇，我也是。」

「我喜歡冬天，可以這樣圍住暖爐聊天，你們看見窗外風在吹嗎？」

美羅瞇著眼好像在留心聽著風聲，民也傾耳靜聽，風勢滿強的樣子，冷冽尖銳像野獸的哭聲；民想著那些人會不會正在一路辛苦地尋找自己，就是那些抱著帳簿老人，手上拿著紙的詩人。他們仍在狂風掃蕩的街上追逐著自己嗎？想著不免恐懼焦急起來。

「姊姊，妳認為怎麼過才是最美的人生呢？」

「哼，如果我知道大概已經過完了人生。」

「但是有什麼方法不去想這個問題呢？」

「一定要去想嗎？」

「不去想它就活不下去嗎？」

「想過這個問題就過得更好嗎？」

「為什麼呢？只要想過就有不同的！」

「我不懂！」

「事實上我也不懂。」

「老師！」

民注意地看自己的膝蓋。

「姊姊，老師和我們不一樣。」

「當然了！」

「怎麼樣才活得更美好呢？」

「談一場戀愛怎麼樣？」

「戀愛？要怎麼開始呢？」

「妳怎麼搞的，自己該知道怎麼做！」

「妳講的話眞的沒責任感，如果戀愛受傷了怎麼辦？知道了才好著手啊！」

這個女的跳起來，不知看到什麼，媽呀！叫了一聲退後站著，大家都轉頭看他；民看到的是個老舞者，看起來年過花甲，黑衣服映出她身上的瘦骨，緊貼著臂腿部分包裹得像一層皺巴巴的皮。

她面向美羅不高興地說道：

「我出去一下子就搞成這樣子，妳們以爲圍著暖爐聊下去，這樣子吃的用的就自然進來了嗎？哼，好像有錢人家的大小姐，妳們這些不像樣的東西，還不快給我站起來！」

這些舞者一動也不動站好，像老鼠見到了貓，被趕回原來的位置，美羅打開唱機開始演練，她看起來神情落寞。左頰的黑痣顯得楚楚可憐，老舞者在民的身邊坐下抓起他的手，像明太魚乾硬梆梆粗糙的皮膚讓他起雞皮疙瘩。

「老公，你要小心，這些都是可怕的女人。你那裡不舒服呢？」

噁心撒嬌的聲音，並且聲音像生鏽的鐵皮沙啞了。民挪動著想要擺脫被抓住的手，她抓住民的手放在自己膝上，一邊撫摸一邊站著。

「臉色不好，你一定是那裡不舒服。」

她又把民被撫摸的手貼著自己的面頰，顴骨，她把面頰摩擦著民的手，一邊抬頭瞧著民，她的眼神淫蕩像野獸，眼珠像炭在燃燒，民嚇得面色發青。

「哎喲，老公在發抖，請坐過來！」

她一屁股黏住他身邊坐下，緊緊地把他抓著抱緊。

「我來溶化你，用身體。」

她用堅硬如鉗子的雙臂圍抱住民，瘦巴巴的胸部緊貼著民的胸部。她的胸部真是一塊平板，只是板子上掛了有消掉氣的氣球，抖得民喘不過氣來；她用生鏽鐵皮被風掃刮的聲音說悄悄話。

「我愛你，你是我最珍貴的……」

過了好一會她才把他放開，自己蹲坐在剛才美羅坐過的位置，而民則退後坐定。

「老公你不要相信那些女的，我們現在成功了，把這些女的好好使喚，妳和我可以好好過晚年，那才是人生的開始。我們的人生，真是的，我們等待了多久呢？不能就這樣還沒好好過就死了，曾放棄過並不是說我對你信心不足，也不是對你愛得不夠，而是人生令人畏懼，人生攀繞著多可怕的傳說！很多人說人生既悲涼又令人畏懼，偉大的愛情遭受背叛，偉大的藝術變成笑話。還有人說人生是空虛的，並非因為我不相信你對我的愛情，也不是我的愛情太過脆弱，我所聽說的傳說太黑暗的緣故啦，還有我們贏了，我們已經把幸福的階梯一層層地堆積起來了吧！現在我們面前無人可搶奪的幸福之庭院正在等待我們，你的愛情勝利了。」

她把臉埋在民的膝上哭了。她的眼淚濺濕了膝頭，冷酷地像屍身上流出的水，冷冷的，音樂高昂，舞者舞動著，音樂升高調子，她們也隨之躍起，陶醉在其中，美羅也從唱機旁加入了舞者之中，她們的眼神發亮，沒有人在指揮，擺動著像被看不見的鐵鍊鎖住的禽獸衝出了空間，老舞者也站著觀看，她把手插進民的

臂彎說道：

「老公，現在我覺得她們好可愛，你看看這些可愛的搖錢樹，妳們也覺得很快樂的吧？她們的神情是活在純粹藝術吧？上帝的攝理不是很妙嗎？上帝也在幫著我們的愛情噢，如果強迫她們做……

這一段話，民一句也聽不懂，只是她說著話卻讓人聽出磨牙的聲音，發出的聲音讓他起雞皮疙瘩要溜掉，要趕快擺脫這裡，擺脫這可怕的老女人，她放下他的手臂走向唱機把音樂停掉，舞者擺出倒癱的姿勢，轉身向老舞者，老舞者向前走去。

「妳們該懂得分寸，妳們不是公主，不是富家大小姐，妳們是表演女郎，賣身維生的女人，今天排練搞砸的話，明天就吃不到飯了，妳們自己應該知道，還有美羅。」

美羅走一步出列，用很畏縮的聲音小聲地回答。

「是！」

「妳的責任是什麼？」

「媽媽不在的時候，代替媽媽照顧。」

「還有剛才妳怎麼了？」

「……」

「為什麼不回答！」

「我錯了。」

這時，那個小鬼出列了。

「我們是小藝術家啊！」

「妳說什麼，妳這個放肆的女生……」

美羅嚇得直哆嗦，纏著老舞者。

「媽媽，是我錯了，她什麼都不懂。」

「妳快聽的話，嗯？知道吧？」

小鬼把頭低下，退回自己的位置。

「媽媽我以後再罰她，我明早要她挨餓，可以了嗎？還有，明天是公演的日子，現在不可以呆呆地站著吧？」

美羅的最後一句話，感動了老舞者，她狠狠地瞪了小鬼：

「明天早上不給妳飯吃，今天就饒了妳，真像妖女！」

再對著美羅：

「我是看了妳的面子就罰到此了，知道吧？」

「謝謝媽媽。」

她說著話轉頭過來，正好和民的眼光相遇。民的心湖掀起無名的漣漪，激起之後平靜下來，美羅趕快把頭轉開，好像要再排練，在美羅和老舞者交談之中，舞者們商量著事情，小鬼在美羅和舞者轉身時，一步走到眾人面前佇立著，抬起下巴和舞者摃上了。

「妳這個女生怎麼搞的？妳一定要挨一頓才會清醒是嗎？」

「妳閉嘴，挨一頓？我們不是妳的奴隸，我們再也受不了了，我們能夠忍耐到現在，是爲了老師和姊姊著想的……」

「喂，別這樣……。」

「姊姊，妳不要管，這裡沒妳的事。妳是個只會庇護我們這些奴隸的人，因爲姊姊妳的心太善良。但是現在不一樣了，我們已經決定不再忍受那老狐狸的折磨。」

「什麼，那丫頭……。」

「所以我們決定要問老師，老師是不是認爲我們是一群低賤的丫頭？我們要先聽聽老師說什麼才行動。老師，請回答我們，回答問題是老師的義務啊。爲什麼不說話？老師，我們……愛您。我們該怎麼做才好呢？老師，您爲什麼總是保持沉默呢？」

她們跟在小孩與美羅身後，靜靜的走向獨孤民。美羅也變

了。美羅的那雙眼，小孩的那雙眼，守在她們身後的那數十隻眼。她們靜靜的走到他的面前。

無數的探照燈發出的光芒焦躁地徘徊在都市的天空。

這裡是革命軍電台。你們為什麼只是默默地看著呢？你們為什麼束手旁觀？敵人出來反擊了，壓迫者開始反擊了。他們要扼殺自由，共和國要被絞殺。革命已經陷入了危機。各位市民同胞，快將力量借給我們，革命已危在旦夕。你們打算將義務一腳踢開嗎？你們沒有聽到那未來的孩子跺腳的聲音嗎？你們難道要拋棄你們的未來？你們寧願選擇奴隸而不要自由了嗎？現在還來得及，請拿起武器走到街上來。請在傲慢者的頸部套上死亡的項鍊！在無恥者的肥油肚上安上炸藥！在無情者的心臟佩帶死亡的勳章！在知而不行者的腦袋瓜上給他一記砲彈！革命軍正在各地拼死奮戰，請奔向最近的戰場去守護自由。情況非常緊急。壓迫、腐敗與屠殺正向我們求愛，請拒絕這份愛。壓迫、腐敗與屠殺還在對我們示愛，他們手上拿著始於強姦的結婚證書。請拒絕這不合法證書的權威。快啊，快！你們還在幹什麼？你們想要殺害我們嗎？戀人啊！請表明你的心跡。現在是證明你在那燦爛的星光下曾經許下的愛的諾言的時候了。要背叛嗎？佯裝不知嗎？噢！不可以這樣。你是我永遠的愛，不能棄我於不顧。快來吧！請把這胳臂縛緊，請把防禦工事構築好。為了勝利之後比太陽更熾熱的我們的擁抱。（擴音器傳出槍聲，播報員的話聲斷了。又是一陣槍聲。）啊啊！這是最後關頭，壓迫者已將這裡包圍。兄弟們啊、姊妹們啊，還有我的愛啊，我原諒你們的背叛。把我們每個人嵌緊在胸中的那顆寶石拔出，做成一個小小的斧頭，丟進

橫在你們和我們之間的那道鴻溝。趴下瞧瞧那裂開的內部，那是進入我內心的入口。即使懷有愛也未曾探到底的深處，那裡看得到你猶豫的臉龐，看得到你蒼白的胸膛。向著那胸膛我丟出斧頭，把我的愛丟向你。粉碎妳的胸膛，爲了揭開你在那閃爍的星光下許下的誓言。我定睛看，像不死鳥飛昇的你的良心，你的愛。定睛看著在良心與愛之間重生，在那深淵的遙遠的街道勝利，向著那高高的自由飛昇的你的未來。請收下這隻斧頭（槍聲，又是槍聲。緊接著是機關槍掃射聲）。再見！戀人啊！雖然如此，我依然愛你。自由萬歲！共和國萬歲！

　　廣播突然中斷了。在空中亂舞的探照燈一一消失。

　　人們徘徊街頭，風一如往常吹拂。夜空異常潔淨，星星都出來了。胸前抱著帳簿的監事走在前頭，老人們快步走著。雖然事實上他們是用跑的，那不過是他們自己的想法，怎麼看都像是在用走的。走著走著，監事還不時的翻開帳簿看。或在街燈下，或在路邊燈火通明的窗前。這時其他的老人也都停下腳步，圍著他嘰哩咕嚕的討論著什麼。

　　「社長說的也不無道理。即使是這樣，以十月底現在來看，說什麼完全沒道理，結果不就是那樣……啊呵，眞是的。」

　　「嘻嘻……咯咳。也就是說……咯咳。我是說我們，也就是那個協同產業……咯咳……」

　　「各位，事情不是這樣的。我們打這條路一直走下去，也許碰得到社長也不一定。依我看來還是多留意看看比較好。」

　　「嗯！有道理。我這兒子啊，不是我要誇他，他眞是不簡單，經常會說出些我心裡想說的話。就拿以前來說吧，小孩子說的話那能當一回事啊，現在可不同了，小孩子總會說出些讓人害

怕的話，你說你活了五十歲又算什麼，以前還能唬人，現在的小
孩啊，眞是非常速成的領悟出人生的道理呢。說實在的，雖說是
愈老愈糊塗……，但是那傢伙說的話，說今天我們爲了活下去就
應該去愛別人，我們竟然不知這層道理而一味的固執不通，眞是
有些不中用了，這是我的想法。」

　　「你說的是沒錯。但是經濟這東西，究竟在結束分食敵產之
後還能有什麼開花的日子呢。最近花店一下子增加了好多，賣的
花呢，卻又都是那個樣子。這不久之前啊……」

　　監事和這些人每個人都戴著帽子，穿著外套。不知爲什麼手
上都沒戴手套。他們在路燈下討論著，這時一群人瘋狂地從旁邊
的巷子跑出來。他們跟老人們完全是兩樣，穿著外套的沒幾個，
奇怪的是全都是年輕人。雖然也有年紀稍大的人，卻也跟年輕人
一樣凶悍。他們一面用手撐著篙，一面高喊著。當他們一看到老
人們就你一言我一語的高聲叫喊。

　　「老先生們，沒看到我們老師嗎？」

　　「我說的是老師。」

　　「潛水艇沉下去的時候金魚們將會誕生。」

　　他們這麼胡亂的叫嚷，讓人摸不著頭緒，老人們全都只是大
張著嘴。他們好似在老人們身上尋不到什麼神奇的消息，又循著
來時的路跑去。

　　「問那些老傢伙眞是悲劇啊！」

　　「活了那麼一大把年紀。噢！這不是世間的恥辱是什麼
啊？」

　　「這傢伙，你爺爺也在裡頭。」

　　「爺爺？閉嘴！你說我爺爺在那裡？我的爺爺在天上，我不
是屬於地上的人。」

「沒錯，我們沒有爺爺。」

「不能退讓、處決叛徒。」

他們突然停下腳步。

「叛徒？」

「是誰？」

撲嚕撲嚕地開始滾熱了。

「不是，沒有叛徒。」

「那麼窮叫什麼？」

「誰是叛徒？」

「別問了。」

「對，問是很冒昧的。」

這個問題不該問的

「發問就不對了。」

「諸君，鎮靜。」

「何必這樣，不是該去找老師嗎？」

「想想我們的使命。」

「對。」

這時，在對面，脫得精光的女子們跑了過來，她們停了下來。原來沒有脫得精光，而是僅穿著舞衣的模樣在夜色下看起來像極了脫光衣服。那群女子前頭有個老舞者，她先開口說話了。

「喂，有沒有看到我老公？」

這邊沒有人答話，女子們開始聒噪，美羅跟小孩就站在老舞者身後。

「他們好像不知道耶。」

「什麼，真是莫名其妙！」

「妳看看站在最前排的那個傢伙，長的一副倒楣樣。」

「那個？」

「那邊最前面的啊！」

「妳眼睛有毛病啊？我沒看到。」

「妳啊。」

「找老師不是更重要嗎？」

「怎麼？」

「這個嘛，爲什麼呢？」

「事實上我知道。」

「是的，妳眞不賴。」

這時男子這邊對著舞者們高喊。

「妳們是幹什麼的？」

舞者們像是合唱般的高喊。

「我們是藝術家。」

男子們像受到衝擊似的向後倒退，接著，爆發出一陣強而有力的笑聲。舞者們靜靜地站在原地望著他們。詩人們抑不住笑聲。「救命啊！」間或有這樣的話語夾雜在笑聲中。女子們仍然站在那兒看著發笑的人。男子中有幾個人一邊抽著煙，一邊談論著。

「哎！冷！」

有人發了這麼一聲，女子們跟著叨絮地發出冷啊冷啊同樣的聲音，並一齊跑了起來。跑動就不會冷，繼續跑就應該會遇到，美羅這麼想。風很強，女子們還是跑著，繼續跑就會得到救援，老舞者這麼想。我們的愛是不可思議的，恐怕誰都無法解開與他相處的時間的眞意，只有我，還有他。女子們走到了廣場，廣場中間有個噴泉，水凍成了冰而噴不出水，春夏時節原是花圃的地方，滿是髒亂的垃圾。女子們圍著噴泉站成一圈，噴泉就像移掉

銅像的基座一樣，女子們無言的望著那石柱，每個人心中都有些許感觸，但是沒有人開口說出來。風聲像樂器的回音，也許是電線桿發出的聲音，也許是掠過鐵皮屋頂的聲音，也許是柴堆晃動的聲音，也許是穿過門縫的聲音，也許是脫在石階上的膠鞋移動的聲音，也許是插在報社屋頂上的旗子飄動的聲音。人們跑向風中，跑啊，跑就會得到救援。

　　獨孤民跟著獄卒進入牢房區。牢門是用厚重的鐵板做的，上面有監視用的孔。步道窄小而燈光明亮，完全沒有一般監獄瀰漫的那種陰深而沉重的氣氛。有些壁上掛有氣象圖，以深藍色的屈曲的線條畫上的圖表形式的圖，掛在那裡顯然並不搭調。此外，還有在那被挖得凹陷下去的凹面上，斷了脖子的獬豸（註5）把前腳聚在一塊兒安坐著。這盤據著陌生而奇異的氣氛，壓迫著獨孤民。他對這所有的一切，雖然想問問獄卒，但他開不了口。因為如果他開口問，獄卒也許會猛地張大嘴，懸著小舌仰天大笑。若非如此，也許就會大發脾氣，也不曉得會受到什麼迫害，所以他改變了心意，什麼話都不說是為上策。

　　獄卒在某個牢房前停下腳步，他打開監看窗，並向獨孤民使個眼色。獨孤民從窗孔往裡望，空蕩蕩的連一丁點家當都沒有的房內，有個年老的男人站在那兒。他光著身，未著一物的身軀並沒有那麼蒼老，懸垂在兩腿間的命根子看起來也還有生氣。他把兩隻拳頭擺在胸前，向上提著下巴，怒視著虛空。他臉上的表情沉穩，有種懷念高尚事物的那種人的穩重。獨孤民問道：

　　「他犯了什麼罪被抓到這兒？」

　　「閣下也知道，這監獄裡身分高的人相當多，他也是其中一位。他本來是有名的詩人，他的罪名是〈意圖透視之罪〉」。您

瞧他那目光，是不是就像穿透牆壁凝視著遙遠的遠方的樣子。我還眞有些說不出口呢？他在宴會場合用那種目光透視盛裝的大家閨秀，並細細的品味那些閨女們的肉體的秘密。就是因爲他有次透視到某位公爵夫人的左大腿上有個傷口，還把這件事說出來，所以那位公爵就把夫人逐出家門，並以通姦罪告他。那時雖然是以罪證不足而被釋放，但是，不說那些已婚女子，未婚的處女們可就更是緊張的要命呢。雖說有過性經驗的女子會對自己的身體逐漸擺脫羞澀之心，處女們可就不同了。當然，近來世風日下，不管是不是見過市面的，如果你問說那裡有處女，回答還不都是一樣。就算如此，未婚女性對性的感覺不還是存在保守的一面嗎？反正只要是站在他的面前，那管那女的是公爵夫人還是天使，全都變成了裸體，對他恨得牙癢癢的人眞不知道有多少呢。難道不是嗎？您說嘛，一起生活了數十年都還搞不太清楚的自己老婆肉體上的秘密，別人竟然知道的一清二楚。不過說實在的，這對他本人來說還眞是更大的悲劇呢。剛開始也許還自得其樂，到頭來他自己反而痛苦。雖然什麼奇奇怪怪的治療都試過了，但是那已經賦予他的神通卻是怎麼也擺脫不掉啊。您聽我說，不過希望您不要誤會，不要以爲他只單單能夠透視女性的裸體，萬物他都能透視。舉例來說，它可以透視存在。這個人啊，不僅看到了女王飯囊裡的蒸糕，還透視到金剛山毗盧峰下埋藏的鑽石礦呢。不只是這樣，一般人被所謂的時間之壁阻隔而看不到的〈過去〉，他也能透視到。他提出善德女王（註６）的肚臍下有個黑點的論點，曾經引起社會大眾的議論，這是大家都知道的。我對於他所背負的命運相當同情，但是以我這麼個小小的獄吏，又能怎麼樣呢。有一陣子有權勢的人還蠻喜歡他而加以重用，到後來卻因爲害怕而把他送進監獄。不管怎麼說，他今天會落得身敗名

裂，就是因爲他擁有異於常人的能力。您想跟他說句話嗎？」

獨孤民一時想不出要問什麼。獄吏說：

「那麼我代替您問吧。喂！」

獄吏對著牢房叫。沉重的回答聲傳來：

「有什麼事？」

「你如果能夠去除那種透視力，你願意那麼做嗎？」

沒有回答。過了好一會：

「我不能肯定的告訴你。」

獄卒回頭笑對著獨孤民。

「您知道爲什麼關他了吧？」

獄卒關上監看窗，提起腳步，獨孤民跟在後頭。獄卒打開下一個牢房的窗，並把位子讓出來。獨孤民往裡頭看，那裡有個男人正坐在桌上製圖。

「是技師嗎？」

「什麼？哈哈！說的好。說他是技師也沒錯，不過是與眾不同的技師。他的罪名是〈欲下結論之罪〉。現在他在進行的作業不是製圖，而是在解記號神學的問題。他的願望是結合神學、哲學、邏輯學，再加上數學，用全新的方法將存在的構造加以公式化。他認爲沒有結論的人生就是地獄。仲夏夜傾盆而下的驟雨、閃電、幽谷裡堆滿的松球、秋原裡戀人們燃起的火堆、楡樹枝上鳴叫的蟬、輾到地雷的戰車、失戀的哲學家、生產部門懸掛的統計表、挖開的墳墓、新羅聖骨（註7）的骨頭成了種植慶州豆的片葉肥料、蟒蛇般的鐵道像兩條向前伸、觀音禪寺窗櫺上以紋衣寫就的卍與被用做留有小鬍子的小流氓的象徵的卍、畢卡索的畫與幼稚園兒童的蠟筆畫之間的差異、塞尙確切的無節制與無法如此的玩笑、失去神時孩子們找上玩具取而代之的問題。笛卡爾通

常是把他的睪丸放在褲管的那一邊，是左邊還是右邊的問題。貨幣無法辨識女王與妓女的事實。即使眞心相愛，女人依然逃開的詩人的情況，或相反的情況。被玫瑰花刺傷的蜥蜴的傷口、運河裡掉落的起重機、桃子與香菇的關係、蒸糕的鍋子底下燃燒的松葉與整個夏季曾經燦爛的太陽的婚姻。雖然說也說不完，反正他就是要將世上的種種全都攬在一起，然後導出一條公式或一句命題。您應該也知道，那豈是一件容易的事？照他所說的，他家境不錯，有情深意重的朋友，還有將全心奉獻給他的妻子。他沉溺在這些事情之後，就變得一點都不關心他們了。您想想看，人一生中要有個交心的朋友，那裡是那麼容易的事。還有，即使愛慕別的男人也強加壓抑自我約束，終其一生只侍奉一個男人的這種無愧於天地神明的妻子，是每個人都能擁有的幸福嗎？這些他全都擁有過。雖然如此，他並不滿足，竟然浸淫在單單一句的命題上。對他來說，只有結論是最重要的。他不管是黑夜或是白天、走在街上或待在房裡、在地上或天上，想到的只有結論。所以囉，他當然不知道夜空有多美麗，也不知道太陽的熱情與海洋的無限的魅力、山的崇高、柴火暖暖燒出的炕的情緒，所有的這些他都不知道。咯咳咯咳，對不起，我患了咳嗽。痰沒噴到您吧？他相信那些不過是手段或是現象。他相信他所謂的根本原理不過是顯現於外在的現象。當然，安上這種罪名的話，連史賓諾沙、笛卡爾也可以抓來關，但是根據考證史賓諾沙曾是傑出的透鏡工，笛卡爾曾是踏實的家庭教師。而這個傢伙卻是個好吃懶做的混混，一二個月不曾離開過書桌。我見過他的太太，是個擁有連楊貴妃看了都會自慚形穢的臉蛋，加上有如天使般溫順性情的女子。說句難聽的話，那女子如果許配給我，嘻嘻……失禮了，閣下。我相信您一定能夠充分理解我會這樣子口出惡言的心情。我

在獄中生活了三十六年，什麼樣的狗東西都管啊。您想問什麼嗎？」

獄吏東拉西扯扯了一堆，然後對牢房內的人大叫。

「喂！」

「……」

「喂！」

「幹什麼？」

「眞難纏，有夠跩的。這不打緊，我問你句話……」

「……」

「如果以你老婆跟別的男人睡覺作爲解開你現在正在解的問題的代價，你願意嗎？舉例來說，即使是跟我也可以，嘻嘻嘻。」

「……」

「嗯？」

「看樣子，是不好意思說吧……」

獄吏看著獨孤民笑笑。

「您知道爲什麼關這個人了吧？」

獄卒關上窗，走向下一個牢房。

「您請看。」

那間房裡，有個面貌清秀的年輕人坐在床上邊哭邊看著手上的一張相片。房間的用具和擺飾耀眼而華麗。這個年輕人也是裸著身的。和剛才見到的老年人不同的是，年輕人的身軀光滑而讓人喜愛。橫在床沿的性器大小適中，呈桃紅色，一點也不讓人覺得有什麼奇怪。

「他的罪名是〈不能忘情之罪〉。這樣說也許您一時還搞不清楚，他是因爲忘不了初戀情人的罪名而被抓來這裡的。初戀不

都是如此，這個年輕人也喝下了那杯苦酒。一般稍微開朗的年輕人，不是說世界上難道只有妳這個女人，女人就像天上的星星一樣多得很呢，然後理直氣壯的去把新的馬子，就是以此做爲一個契機，往好的方面重新振作一番。但是我們這位朋友卻不是這樣，他總是想著爲什麼她會離我而去呢，我是那裡做錯了呢，我是那麼眞心的對她……、他就像這樣呆在那裡不斷地苦惱。他拿在手上看的照片就是那個女人的照片，臉蛋看起來還算不錯，但是那幅勾魂的笑眼，薄薄的嘴唇，我看八成是個混過市面的女人。這類女人跟他這種純眞的男人根本就不配。那個女人的命啊，合該嫁給拳頭大的傢伙，一天照三餐給她幾頓毒打，讓她經常帶著黑青的眼眶生活。也不知道是怎麼回事，他本人就是死也不開口，眞搞不清楚當初他們倆個到底是怎麼認識的。不管怎麼說，毫無疑問的，就差沒去舔人家腳底板，他簡直是陷得完全不能自拔。對方漸漸盛氣凌人，還用說嗎，就這麼一把將他甩了。這麼一來，難道不會令他喊死哭活的？他家是個頗有名望的家門，想把女兒嫁給他的，說起來還眞是到了大排長龍的地步呢。想要給他介紹那些學歷不錯又長得漂亮、活潑可人的女孩，門都沒有。就是不要，都不行，因爲無法跟那照片裡的女人相比。他關起門，晝夜不休的呻吟。不管是誰家的老子碰到這種沒腦的傢伙，一定會大罵我沒你這種兒子，馬上給我滾的遠遠的；做母親的則會看眼色送飯端藥的。這初戀的問題啊，是指導年輕人的項目中最困難的一項。不管你怎麼勸他說那照片裡的女人比其他女人好的一點是，除了背叛了他的這個事實，沒有其他的，都沒有用。請您看看那照片。」

　　獄吏對著青年叫道：

　　「喂，朋友！讓我們看看你的達令！」

　　抓著相片的白皙的手來到窗口，獄吏接下相片交給民。他差
點就驚叫出來，那是淑的照片，左頰上有個黑點。不清楚狀況的
獄吏笑著在相片上發出一聲親吻的聲音，然後將相片插入還掛在
窗口的白皙的手指裡。

　　「你的達令真是漂亮，但是怎麼看卻都像是個會偷人的。嘻
嘻。」

　　獨孤民臉上一陣熱。掛在牆上的電話嘟嘟響了起來，獄吏拿
起話筒：

　　「是的，是所長嗎？是是，在這裡，這個嘛，嘿嘿，是是，
知道了。」

　　獄吏轉身對著獨孤民。

　　「所長要見您。接下來的，所長會親自向您介紹。請跟我
來。」

　　他們在迴廊東繞西轉的來到某個房門前。獄吏起手敲門。

　　「請進！」

　　走進的是一間讓人感覺沉重的辦公室。所長從椅子上起身快
步走過來。獄吏退了出去。

　　「對不住，我應該親自帶您看看的，剛好司令部有事找我
……現在才剛趕回來，好像是發生了革命，這是常有的事，沒什
麼大不了的，不知道獄吏有沒有什麼地方怠慢您……」

　　「沒有。」

　　「是嗎？那個獄吏沒什麼教養，加上嘴巴又大，貴賓來時，
都盡可能不派他上場，今天也不知是怎麼搞的……。」

　　他似乎很擔心這一點。他請民坐下，自己也坐了下來。

　　「對這個監獄我給您做個說明。閣下應該也感覺到了，您剛
才跟著獄吏參觀，一定讓您想起了那位義大利監獄制度的研究家

但丁，以及他的著作〈神曲〉。對監獄制度進行系統性的研究，可說是始於他的〈神曲〉，然而過去這一段期間，監獄本身的性質在本質上已經有了很大的改變。在他書中〈煉獄篇〉裡出現的囚犯，罪名大概都是神學上及倫理上的。簡單的說，那些人被判徒刑的原因在於做了違背神和道德的事。因此，當時管理監獄的人是神父，而且，當時他們的處罰法規是十戒，反抗上帝及其律法的，就是犯了但丁那個時代的罪。那個時代之後有所謂的刑法時代，是一種界定牴觸國家制定的恐怖的刑法行為都屬於犯罪的思想。所謂的監獄，是對罪犯的懲戒，是社會施加的處罰。這是監獄史上一大墮落的時代，就是所謂的罪刑法定主義。這種思想是那麼荒謬，他本身是否是罪惡的，看看這段期間有名的囚犯名字就足夠了。尚萬強（註8）、甘地、安重根（註9）、王爾德、李舜臣、蘇格拉底、柏拉圖、成春香。您說嘛，把這些人當成惡棍難道人們就會對他們……天下那有這種事。在本世紀初行刑史上的文藝復興時代來到了，今天的監獄正隨著這股新潮流邁進。在今天所謂的罪，應是〈未能具備心理上的調和〉。有些人稱我們的監獄是精神病院，還叫服刑的人為病患，這不是很有創意的說法嗎？以前患病的人不是被一群村民打死的嗎？病就是與魔鬼結婚的狀態，所以當然是罪。這種野蠻的制度，由於長久以來朝著病理學、藥理學、臨床學發展嚴謹的犯罪理論，並將醫院制度及自宅監禁制度加以理想化，雖說在肉體的領域已經有所改進，然而在精神方面推遲的原因是受到了暗地裡說這是什麼靈魂啊什麼啊的精神現象，並將費盡心機想以神秘事物加以操縱的巫師們的陰謀詭計的影響。我本人一有機會就強調，現在要將監獄的管理權從神父或有權勢的人那裡搶到我們精神醫師們的手中。事實上，大勢也正朝著這個方向移動。話雖如此，但是以目前這種類

似改良主義的漸進式玩法，只會白白的讓處於過渡期的一代吃上大虧。現在包括漢城的幾個都市，已經有我們的同志以精神病院的名義設立私立監獄，這對監獄的民營化有著很大的影響，但是對連郵政都還緊緊的掌握在為政者的手中國家來說，這只能算是讓人振奮的事罷了。有權勢的人是愚蠢的，他們似乎以為默認精神病院的存在，怎麼說也不至於會威脅到他們的權力，當然他們也不會想到在中世紀末期貴族們給都市的商人寫下借條時，同時也把權力讓出的事實。看起來歷史確實又要重演，不是嗎？當然，我說精神醫師的時候，我是從廣義的角度來說的，它涵蓋了作家、詩人、哲學家、科學家。閣下，我跟您說，大家都知道您在政界也是有進步思想的人，我相信您才這麼說，您有沒有意思要計劃做件大事呢？柏拉圖在〈理想國〉中曾經明確的說，最終的政治型態是由哲學家來治理。我們把哲學家解釋為精神醫師也不會錯到那裡。閣下，民眾正在暴政之下煎熬，請您站出來。」

獨孤民仔細的瞧了瞧所長的臉。這個人到底在說些什麼。

「閣下！」

「請你原諒。」

「那麼閣下……」

門開了，婦女部長拿著一件公文走進來，她凹陷的眼珠，像碳化物般，把文件放在所長的桌上就走了出去。所長打開公文。

極機密。即刻逮捕你正會見的獨孤民博士。他的罪名是〈風聞之人〉。他不曾活過人生，即使活過也像風聞似的。他惡性重大，只要消息不外洩，加諸於他的任何虐待都將默許，務必採取慢慢處死的方式。本命令於執行後立即銷毀。

　　所長看了一遍又一遍，他靜靜的抬起臉望向獨孤民，他傻傻的坐在那裡。所長心中對司令部的干涉充滿怨氣，卻又不能怎麼樣，他對司令部要他親自逮捕博士的蠻橫無禮咬牙切齒，他按下桌上的按鈕，獄吏走了進來，所長將公文交給獄吏。獄吏看完就將公文擺在桌上，隨即走向獨孤民，並抓住他的手臂。獨孤民一臉狐疑的看著所長，並且巴結他。

　　「這是幹什麼？」

　　所長以沉痛的聲音回答。

　　「閣下被逮捕了。」

　　「什麼？」

　　獄吏緊緊的夾著獨孤民的胳臂將他拖出門。所長點燃火柴燒了公文。

　　獄吏拖著獨孤民走向連綿不盡彎彎曲曲的迴廊。偶爾遇到正忙著端著裝了咖啡的盤子的丫頭經過時，獄吏還是緊緊的以一隻手臂夾著獨孤民的胳臂，同時動腳在少女的裙子上開些淫亂的玩笑，丫頭嗤嗤地笑著瞟了一眼。也不知道要到那裡，獄吏就這樣一直拖著他走。

　　「到底要去什麼地方？」

　　「去牢房。」

　　「我什麼罪都沒犯。」

　　「所以才被抓呀！」

　　「我沒罪啊……」

　　「要跟你說幾次你才明白！不是跟你說過就是因為沒罪所以才被抓嗎！」

　　獨孤民心想原來這個獄吏是個日本人，早在十五年前就已經消失的日本鬼子，竟然還在我們國家幹獄吏，獄吏在某個門前停

下腳步。

「我真的沒犯任何罪。」

「八嘎丫魯。朝鮮人不必多說！」

獄吏眼冒金星地在民的臉上甩了一巴掌，然後呼地一下打開房門，一把將他推了進去。

煙氣瀰漫，在粉紅的火光中香煙的煙氣也呈粉紅色，流行歌的聲音。即將打烊的酒吧，因著醉酒的人胡亂的話語和女侍迎合的笑聲而讓人陶醉。愛麗娜順著男人的指示放軟了腰，以另一隻手抽著煙，她左頰上的黑點格外引人注目。

「把香煙丟掉！」

男子伸手想要奪下愛麗娜手上的香煙，愛麗娜擺盪著手不讓他搶，並昂首看著那男子。

「幹什麼？喝酒啊。」

「這是怎麼啦。」

「什麼怎麼啦？來，別這樣，喝酒嘛。」

「不要裝了。」

男子好似要吐，突然把攬著的女人的腰放開。愛麗娜呆呆地望著男子寬闊的肩膀。男子向著吧檯大叫。

「拿酒來！」

「別喝了，你好像喝多了。」

男子沒聽進去，又大聲的叫了一次。愛麗娜呼地噴出一口煙，並把交叉著的腿換了個姿勢。

「怎麼，不叉著腿坐啦？」

「……」

她不答腔，又再深深地吸了口煙。酒保在吧檯用眼睛發出某

種信號，似乎是在問可不可以再拿些酒過去的意思。愛麗娜呆呆地望著酒保那分成兩半的油亮頭髮，他不斷地使眼色，她還是一樣只是傻傻地望著。

「搞什麼啊！不做生意啦？」

本已打消念頭的酒保送了酒來。

「倒酒！」

愛麗娜在男子推出的杯子裡斟上酒，男子一杯接著一杯的猛喝，對這不發一語地喝著酒的男子，愛麗娜默不吭聲地，酒杯一空就跟著斟滿。這時在他們身後響起了歌聲，是明淑的聲音。

　　不歸航的那艘船
　　載著我寂寞的心遠去的船
　　拿著紙牌占卜
　　啜飲薄荷酒的那個夜晚
　　我的愛，你何時歸來啊

愛麗娜心裡想，明淑這丫頭歌唱得真不賴。載著我寂寞的心遠去的船。載著？我寂寞的心？離去的船？哼！去他媽的。才正聽出流行歌曲的味道來，怎麼又是這付德性。難不成女人不中用的時候能從流行歌曲的味道開始知道？拿著紙牌占卜，啜飲薄荷酒的那個夜晚，混帳丫頭，把人家的心都融化了。

「我要一杯薄荷酒。」

男子瞪了愛麗娜一眼。

「捨不得就算了。」

「薄荷酒一杯。」

男子伸出手攬住愛麗娜的腰。

「妳不懂我的心嗎？」

「別人的心我怎麼會知道？」

「不要裝了。」

「這位先生怎麼動不動就說不要裝了。」

她咯咯地笑了，被酒嗆到而發出咯咯的聲音，男子盯著緊緊皺著眉頭發笑的女人看。

「唉，嚇死人了，別這樣盯著人家看。」

她又咯咯地笑了起來。

「眞是這樣？」

「少來這套，誰又說了什麼？」

男子噗哧地笑出聲。也許是酒量好，硬撐著，眼睛炯炯有神。

「別這樣，妳的意思是要我好好的跟妳交往，是吧。」

「說起來那又挺沒趣的，只要好好交往就交得成，不然就不是了，不是嗎？」

「要怎麼做才能贏得妳的芳心呢？」

「這個嘛，就要看往後的情況囉。」

「呀，別整死人噢。」

「你死看看啊，也許還死不了呢。」

這傢伙怎麼只跟我過意不去，突然感到一陣暈眩。懶得拒絕而一杯接一杯喝下的酒，就這麼讓人醉了。

她好似要把身子向前推的時候，剛好看見正推著門走進酒吧的人，在旁邊的男子還沒看出什麼之前，愛麗娜一腳奔向入口處，獨孤民正在入口處和小妹爭吵。

「不是，對不起，走錯地方了。」

愛麗娜靠向獨孤民的胸中，民嚇了一跳，想把她一把推開。

愛麗娜拉著民走向就近的空位子讓他坐下，她把臉埋進他的胸中並搖著他的肩膀。服務生站在旁邊等他點東西。愛麗娜過了好一會才從民的胸中抬起頭，服務生再次催促。

「請問要點什麼？」

「隨便，薄荷酒。」

答話的是愛麗娜。小妹彎下身之後就走開了。

「老公，今天是吹了什麼風啊？我……我……」

她抱住民的脖子。問那些幹什麼，來了不就行了，見到了不就得了，真是無聊。女人啊，在男人面前沒了趣味不就完了，她的腦裡突然一陣暈眩。挨一巴掌，被獄吏踢一腳，進來一看卻是這個地方，民按著頭發出呻吟，他好像在什麼地方看過這個女人，但卻想不起來，到底在那裡見過呢？不可能見過。追趕自己的人之中好像有個跟她很像的，但是卻想不起來。這個女人好像把我認錯成她的男朋友。收音機傳來解說新聞的聲音。

產下黑鴿的
母親們哭泣著
孩子進入的那晚
她們為什麼那麼的淫亂

她們
在貞淑的季節長大
頂著美麗的太陽
從什麼時候她們的血管
開始搬運起
黑色的血呢

鴿子們
蛻下外皮

長大的孩子們成為黑騎士
手裡握著沾血的錢
尋找擁有薔薇心臟的人
在那肋骨間插入
耀眼的金屬

對坐在銀婚紀念儀式桌前
專心一意地反芻著
對丈夫不貞的陰謀的貴婦人
是誰家的閨女啊

孩子們
沒有玩具長大的孩子們
熱愛戰爭
將砍下的敵人的脖子
用包裹
寄給母親

以提著外國銀行支票來的
豬仔們
和脫下染血的手套的
騎士們為對象
女兒們卸下衣裝

沒有榜樣而成長的
老孩子們
不知道祈禱而成長的
老孩子們
偷搶兒子的年少妻子
權充自己的老婆

喧囂的
太陽升起的街道上
姊妹們遮著臉
兄弟們藏著手
行走
那裡來的啊
孕育那種人的胚胎
在這街道
還存在嗎
那黑色的太陽
流洩的精液

那一夜
她們
之所以淫亂
眞的是季節的緣故
就算巧言辯解
那又能得到什麼
救贖呢

戀人啊

妳母親的

女兒啊

這樣妳仍然

還想懷孕嗎

「這是那裡冒出來的狗東西呀？」

民嚇了一大跳，抬頭一看是那個男的，愛麗娜對民使眼色。

「請等一下，我請這位先生過去再過來。」

她抓著男子拉回原位。

男子一把甩開她。

她在地板上栽了個跟斗。

「這，真沒想到會這樣？腿斷了嗎？起來看看。」

男子一把揪住民的領口把他提起來。

「不可以，別這樣，這位先生什麼都不知道，是我的不對，嗯？」

是愛麗娜，拉扯著男人的手臂勸架。

「給我讓開，這小子，是啞巴啊？張嘴說話呀！你是什麼東西？」

前後座的客人和小妹全都站了起來。

「搞什麼呀？」

「幹什麼？」

「看來好像是那個流氓打客人？」

「打客人？」

大廳一時人聲吵雜起來。大家蜂湧到民所在的位置。

Madam 站出來對男子說：

「你這是幹什麼？」

男子要咬人似的：

「怎麼，難道妳沒長眼睛啊？」

「說話請小聲點，我是說您爲什麼要妨礙人家營業？」

「妨礙營業？去你的。陪過酒賣過笑就跩啦，妳的意思是要我快滾一邊去，閉上嘴乖乖坐著，是嗎？」

「誰要誰走呢，愛麗娜從傍晚就一直陪著這位客人啊。」

「呀，狗小子，要死了。眞是讓人受不了。」

「愛麗娜，到底是怎麼回事？」

「什麼怎麼回事？就跟 Madam 說的一樣啊。」

「眞的別這樣，有什麼話請跟我說，沒有必要讓人做不成生意，結下這樑子啊。」

剛才曾在門口跟獨孤民吵嘴的 Madam 聳了聳肩走了過來，他一把抓住男子的手臂。

「兄弟，借一步說話。」

但是，Madam 不是對手。火冒三丈的男子轉過身，一臉駭人地要把 Madam 撂倒似的甩開。喔，吐出一聲，也不知是打在那裡怎麼挨的，就這樣倒在地板上掙扎著卻又爬不起來。這時旁觀的 Madam 和酒保也加入戰團，朝男子撲去。男子抓起椅子朝撲來的傢伙的腦袋砸了下去，哎喲，大家急著向後退，撞翻了椅子，椅子絆倒人，女子們的叫聲。噹啷鏘，玻璃窗破碎的聲音。這時獨孤民轉過身，打算使出全力撥開人群奔向入口處，有個人緊抓著他的手臂，轉頭一看，是愛麗娜，她死命的抓著民的手臂不放。

「太過分了。」

她似乎酒醒了，喘著氣用她明亮的眼睛緊盯著他，民使勁的

想甩開她的手，並一步步地朝著門走去。

「帶我走，我是絕不會放手的！」

她心有不滿的緊緊閉上嘴，就這樣死纏著不放，獨孤民對於這個女子不知道自己已經有了個叫淑的女人而感到遺憾。但是，他沒有勇氣告訴她，那似乎太過殘忍，民一直往門口挪動。愛麗娜突然大聲叫喊。

「Madam，Madam。」

民用力一腳踹開倒在地上緊抓著他的愛麗娜，朝門外跑去。

「Madam，快幫我捉住他。」

Madam和客人們、愛麗娜和女侍們尾隨著民湧上了街道。民一股腦的向前跑。

「在那裡，捉住他。」

他們高喊著追過去。

民使盡全力向前跑，這時擴音器又開始呼喊，民邊跑邊聽。

這是政府軍廣播，叛亂分子已經遭到鎮壓，市民們請待在家裡，不要輕舉妄動，違反這項命令的市民，其安全不受保障。請關上所有的門窗，在政府發布下一個命令前，不可出門上街。政府正在進行掃蕩，叛亂分子的主力已被擊破，其餘的已被逮捕，策動陰謀的罪魁目前正在逃亡，政府軍正全力追捕。叛亂首腦的名字是獨孤民。

民嚇得魂飛魄散，還懷疑耳朵是不是聽錯了，為了確實聽清楚，他冒著生命危險停下腳步，靠在一棟建築物旁。廣播繼續呼喊。

　　叛亂首腦是獨孤民。他接受某國的指令，是個意圖顛覆政府的無政府主義者。他現在正朝 S 路二街附近逃跑。叛亂首腦是獨孤民，他接受某國的指使，意圖出賣祖國，他是國際無政府主義者俱樂部的正式會員。獨孤民，在街頭戰中曾經四度被包圍，雖然我們每次都費盡唇舌勸他投降，但他仍然繼續頑抗，一次又一次地突破包圍網逃走，我們提出寬厚的條件向他招降，他也拒絕了。他現在正朝 S 路二街附近逃跑，沒有發現同黨，獨孤民是單獨逃亡，根據追捕部隊的無線通報，與逃亡者之間的距離已經拉近，逮捕只是時間問題。包圍、勸降他的打擊部隊目前分成五組，正從四面開始收網，逮捕只是時間問題。各位市民，請不要走到街上，不妨礙國軍最後的掃蕩，就是給我們最大的協助，現在播放給獨孤民的招降文。獨孤民，放下武器，停止逃亡，放棄無謂的逃亡，不然你會像狗一樣的被射殺。

　　民拔腿就跑，到底是怎麼回事啊，他的腦裡一片混亂，到底是怎麼回事啊。他穿過了無數小巷，追他的人卻仍如影隨形地跟在後頭。前面就是廣場，廣場上路燈明亮，空無一人。他筆直地穿過廣場，正要跑進對面巷子的時候，看到一群人從那巷口衝了出來，是手裡拿著紙的詩人們。他轉向右邊，那邊的巷口也有一群人湧出來，胸前抱著帳簿的老人們走在他們前面。他嚇得急往左邊跑去。那邊的巷口又有一群人蜂擁而出，她們吵吵鬧鬧地指著民。民轉向後方，那邊也有由愛麗娜領頭的流氓、Madam、服務生、客人、女侍們氣喘吁吁的跑來。進入廣場的路只有這四處，民被逼得爬上了噴台結凍的石柱上，上面雖然足足可站一個人，卻因結了層冰而異常滑溜，他就像初次溜冰的人跟跟蹌蹌地揮動著兩手，人群以民站上的石柱為中心圍成一圈。他們抬眼望

著民，並高聲叫喊。民恰似銅像一般。

　　「老師，您不要我們了嗎？」

　　「社長，請您下決定。」

　　「老公，我們的愛情勝利了。」

　　「老師，請您說話啊。」

　　「我們愛您。」

　　「我愛你。」

　　民低下頭看著擁過來的人群。這時，圍繞在廣場周邊的高層建築物最高處的窗戶突然一下子全敞開來，光線傾巢洩出。廣場霎時就像光暈罩在頂上一樣，民抬起眼望著那些窗轉了一圈。男人、女人、老年人、年輕人、少女，還有抱在母親懷裡的小孩們，向下望著獨孤民。他們全都穿著睡衣，分明是剛從床上起來。他們的窗框上都架著一個某種發出光亮的笨重的機器，他們就像撫摸養在家裡的貓或狗似的摸著那個東西。民定睛看去，是機關槍。獨孤民胸口一陣緊，那些窗子中的一處，有個人對著民揮著手，動作就像在機場上下機的扶梯上所做的一樣。是個年輕女人。逆著光看過去，她正一手挽著站在旁邊的男子的手臂，一手對著民揮手，她也是穿著睡衣，那女人抬眼望著男子笑了。當她轉過頭，映著光的臉清晰了起來。淑，是淑。由於事情發生的太突然，他瘋也似的高喊。擴音器又開始播放了，擴音器一發出聲響，圍在石柱周圍的人群就開始迅速地向後退，各自退回他們原先進入廣場的通路的路口，並停在那裡。

　　各位市民，請高聲歡呼，叛亂首腦獨孤民終於被困在廣場上了。追擊部隊已經完全封鎖了通往廣場的四條通路，其他部隊則據守在廣場周邊建築物頂樓的窗口監視著他。另外，根據現場部

隊的無線通報，對於包圍部隊最後的招降，他也以冷笑斷然拒絕，並表現出一副惡魔般的執著與狂妄。（擴音器暫時中斷）現在發布政府軍總司令部的作戰命令。請現場部隊的指揮官注意，現在發布政府軍總司令部的命令。〈作戰命令。包圍部隊以五色信號彈的發射爲信號，於現場槍決叛亂首腦獨孤民。〉再重複一次。〈作戰命令。包圍部隊以五色信號彈的發射爲信號，於現場槍決叛亂首腦獨孤民。〉五色信號彈即刻發射。

　　在廣場入口聚集的人群抬眼望向天際，頂樓窗邊的人們抬眼望向天際。一個極端耀眼的美麗的星空，在玻璃般堅硬的深藍天底，耀眼的星星如燦爛的寶石傾洩而出。獨孤民瘋也似的喊叫。
　　「不，不是，不是我。在那裡的那位女子是我的愛人，請你們問問她！」
　　獨孤民這麼瘋也似的一叫喊，使得人群開始聚在路燈底下議論。其中有幾個人快速地跑進高樓裡，過了一會他們就出來了。他們跟在女子的後頭，走到獨孤民的腳邊。民看女子，是淑，她緊抓著剛才跟她一起站在窗邊的男子的手臂，獨孤民大叫一聲。
　　「淑，我啊，是我！」
　　「您是什麼人？」
　　「嗯？妳忘了我這張臉了嗎？我是獨孤民！是我啊！」
　　「獨孤民？」
　　人群中有個人挺身出來，像要發出最後通牒似的問女子。
　　「妳認識這個人嗎？」
　　「不知道是怎麼回事。我完全沒有印象。也許……眞可憐！」
　　她哀悽的眼神看了看民，然後在一起跟來的男子的攙扶下走

出人群。滿腦子糊裡糊塗的獨孤民，這下像極了銅像，就這樣僵在那裡無法動彈。這時，擴音器又開始傳出聲響。

　　緊急消息。邪惡的獨孤民，在最後的關頭出了糗，他沒有暴露自己的身分，大聲嚷嚷有不在叛亂現場的證明，並指明某某高官的夫人能爲他作證。基於考量到裁判的公正性，該夫人經政府勸說已到現場當面與獨孤民對質，並明確的否認該項事實。由於裁判對於犯人本身提出的證據也給予了公正的回應，充分體現了法律之前人人平等的精神，所以判決已告確定。政府軍司令部再次確認前述命令，並下令執行。信號彈即將發射。

　　不一會兒，人群退到廣場入口處看著天空，人們屏住呼吸。只有獨孤民像銅像般的一動也不動，呆呆的望著剛才淑離去的方向。她回到窗邊，仰著雪白的脖子看著天空。信號彈升空了。
　　火束一升到中天，雲時像要停住似的，突然爆裂開來。綠色、紅色、黃色、白色、褐色五股線條形成星星的模樣，向四方飛濺。
　　在震撼廣場的發射聲傳來的同時，架在窗框上的數十挺機關槍也開始噴出火花。就如同那熟悉的古典舞蹈身段的一部份，驀地還看到獨孤民的身影，一手抵著腰身，彎著另一手懸在太陽穴旁，一腳跳動。但在接下來的瞬間，狂掃而來的槍彈撞擊石柱揚起的塵灰，現場灰濛濛的一片，什麼也看不見。射擊在實施了一分鐘後突然停止，守在廣場入口觀看的人群頓時湧向石柱。圍成一圈注視著倒下的物體，一個人大小的物體滾動著。流在地表面的血，滲不進凍僵的土地，在路燈的照映下閃爍。人們把那個物體抬起擱在石柱上。

人們臉色興奮地對望並交互握手，而對於故人與各階層交遊廣闊，咋舌感嘆。詩人們向銀行家們借火點煙，直誇阿里郎牌香煙的味道變得好多了，但是對於向老人們借火點煙的失禮，卻不在意。舞者中用心的丫頭們在後頭擺著姿勢練習，後來老人們把帳簿丟到石柱底下，詩人們把握在手中的紙丟下，舞者們脫下襪子丟下，從酒吧出來的一夥人把帳單、空煙盒等等丟下。有人劃了一下火柴，火呼地一下燒起來，事情辦完的人們，各自從廣場退回來時路。火堆很快就燒完了，人們都退去之後，廣場結凍的石柱上只剩下獨孤民一個人躺在那裡。

信號彈的火花逐漸向著都市的屋頂落下。

約莫過了半個鐘頭。

在進入廣場的一角驀地閃過一個人影，一轉眼就不見了，那人影大概是緊貼著牆壁站著。天空信號彈的火花已經消失了，敞開的窗子也全都關上了，廣場上明亮的路燈像哨兵一樣成排的站著。

影子終於離開了牆壁走進廣場，很小心的觀察左右的動靜，並敏捷的來到噴台前。

是老舞者。

她跪坐在噴台下雙手合十，抬頭望著躺臥在臺石上的獨孤民，心中默默地祈禱。過了許久，她望著臺石上的屍身，從她洞窟般凹陷的兩眼流下成串的淚水；深泉的活水源源不絕地流。原本像潮濕的碳化物般毫無光澤的雙眼，如早春的清泉般明亮，真是怪事！像土丘般粗糙的眼眶周邊長出新肉，而外圍的筋肉也互相拉扯地緊繃起來。她的臉正轉換成一個十足年輕的女人臉。她起身對著癱軟垂落的屍身親吻，嘴唇顫動著，霎時嘴唇也起了變

化。原本落葉般乾枯的嘴唇染上薔薇色，原本像缺牙的貝殼般的尖下巴圓潤起來。臉上發生的奇蹟很快的向全身擴散開來。兩臂像優雅的雕刻般長出新肉，乳房比起菩薩還要美麗的隆起。最後，筆直的腿變得像雌鹿般輕盈，像純種動物般結實。

　　她舉臂很小心地把屍體拖下來，見那慘不忍睹的模樣，她不經意的把臉遮住。過了好一會兒她才把手拿開，又過了好一會兒才敢直視著屍體。終於，他提起了勇氣，在屍體的上上下下摸索，好像在找著某樣東西。她的雙手被染紅，她抓住屍體的一部份用力的拉扯。護甲骨碌碌地開了，外殼一下子就脫了下來，她繼續把外殼從四肢脫下丟掉。獨孤民一身潔淨的躺著，脫掉的是他身體上下穿戴的，連頭罩都罩上的防彈衣。她搖著獨孤民輕聲的叫。

　　獨孤民睜開眼睛。

　　看到了對著自己笑的女子，左頰上的黑點吸引著他的目光。她摟住他親吻。

　　「沒時間了，快點！」

　　她環顧四週，兩個人趕緊把防彈衣收拾好離開廣場。他們不時的向後看，留意是否有人跟蹤，但沒有任何發現。一脫離廣場，有輛車子正等在那裡。她在距離三四步的地方對著車子低聲的說：

　　「不死鳥會飛嗎？」

　　駕駛座的門打開了，一名男子走下來說：

　　「只要有愛就會飛。」

　　她微笑看著獨孤民，然後抓著他的手臂上車，性能好的高級車無聲的開始蘇嚕嚕的向前駛。駕駛員看著前方說：

　　「首領，我方的損失雖然也不少，但是你看那邊。」

他擺頭指向窗外。

「近衛師團八成是被全殲了。」

獨孤民向窗外望去。

戰車仍在燃燒，熔卻的砲塔像泥巴一樣包覆在履帶上。一旁豎立的電線桿被燻得烏黑。在掉滿落葉的篠懸木底下，機關槍子彈從盒子裡滾落出來，恰似它的果實壓在上面。車子向前行駛著，熾烈戰鬥的尾聲仍不斷地傳來餘響。放眼所見的屍體，幾乎都是穿著紅色制服的政府軍。如同駕駛員說的，近衛師團也許眞的全被殲滅了，堆在各處的路障也在燃燒著。

車子停了。

紅色制服的近衛軍官與舉著步槍的士兵並列站著，軍官舉著一隻手。他們走近車旁。

「是誰的車？」

駕駛員打開車窗遞出通行證。軍官轉身朝向燃燒的路障，提起一看，呼地一下轉過身來行了個舉手禮，然後交還通行證。

「眞是有眼無珠，請快通過。」

這時軍官以立正姿勢，士兵則端著槍，直到車子通過。駕駛員咯咯笑了起來。

「這是緊急通行證，是潛伏在司令部的同志弄來的。」

車子遠離市區來到郊外，是條平坦的大道。星光朦朧地映照著山脊，漆黑的樹林，閃動的江水。路旁的樹枝間不時傳來撲嚕嚕拍打著羽翅，移動到其他樹枝的鳥聲。這與適才經過的慘不忍睹的街道，有如天壤之別。車上的收音機裡流洩出潺潺的樂聲，就如同窗外展開的景色一樣，曲調清澈而神秘。樂聲突然中斷，開始播出新聞。

這裡是梵蒂岡電台，現在播報一則悲傷的消息給全世界的朋

友們。派遣到韓國的教皇使節獨孤民大主教，數名信徒在今天韓國時間下午一點莊嚴地殉教了。紅色惡魔們於上個月28號當天將該大主教誘騙到他們的司令部，突然將他關起來，所幸在司令部內某位高層的信徒的協助下逃了出來。躲藏了半個多月之後，他於今天二月十五日再度在報上呼籲和平，他們雖然再次逮捕了，擔心信徒的安全而拒絕勸阻堅持挺身而出的大主教，但這次大主教仍然成功地脫逃出來。因此，紅色統治者們於今天十點在漢城一帶對信徒們展開了大屠殺。並且透過廣播勸說該大主教到他們的司令部走一趟，但是大主教聽從看穿惡魔詭計的侍從們的建議，避身在一家又一家的信徒家中，期間曾經四度在躲藏處遭到包圍，雖然每次都在信徒們死守下脫離險境，但是最後仍在紅色近衛師團熾烈的追逐和搜捕下，於該市的中心〈自由廣場〉殉教。據傳紅色屠夫們用最惡毒的方法殺害了他。他們將該大主教逼到廣場中央，並把退路一一切斷，然後從高樓大廈的屋頂用機關槍同時對他掃射。

　　教皇保祿二世決定立即追封該大主教爲聖徒，吩咐將此事廣布世人，並準備舉行特別彌撒。全世界的教友們，有新的消息傳來，我們會再爲您詳細的報導眞相。寬大爲懷的聖母瑪利亞，請將大主教和他的羊群引導到您的身邊。阿門。

　　緊接在播報員的話尾之後，古諾的〈福哉瑪利亞〉以洶湧澎湃的海濤聲般莊嚴的混聲合唱，如浪濤般響起。蔚藍的浪濤一波波湧來，水花飛濺。獨孤民挪動身體，她緊緊扶著他的手臂。

　　車在不知不覺間已離開了國道轉入小路，接著停在一片茂密的樹林裡。留下駕駛員，獨孤民和她順著小徑走去，前面出現一座具別墅風味的建築物，木頭做的門緊閉著。她拿起拳頭敲門，裡面的人問道：

「不死鳥會飛嗎？」

「只要有愛就會飛。」

聽了她的回答，門吱扭一聲開了一道小小的通道。兩人通過玄關來到一間房門前，帶路的男子打了聲招呼就轉身出去了。他們踏進房間。

是一間金碧輝煌的寢室。

牆壁四面遮覆著夜空般的深藍色帷帳，烏黑而厚重的木床擺在裡側，藍色的燈光如海底般昏暗。他們在床邊坐下。這時，遮蓋著對面牆壁的帷帳從中間蘇嚕嚕地分開，壁面大小的大型銀幕出現在眼前。銀幕上映照出影子，民屏息以待。

銀幕上出現戴眼鏡的監事、結紅領帶朗讀〈海戰〉的年輕詩人、美羅、愛麗娜，以及其他人。他們全都望著民。民感到有些迷亂，他們就好像是一起坐在這個房間裡而不是在銀幕裡，詩人和愛麗娜手臂上纏著繃帶，監事起身看了看四周，然後開口說話：

「首先，為陣亡的同志祈福。」

民跟她也站了起來。

靜靜的祈禱，微微的聽到有人唸觀世音菩薩。

他們坐下。

在他們圍坐的內側，銀杯裡插著根小旗子。雪白的底色上繡有一隻口含一朵紅薔薇，抖落著火花向上飛升的鳥。紅領帶詩人起身，目不轉睛地看著獨孤民說話，他的眼睛像燃燒的熊熊烈火。

「首領，起義失敗了。組織垮了，同志散了。為什麼？為什麼會失敗呢？是因為民眾轉向了，錯在我們沒能帶動他們。他們唾棄了我們，他們擱置了我們的呼喚。我們在街上流著鮮血的時

候，他們噤聲躲在妓女們骯髒的肚皮上。對於那些爲了活過一夜而付出工錢給骯髒的肉身的人，是令人遺憾的。他們捨棄了自由的粥而選擇了奴隸的餅。到底是爲了什麼戰鬥？是爲了誰犧牲啊。讓人寒心的單戀，女方表明了不願意，這算那個傢伙的烏托邦啊？單戀也就罷了，搞不好會成了強姦呢。受到這樣的委屈還活得下去嗎？搶這檔事也讓人寒心，非要被告了才高興嗎？首領，我同意修改俱樂部的綱領。在這個規定與民衆的共同戰線的現行綱領之下，我連一根指頭都不會乖乖聽命。請宣佈新的綱領，請給我們不會遭到唾棄的新旗幟、新價值、新原理！」

　　他一屁股坐在地上，遮著臉哭了起來，肩膀不住的聳動。獨孤民閉著眼睛一句話也沒說。監事站了起來。

　　「我的兒啊，我年輕的同志啊，請聽我說，您說他們轉向了。沒錯，他們曾經背叛，但是請想一想，愛是遙遠的，愛是痛苦的，是黑暗的。還有，年輕的同志啊。您說他們的背叛讓您受了創傷，您的自尊心受到了傷害。但是請想一想，從現在算起的兩千年前，連神的兒子也曾遭到他們的唾棄。請記著，連神的兒子也曾遭到唾棄啊。拒絕神的愛，拒絕了人的愛就讓您憤怒嗎？難道您的自尊心比神的還要強？神的兒子即使受到侮辱，兩千年以來也沒對他們怎麼樣。您不過被唾棄一次，就要立刻提出懲罰的論調嗎？朋友啊，愛是遙遠而恆久的，愛是黑暗而充滿罪惡的。您的口中不可含有仇恨的話語，仇恨是一種毒，連最美麗的心都會被腐蝕。即使是爲了行善，也絕不可憎惡。我們之所以失敗，也有可能是錯在我們太過怨恨，縱使怨恨是爲了自由的緣故。您太小看了美麗的姑娘們，懇請您繼續向她們求愛吧。連神的兒子都失敗過，我們如果馬上就要算出得失就太勢利了。不要想成是流血的單戀，而要認作是因爲喜歡而做的藝術家啊。通往

神的路沒有別的，不去愛他們又能怎麼樣呢？即使他們不願意也要去愛。年輕的同志啊，來吧，讓我們重新把頭髮梳齊，重新把花束準備好。像我這樣的老頭都還沒有喪失希望呢⋯⋯」

監事一手招向結著紅領帶的詩人，年輕人害羞地起身走到老人身旁，在滿是皺紋的臉上貼上嘴，砰的一聲好大的一個吻，大家一陣大笑。紅領帶詩人興奮的提高嗓門吟誦起來。

該有多好啊
如果能夠停止不再唱
這走調的歌
我真心希望
像那可愛的雲雀
蹦蹦跳跳
如果能在那高山頂上踏著雪
像長嘯的野獸
和妳一起
高歌

該有多好啊
如果能在那紅色的太陽猛然升起的
海邊
輕咬著心愛的女人的
酥胸
不帶一點虛假
輕聲細語的
談情說愛

該有多好啊
就算不雄偉
如果能夠看到
我國的湖水裡
沒有黑色的太陽光圈映照的天空
如果能夠凝視
那比湖水
深的
妳可愛的
眼睛
愛
妳

該有多好啊
如果能在說謊的人消失的
街道上
迎娶
擁有如阿勃勒花般
芳香的心地
如晚秋
灰白的玉米束般的
潔淨的
處女

還有
如果上帝能夠

將怎麼勸都改不了
吃屎的
狗傢伙們
一把抓走
像中秋夜的
酒宴
帶來濃濃的
快樂

會那樣吧
要用我們的手完成吧
我知道
上帝
現在
正外出串門子
可是橫在我們面前的
漆黑的懸崖
這牢固無比的懸崖
我們的孩子可有能力
站立在這懸崖的那邊
果眞能如此嗎

因那暗黑的壁
我們的聲帶
像中風的腿
扭曲

舌頭歪了
從前那
故事裡的青蛙每叫一次
吐出一粒珍珠
勝過動物的我們
每說一句話
吐出一朵毒蕈
我的心
不是這樣的

背叛我的舌
不聽我的話語的舌
如果能夠停止
不再唱這走調的歌
該有多好啊
上帝
請從我們口中
收走黑色的單詞
請您矯正
我們的舌
如果可能
不光是我們
也請您再勸勸
那些狗傢伙
即使不是現在
也好

我們知道

您現在正外出

串門子

不至於叫您

連不在家的當兒發生的事

都要負責

這是我們的責任

我們要戰鬥

在這懸崖安上炸藥

即使是一片片

也要試著擊破

只是請您一串完門子回來

就幫助我們

上帝

千萬拜託您

我們相信您

　　最後一句時，每個人跟著朗誦，高喊〈我們相信您〉。民感到有些陌生，又有些莫名的感動，他們的臉龐光鮮亮麗，眼中卻閃著莫名的痛苦和夢。民不知道是為什麼，不知道是什麼原因讓這些優秀的人那麼悲傷，監事勸他們都坐回自己的位子。老人對著獨孤民說：

　　「首領，目前最重要的工作是處理善後，在首領來到之前我們議員之間已經做成決議。由於所有的組織都現形了，還有一處被攻破，所以我們現在必須轉入地下。還有，我們決定讓首領先到海外。」

她開口說了一句話。

「有必要這麼做嗎？」

「是的。經過這次戰鬥，首領的容貌已經完全暴露出來了，在國內藏身實在是有困難。這次也是這些同志們……」

監事指向結紅領帶的、美羅、愛麗娜三人。

「如果沒有讓這些同志潛伏在近衛師團，首領是不可能安然無恙的坐在這裡的，那件防彈衣呢？」

她用手指指著自己坐著的沙發底下。

「那麼，由於時間緊迫，動作要快。請妳跟首領一塊兒走（指定她），所有聯絡事宜就像剛才所說的……再過一會也許海邊也會被封鎖，所以請快點。」

獨孤民和她走出玄關，車正停在階梯正下方等著。他們搭上車，獨孤民眼睛看向她指的方向，不知何時緊閉的大門換成了銀幕，監事等人正從那裡一一走出來為他們送行。就好像聚在大門前的真人，完全看不出有什麼兩樣。如同真人大小，連表情都清晰可見，民無法將視線移開監事眼鏡後閃爍的淚水，她將頭伸出車外：

「各位，不死鳥還會再重生嗎？」

送行的人的叫道：

「只要有愛就會重生，首領。」

車子毫無聲響的啟動並蘇嚕嚕地滑了出去，民從剛才就陷入沉思，他正掉入一種很奇怪的迷亂之中，我真的是這些人的首領嗎？不對，我不能被這些人迷惑。如果這樣，就再也見不到淑了，但是淑，剛才我在廣場被射殺時卻沒有救我，為什麼會這樣呢，一想到這裡突然悲從中來。一定是有什麼原因，剛才老人也一直說要愛，想必她是有什麼難言之隱。唉，就算沒有什麼難言

之隱也沒關係，她不知道也沒關係。獨孤民眼中的淚水似乎立刻就要奪眶而出，他緊咬著臼齒，嘴唇抖了起來，不能被這些人迷惑，不管來的是什麼誘惑都一定要擊退。沒有任何理由需要執著的人下定決心要依賴沒有任何理由需要執著的人，傻瓜到頭來還是傻瓜。獨孤民透過前窗望向黑暗，虛看著虛。她入迷的望著民的側臉，心中一樣自有盤算。今晚要領著這害羞的愛人入睡，當船駛離海岸的時候，她一想到長久以來默默奉獻給首領的愛現在就要結果了，就完全沒有閒情去反思自己的使命是多麼的危險。她像抓住公老虎的母老虎一樣驕傲，當船駛離海岸的時候。車身一轉過樹林離去，送行的人也向裡消失不見了，只剩下監事與結紅領帶的。他倆默默地站在那裡望著遠天，美麗的星夜，星星像一把燦爛的寶石撒在深藍的天底一樣耀眼。風唰的一聲吹過，樹枝發出淒冷的聲音，是個寒冷的夜，冬季的深夜，掠過樹枝的風聲不帶一絲憐憫，老人不知不覺地顫抖了起來。

「在這樣的夜晚，肯定會有弟兄凍死。」

詩人接下來說：

「只有心冷的人會。」

老人若有所思的低下頭，冒出稍加修改的一句。

「心冷的人也會。」

詩人輕聲地笑了。他們互挽著胳臂向裡走去。大門緊緊地關著。

第二天早晨

金永吉博士站在二樓院長室窗邊，望著醫院的院子。在夏季曾是那麼綠意盎然的樹木，現在都只剩下凋零的樹枝。院子相當大。園裡光禿禿的樹枝率性而自然的呈現，讓塗上顏料而閃閃發

光的長凳顯得格外引人注目。自然是有生命的東西啊！博士心裡
這麼想。自然充滿生命力，活的東西是難以捉拿的，更何況是
人。在正中央曾經雄糾糾氣昂昂地噴出泉水的噴臺，這時像移走
了銅像的檯石似的顯得空虛。他眼睛望向掉光葉子的歪斜的樹
中，費心的尋找他春天時親手栽種的桃樹，卻怎麼也找不到。對
人腦瞭若指掌的金博士雖是神經外科的權威、首屈一指的腦部手
術專家，對於分辨掉光葉子的樹木的這種屬於園藝的事並不在
行。他突然回憶起往事。他出生於黃海道，託開綢緞店的父親的
福，在村裡過著無憂無慮、兩個肩膀抬、張嘴不愁吃的生活。就
像其他人一樣，他的父親是個對子女的教育過度熱衷而不秤秤自
己有多少斤兩的人。這也難怪，金博士是獨子，雖然不是三代獨
子。他在準備上大學前本想選擇美術，遭到父親一口斷然拒絕，
最後只好打消這個念頭。但在進入大學要選擇專攻的時候，卻又
引起了一陣騷動。父親要他拋棄神經外科選擇內科，他堅持惟獨
這件事要父親尊重他的決定，這次父親這一方終於讓了步。這也
難怪，當時失去妻子的父親，心志正渙散著。不管怎麼說，金博
士是遂了心意。在當時神經外科並不熱門，再加上人腦這東西
……但是現在金博士不僅在國內，甚至在國外的名聲更是響亮。
換句話說，他的名聲可說是逆向輸入的。起初在國內學界和醫療
界對他還議論紛紛，但他確切的成就顯然是無從抹煞的。而在大
學病院遷建到郊外廣大的腹地之後，接踵而來的行政負擔，使得
他從事研究的時間全被剝奪掉了。博士目前有件工作正在進行。
根據心靈學會的報告，有位未曾到過國外的被施術者，對國外的
某個城市做出正確而詳細的陳述；還有某位被施術者陳述了三百
年前的事，並經最近發現的古文書證實了他所陳述的史實。如果
這是真的，可以確定該陳述的話者絕非陳述者本人。那麼，是誰

說的呢？那沒有具體形象的話者是誰呢？這還使得個體概念從根本上發生動搖，因爲具有未曾經驗過的數百年前的記憶的絕非該個體。

如果將類似這樣的事情的範圍加以擴大，個人的唯一性與同一性就要從頭開始再加以觀察。Ａ同時是Ａ又不是Ａ？這意味著要將人類從以〈現在〉和〈此處〉的時間與空間爲軸的這個被頑強的賦予的座標中解放出來，放入虛的眞空中。還有，個人將不受限於時空，沉沒於人類所經歷的不知凡幾的深厚的記憶中，最後失去其獨自性。就像掉進大海的小水滴，那種狀態將像陷入迷宮的夢遊症患者一樣。而在那裡頭，到最後能夠守住個體的統一性的力量是什麼呢。博士的研究就是對於這樣的假設，以他的專業角度來加以科學性的分析和綜合。研究進行的並不順利，就因爲這個原因最近博士的心情不太好。當初之所以選擇神經科，雖然也是考慮到既然得放棄美術，那麼就要直接用手去摸索並研究人類的神秘。但在這一點上，他沒有後悔。而當時認爲精神的位置是腦髓的單純想法，在今天已是讓人以微笑摸索的記憶。博士拿起放在桌上的〈激勵〉翻閱，這是一本韓國心靈協會出版的季刊。他用一手的虎口夾著書，開始唸了起來。

從前，有三隻動物各自發了願，走上通往極樂的路。而若要到達極樂，就必須越過稱做苦海的河。河又寬又深，河的對面就是極樂。牠們進到河裡。兔子在水面上一浮一浮的游了過去。馬用後腳踩著河底把頭伸出水面，並用前腳拼命的向前划過了河。大象用柱子般的四隻腳穩穩的踩著河底，讓頭跟背部冒出水面，就這樣走到對岸。

三隻動物都順利的過了河。兔子胸口喘著大氣休息，馬抖掉身上的水氣嘶了一聲，大象則張眼看著他們。過了一會，這三隻

動物卻爲了是誰最艱辛的渡過河這件事，而互不相讓地吵了起來。

兔子說：

「浮在滾滾波浪上眞是暈的頭都昏了，心一直砰砰的跳，就好像失了神似的，是我最辛苦吧。」

馬說：

「我後腳要踩著江底，而只能用前腳向前划，那種不安實在是無法用言語形容的，是我最辛苦。」

大象沒說話。兔子又說：

「什麼話！我只在河面上就游了過來，一點都不拖泥帶水的，我最標準。」

馬說：

「少來。我不僅是水面上的景色，連河底下我都用我這兩隻腳確確實實的打量了呢。我的經歷最豐富，是我第一。」

大象只是眨著眼睛。

牠們就這樣你一言我一語的吵得沒完沒了，這時觀世音菩薩從樹林裡走了出來，像是出來兜風，她左頰上有顆黑點，菩薩聽了牠們的談話，輕輕的搖搖頭。

「眞是不像話。各位辛辛苦苦的渡過苦海而來，難道沒有什麼意義，這樣吵來吵去不會覺得不好意思嗎。兔子身體嬌小，可以游過來；馬站起來夠高，所以站著過來；大象塊頭大，當然可以用走的過來。過河的方式雖然不同，踏上極樂之地卻是一樣的。你們三個現在不都站在這裡嗎？誰高誰低，誰優越誰低劣，又能怎樣呢？」

三隻動物猛然覺醒。

牠們跪在菩薩面前請罪認錯，菩薩笑著爬上趴跪著的大象的

背。大象背上載著菩薩站了起來。馬站在大象的前面，兔子站在馬的前面，一行朝著長滿茂密的菩提樹的蓮花池走去。這時菩薩在大象背上又說了一句刺耳的話。

「我說啊，大象因爲塊頭大所以載我，這是不是表示大象更了不起啊？」

聽了這句話，馬非常慚愧，不住的抬起前腳又放下，極力的想要轉移話題，兔子卻一點也不害臊，在前面像球一樣的向前滾去。

博士緊握著書閉上眼睛，這故事原是出自佛經的法語，經過作者改編而成。根據作者自己的說法，原典並沒有動物吵架的內容，不過這不打緊，博士仍忘不了第一次讀這短篇時的深刻的感觸。那簡短精要的描寫、令人會心一笑的生動筆觸，以及高度的象徵性，著實發人深省。但是博士不是宗教信徒，也不是醉心於東洋哲學的人。博士之所以受到這部短篇的震撼，是因爲這簡潔的宗教性比喻和深層心理學中所謂的〈冰山的比喻〉之間極其相似。與其說是相似，不如說完全一樣，冰山的比喻是指人的意識就好比冒出海面的冰山的頂部，那巨大的根則深埋在海底下。換句話說，可以把兔子解作是冰山的頂部，馬是山腰，大象的腳是根部。但是，博士從這則故事所受到的震撼，並非只因爲此點。與其說博士是位正人君子，不如說他是受到諷刺與似是而非觀點的現代人，加上他是個科學家。他從兩種角度強調這宗教故事，首先這個故事是成功的時代故事，也就是說，不管是誰最艱辛，一樣都順利的渡過了河。其次，這故事的人物形象是屬於古典物理學的統一形象。是健康的，沒有自我分裂的質樸的古代人形象。雖稱之爲兔子，稱之爲馬，稱之爲大象，實際上卻都是完全相同的人類。不能說張三比李四的身高矮個幾公分或高個幾公

分，就說他們的友情會有什麼變化，他們是〈同一群〉、〈同一分支〉。因此，若要這個故事在現代也具有意義，稍加補充或擴大其意義是有必要的。現代不是成功的時代，而是挫折的時代；不是跨越的時代，而是沉沒的時代。簡單的說，就是多災多難的季節。其次，現代人的人格狀態嚴重的自我分裂。今天兔子這種動物是不存在的，由於兔子的後腳一心想要成為馬的後腳而患了中風；又因為無法將牠像毛栗子般圓滾滾的背部變成像房屋般大的大象的背，而自怨自艾；兔子已經不是兔子了。馬因為不滿牠那光禿禿、不漂亮的臉龐，不能像天生美貌的兔子一樣而難過；又因為牠那細長的腿和比起大象顯得不夠穩重的身軀而痛苦。那麼，大象應該不錯吧。不。牠對自己笨重的形體感到噁心；牠羨慕兔子的輕盈，羨慕馬無可比擬的優雅；牠那棟樑般的腿因為背負的自責，反而更形沉重。今天沒有稱做兔子、馬、大象的動物，而只有稱做〈兔子—馬—大象〉〈馬—兔子—大象〉〈大象—兔子—馬〉的動物。自我滿足的，所謂無自覺的人，在原理上是距離現代最遙遠的。當然，事實上現代也不是沒有質樸的人，但遲早總會進化。即使不這樣，分裂的氣氛也會大為擴散。

這雖是博士的意見，但他並不是不清楚這故事的深意。根據解析，這三隻動物可說是呈現在一個人的各個角落。一個人的各種才能同時一起成長有其困難，這說起來也沒什麼不好。但是博士認為這種方式不是依據心理操作的斷念，或接受喀爾文式的恩寵上的 hierarchy，而是從一開始就給他皮囊讓他不致沉沒，給他緊身衣讓他不致分裂。由這一點看來，博士是個不折不扣的科學家，是不去實際接觸就死不相信的那種人。要解這個問題開頭就很難，真可說是千頭萬緒不著邊際。首先，這三隻動物跨過的河水和現代人要游過的河水在複雜的程度上就無法相比。在海洋般

龐大的組織和比風雲更無法確定的新聞媒體文化的洪流中，能夠抵擋個人的解體，緊緊的抓住他的腰，讓他像一隻竹掃帚一樣能夠在暈眩中站穩的緊身衣是什麼呢？使事情變得更爲困難的是，現代裡頭的古代人。那些學問不多，經驗也不豐富的人的精神疾患。依照佛經故事的邏輯，不管是大學生的精神病或是幼稚園新生的精神病，病理現象本身的模樣是一樣的。但是，眞的是這樣嗎？自然科學的法則是對於對象平等對待，這樣的法則也能適用在精神現象上嗎？在民間，說精神病患者是〈被鬼附身〉，這被動型不具有重大的意義嗎？是不是有教養的人自行叫魔鬼〈附身〉，單純的人從〈被附身〉呢？這〈被請來的〉和〈不速之客〉是同樣的人物，還是不一樣的人物呢？所謂的〈文化〉是不是那個人物呢？博士設計的浮囊老是漏氣，緊身衣總是裂開。每到這個時候，博士就拿起這佛經故事，奇怪的是這般簡潔的故事每讀一次，就會獲得新的靈感。這或許就是宗教性比喻的無限多義性或迷義性。不管怎麼說，那成了幫助思考的最佳的跳板。沒有跳板什麼都跨不出去，連神的兒子都要有十字架。

　　有動靜。博士回頭一看，是助手。紅色的領帶，一付剛從大學出來的菜鳥模樣。博士知道這個青年是個人才，也知道他是業餘詩人。就是因爲他的這種高尚的興趣和年輕人該有的純眞，博士喜歡這個青年。昨天晚上他還因爲拿著他的創作詩「海戰」纏著博士講評，結果被罵了一頓。以頭腦好的人來說，擁有人格上可愛的特質的並不多，這個青年是個例外。是不是年齡的關係呢……不，人是不會變的。框架是不變的。即使像房屋那麼大，兔子還是兔子；像小狗那麼小，大象還是大象。這朋友是像兔子那麼小的大象，是巨兔矮象嗎？

　　「你的論文怎麼樣了？」

「這……如果能再做一次就好了，還有些地方不太確定。」

「你指的是什麼？」

結紅領帶的用手勢代替回答，做出解剖的樣子。

「怎麼，去做不就成了？」

「屍體用光了。」

「是嗎？」

博士還沒收到那份報告，他皺起眉頭。

有敲門聲傳來。

「請進。」

「在第七病房前的長凳上發現了凍死的人。」

「什麼？是住院病人嗎？」

「不是，好像是外來的人。」

「那麼，應該要報警啊。」

「警官剛才來過，已經走了。」

「現在呢？」

「又不能擺在外面，警官要我們先放在停屍間保管等候通知，所以搬過去了。」

「嗯，身分是？」

「警官搜查的時候什麼都沒發現，剛才搬運的時候這個東西從身上掉了出來。」

護理長將身分證交給院長。

「什麼，獨孤民？」

助手歪著頭看過去。

「是的，有獨孤這種姓，但很稀有。」

「但是他是怎麼到這裡來的呢？又不是病人……。」

「也許是夢遊症病人，誰知道呢？」

博士聽了弟子機智的玩笑，咯咯地笑了起來。

「職業是……無業，沒有親人……籍貫黃海道……配偶無……你剛剛說了什麼，你是說夢遊症病人？」

在這一瞬間，院長和助手似乎是同時想到了什麼。他們交換的眼神充分地說明了他們所想的是一致的。

「那麼，我去看看。」

結紅領帶的領著護理長慌亂的走了出去。

下到一樓，在通往停屍間和解剖室的 T 字型岔路上結紅領帶的說：

「妳先去，我先去個地方再過去。」

說著就向左邊走去。

護理長一個人穿過右邊迴廊走進停屍間。其實沒有必要先來，但她還是這麼做了，而且她認為還好是她一個人來。這是有原因的。位於背陰的這個房間，是離主樓有相當距離的獨棟建築。屋頂的天窗有多陽微弱的光線照進來。她走到屍身前。

屍身立坐著。

身體依然維持著坐在長凳上凍僵的坐姿。因為怎麼弄都無法打直，乾脆就用病患用的輪椅裝來。屍身比起剛才大家圍著看的時候感覺上似乎變得比較安靜了些。沙沙沙。護理長向門邊看去，是實習護士，剛從學校出來的菜鳥。歪頭探進來的圓臉，左頰上有個可愛的黑點。

「護理長，閔先生要您過去。」

「去那裡？」

「他在解剖室。」

護理長向下看了看腳尖。閔先生就是紅領帶。她口裡說著知道了，當她抬起頭的時候，左頰有黑點的已經走的不知去向了。

這是個她們連短暫的一分一秒都不願再待下去的地方。交給工人管理的這個停屍間總是凌亂不堪。護理長轉身面向屍身，屍身除了姿勢是坐著之外，身體上還有個不自然的地方，那舉著左臂像是半遮著臉的僵化的樣子，就好像抗拒愛人初吻的女生的姿勢一樣，眼睛睜得大大的，剛才看第一眼時，她還以為是看到了今年四月死去的兒子，像極了她那獨子，三十二歲生的遺腹子。鼻子、寬厚的嘴形，真像我那死去的孩子啊！她把手移向屍身的臉部，闔上睜圓的眼皮，弄了好幾次才把眼睛闔上。南無觀世音菩薩。然後她試著將遮著臉的手臂往下拉，屍身只是頑強地硬撐，她胸口一陣痛，趕緊轉身走出門。閂上門，鎖上鎖，腳底輕聲響著高跟鞋觸地的聲音，走上連接主樓的迴廊。噗嚕嚕，停屍間那棟建築物的屋頂上有隻鴿子朝上飛到主樓鐘塔上站著。鐘塔後面的這邊也刻有字板。她發著楞向上看去。

　　那四月。由於接二連三突如其來的負傷者佔滿了醫院，連迴廊都擠滿了病床。正是在這個醫院離開人世的那個孩子曾說：「媽媽，我沒有後悔。只是苦了媽媽……請原諒我。嗯。」這小鬼就像平常做錯了什麼事之後，含糊其詞的騙過可憐的母親的時候一樣，似乎要表現出一副俏皮的模樣，可是臉上的筋肉已經不聽使喚了。在床邊的她，整個心幾乎都要垮了。她的丈夫臨終時，伸出手說〈再結婚……這是我的希望〉的時候，也不比這次心痛。〈媽媽，我可以談戀愛嗎？〉〈怎麼，有人會攔你嗎？〉〈又要妒忌了？〉〈看看你這小渾蛋。〉參加新年晚會回來那晚，像是開玩笑又像是故意放出的暗示。〈不過，我不要。〉〈為什麼？〉〈我怕媽媽會哭。〉〈不會的，沒關係。哎喲，你這陰險的小鬼……〉嘴上雖這麼說著，心裡還是猛地一沉。〈放心，媽媽在的時候我是不會結婚的。〉〈越說越不像話了，原來

是希望我快點死啊。〉〈不是的。事實上我不知道該怎麼過，我只要一點點幸福就滿足了。我要陪著媽媽在世間的一角，安安靜靜的、平凡的過活。〉像是告白，結尾卻有些傷感。春陽正艷的四月的那一天，眼裡冒火的年輕人從校園裡波濤般湧出來，經過醫院向市區跑去。小鬼突然出現在當時正在門口觀看的媽媽跟前，把媽媽拉到一邊說：〈我們現在去，走。趕快。媽媽，我們走。別人不知道也沒關係，沒有人知道也無所謂。我們也不知道什麼是什麼，就是前去。到那裡去……哈哈哈。〉他突然咯咯地笑了起來，並用兩隻手抓著媽媽的肩膀猛搖，然後跑向不停地向前湧去的波濤中。我的兒呀，我寶貝的小渾蛋，不再回到我懷裡的兒啊！已經一年了，四月就要到了，要怎麼去忍受啊，那四月為了什麼又要來呢。

　　她趴在迴廊欄杆上無聲地嗚咽，在上了漿的硬邦邦的白帽底下，頂著多天早晨的寒風的頭髮像雲一樣地飄揚。

　　過了一會，她抬起頭，摸了摸臉。再次移動腳步向前走，轉過一角就消失了蹤影。

　　鴿子用腳指甲踢踢鐘塔頂端，噗嚕嚕地飛了起來。向著充滿陽光的天空，高高地高高地往上飛。

　　還記得一千零一夜裡的〈阿里巴巴與四十大盜〉吧？故事裡頭阿里巴巴的那個貪心的哥哥，被盜賊碎成好幾塊，阿里巴巴找到了哥哥的屍體，心裡非常擔心，後來因為女傭的計謀才順利的下葬。她呢，就是把鞋匠帶來把屍體縫上，神不知鬼不覺的騙過所有的人，這個鞋匠的作業方式正與解剖師相反，是將碎塊連接起來回復成原來的模樣。所謂考古學，讓我們先做個了解也是不錯的。

　　探究死亡的作業，摸索生命軌跡的作業，就是考古學。我們的作業台上放的不是屍體就是屍體的碎塊。死面匠、剝製師是我們的名字。剝製的老虎標本不論有多麼生動，永遠也不會動一下。在這一點上，我們是凍傷處理者。每當有人指著我們的作品說是洋溢著生命、說是富有創意、說是虛構的真實而稱讚的時候，事實上還真難為情。考古學者是以死亡而不是生命、是以發掘而不是創造、是以解讀而不是預言為業的人。哥倫布不是發明而是發現了美洲。所謂的發明也不過是「有」的排列組合。簡單的說，考古學者不是神而是人。開球通常都是由神丟出去的，最近人也學了樣，總統丟出棒球的新聞畫面看到了吧。以前曾有過所有的女性將她的貞操獻給神的時代，請看看這宗教儀式所顯示的令人寒心的象徵性。我們做的工作是查驗神的行為的結果─處女膜的裂傷，而不是將我們自己的性器向裡推。所謂的歷史，是神，連結時間與空間引起的裂傷的無限的連續，傷口癒合後結節的位置稱之為時代或地層。在這裡頭埋有神的私生子，神只是使其懷胎，而不曾負責養育過子女，總是隨性的到處播種。我們做的工作是挖出埋在地層深處的，神的私生子的那些堅硬的石頭、挖掘出的化石大部份是畸形兒，而且還是一塊塊的。概論和用語解釋就說到這裡。

　　近來，對考古學的認識有升高的趨勢。因此，越來越多的人留意這種事，對在這塊田地耕耘的本人而言，坦白說當然是讓人心滿意足。很多人都知道，韓國的遺跡以其荒廢和雜亂而有名。當年挖掘龐貝的時候，該地的專家都大呼驚人，因為保存的狀態實在是太完整了。對於該地的學者能夠探究像這樣的理想的遺跡，真讓我們羨慕極了。我們的遺跡幾乎沒有一樣是保存完整的。不只是這樣，推算年代時決定性的要素之一，也就是埋存狀

態也是亂七八糟。竟然有古石器時代的遺物埋藏在新生代，而就在其正下方還發現與不久前的東西類似的機械類。這種情況使得遺物的時代區分難上加難。更糟的是，同一時代的遺物相互之間也存在這種情形。例如，在化糞池的位置放有高麗瓷器，雖然還不知道是那個時期的，但是在我們祖先不幸的歷史中，恐怕不曾有過連廁所用具都使用高麗瓷器的時代。此外，還出現聖經書中夾著避孕工具的化石。甚至在戰爭文件中也夾雜著戀愛信件。而將軍站立在市場前的事，該怎麼解釋也讓人摸不著頭腦。最近在我國出土的那尊彷彿是親吻 baiser 像的男女擁抱雕像，環著男人的脖子做出親吻狀的那個女人，另一隻手上握著匕首，那鐵片狀似悄悄地向著男人的脅下靠近。要舉出這樣的例子，真是不勝枚舉。但是最最讓人難堪的是，用性質全然不同的塊狀物拼成的人物化石。頭是神父，臉是明星，胸是詩人，手是技術人員，肚子是資本家，性器是馬的那個，腳是袋鼠的腿部。可知道這化石的眼珠是什麼嗎？請別笑，不，請笑吧，在眼珠子的位置嵌有顯微鏡透鏡。這不管誰看都是喜劇，但我們看到的並不只是這樣。這塊殘缺的、可笑的湊在一起的、錯置的化石，如果不是曾經活在充滿苦難的時代的我們祖先的悲淒的姿勢，又會是什麼呢？我們祖先的歷史，不曾是那種為了紀念生了男孩，而在一圍多粗的老樹生長的根旁，將父親為他種植的樹木埋入那兒子的老骨頭的歷史，也不曾是那種為了保存一個都市的美麗而改變戰略的，那某個福地的歷史。

　　以顯微鏡透鏡代替眼珠的這圖像所拋出的問題，並非只是這種感傷。這個化石不管它那模樣是如何的醜陋，事實上還是讓人感覺到有某種統一性存在。透鏡與袋鼠的腳的結合，並不單單只是異質的、場所上的近接，那讓人看起來像是具有連續性的完形

Gestalt的力量是什麼呢？換句話說，問題在於將薔薇花與小石頭絲毫不差的放上去的手掌究竟是什麼呢？

　　今天各位所看的影片，是考古學入門系列的其中一部，是最近挖掘的某個都市的全貌。這個都市想必是上古時代某個王朝的首都。之所以特別選這一部，不只是因爲是最近發掘的，如同剛才所說的，主要的原因就在於這部影片充分顯示出韓國遺跡的荒廢程度與雜亂無章，是一個典型。基於此點，這部影片足以稱之爲是能夠綜觀韓國考古學的課題、展望及問題所在的白眉篇。這部影片對在學術上有強烈的潔癖的人，也許會將之視爲邪道。所以爲了初學者著想，已經在某種程度上做了復原，當然這完全是假設性的重組。因此，爲了將來易於取下，而使用了品質極佳的水溶性膠水稍加黏合，並且完全未經化學處理或刻意改變其原來的形狀。爲了做這樣的處理，我們花費了許多心力在學問的嚴謹性與學問的大眾化之間相互背道而馳的命題上取得暫時性的平衡。雖然不是辯解，但我認爲這是在過渡期中的生存者的悲哀。就純粹的科學家來說，會有誰喜歡插手啓蒙這種事，這是我們的十字架。在看的過程中，如果認爲重組的部分有疑點或有其他意見的人，請與本學會聯絡。業餘者單純的想法對專家來說，是比處女更貴重的寶貝。這部影片由於對象本身的性質，以及所說過的製作取向，所以用了比較慢的步調。而且不斷的插入特寫鏡頭及反覆同一場面，甚至停止放映機的轉動，讓重要的畫面能以靜物照片呈現。

　　其次，這部影片的片名是〈朝鮮原人考〉。使用朝鮮這兩個字，並不具任何意義，這不過是從我國過去的國號中經抽籤抽中的記號而已。即使往後的研究結果顯示其年代屬於別的時代，這個名稱也將照原樣以固有名詞使用，應該不至於會有所改變。至

於後面用原人考這三個字呢，當然遺物不只是人，而幾乎是形成一個都市的所有的建築物及其他的一些東西的整體。舉例來說，我們在美術館的風景畫中踱著踱著，最後總會來到肖像畫前停留最長的一段時間，所以我們用了原人考而未用原景考，這並不表示人物以外的遺物價值比較低。證據之一就是，挖掘的這個都市是屬於冰河期，雖然還不知道是那一個冰河期，但各位應該可以感覺到我們花了不少努力要將它展現為酷寒期的痕跡。請看看影片上，推算的那個時期的室內溫度、氣溫、風谷、降雪量等的氣候條件，以及寒帶微生物、極光現象、各遺物含有的放射能比例表等等這些已經查明的。耶誕節紀念試映會就到此結束。（咳咳喀喀）叮噹。

　　燈亮了。人們一一站起身來朝門邊慢慢擠去。由於他們沒有刻意地去隱藏深深的感動，看起來反而讓人感覺是以沉重的表情離開會館。和風輕拂的五月夜晚。陰曆四月初八日。慶祝釋迦牟尼佛聖誕的焰火給都市的天空上了耀眼的彩粧。解除音響管制的夜空中，快樂的曲調像霧般擴散。兩個戀人並肩走向迴廊。路燈映照下，如瓢花般艷麗的女人左頰上有個可愛的黑點。男子結著紅領帶，不發一語的走著。從他們的眼神看不出誰想開口說話。他們雖是打算去市民會館聽大乘正觀音禪師說法，但以走路的步伐來看，似乎也沒有要準時到達那兒的想法。想來連觀音禪師都無法確實知道這種朋友會遲到多久。風輕搖著篠懸木的葉子而過，不知從何處傳來夜晚的歌聲。

　　五月的夜
　　靜靜地

傾聽
會有聲音
偷偷貼近

邦邦響著的窗框輕輕拂來
從遠處傳來的
篠懸木枝梢碰觸的聲音
自遙遠的昔日呼喚的聲音

五月的夜
聽著
遙遠的話語
我這顆心無端地
亂了起來
愛人啊，想你
寫在信裡告訴你

是如煙火般美麗的女高音，咚咚的伴奏聲應是出自吉他。女子望向男子側著的身影開口說：

「民！」

「……」

這邊不吭一聲用眼睛回答。

「在那個時代人們也談情說愛嗎？」

男子仍然不作回應，卻突然停下腳步，女子也停步不前。男子用兩隻手抓著女子的手臂，定睛看著她的眼眸，像是仔細玩賞可愛的寶物似的。

「傻瓜，這算什麼話？要嚇人啊？一定是忙著談情說愛啊，不顧一切的愛。其他還有什麼可做的。」

男子將手臂放入抓著的女子的腋窩下，循著背部往上，用兩手手掌緊緊貼著女子細嫩的後腦勺，讓她動彈不得，然後親吻她的嘴，一直不斷地。

天上煙火燦爛，地上和風徐徐、樂聲悠揚。篠懸木的枝椏輕盈搖曳，葉子靜靜地揉搓著手掌。

兩人的接吻還在持續。

註1：「瑪麗亞‧瑪格達萊娜」──《Magdalena Maria》，德國劇作家黑貝爾(Friedrich Hebbel, 1813~1863)現實主義戲劇的傑作，被後世稱為「市民悲劇」，反映當時德國的小手工業者受資本主義工業發展的威脅而沒落的情況。

註2：「春香傳」──古代小說的代表作，作者和時代不詳。以男主角李夢龍、女主角成春香的戀情為題材，描寫朝鮮中期社會特權階級的蠻橫小吏，以及農民生態和感情。古本有京板與完板兩種木板本，台灣商務印書館曾出版，由許世旭先生所譯。

註3：「桑丘」──係塞凡提斯《唐吉訶德傳》(Don Quijote de la Mancha)中主角唐吉訶德的僕人。

註4：「李舜臣」──西元1545~1597，朝鮮時代著名的愛國抗日將領。西元1592年春，日本豐臣秀吉調集20餘萬大軍大舉入侵朝鮮，朝鮮情勢如累卵，史稱「壬辰倭亂」。李舜臣臨危受命，組織了強大水軍，屢次擊敗日軍的進攻，

粉碎日本佔領朝鮮半島的野心。惜烽火無情，兩軍慘烈的交火下，李舜臣左胸中彈逝世，享年 53 歲，諡號「忠武」。後人感念其對韓民族的巨大貢獻，每年都會舉行各種儀式來紀念這位民族英雄。

註5：「獬豸」——能辨是非、斷善惡的虛構禽獸。狀似獅，頭中央有角，立於宮殿上。

註6：「聖德女王」——新羅27代王、姓金，名德曼(？～647)，632～647 在位，26 代眞平王之長女，年號仁平，歷經百濟，高句麗紛爭，曾送慈藏法師赴唐求法。

註7：新羅骨品之一，父母皆爲王系的人，自新羅王朝始祖赫居世王至 28 代眞德女王爲止，皆遵循此骨品制度，又名眞骨。

註8：「尙萬強」——Jean Valjean，法 國 文 學 家 雨 果(Victor Hugo)創作的音樂劇《悲慘世界》中的男主角。

註9：「安重根」——西元 1879～1910/3/26，朝鮮愛國志士，出生於黃海道海州。1900 年 4 月，日本首相桂太郎、外務大臣小村壽太郎以及統監伊藤博文，在東京召開秘密會議，策劃吞併朝鮮。7月6日，此計劃得到天皇的批准。10月，前總理大臣・樞密院議長伊藤博文前往中國東北與俄國代表會談，在哈爾濱火車站被安重根刺殺身亡，安重根本人在 26 日被害於旅順監獄內，得年僅 32。安重根義士身後留下許多遺墨，以及《東洋平和論》一書。1962 年韓國政府追贈建國勳章，以茲表揚。

笑　聲

離約會的時間還早，她依然直接走進了巷子裏的拐角處。

當「哈瓦那酒吧」的招牌熟悉地映入她的眼簾時，就好像在街上遇到一個謠傳已死掉的人，那樣地使她覺得陌生。

她像是費了很長的時間才走到這條來往無數次的巷子。這時，她覺得有一股澎湃洶湧的巨浪在心中激盪著。

推開門，進到大廳裏的時候，那種感覺更加深了。牆角堆了一些椅子，椅子腳倒擺著伸向天花板，兩層布簾把椅子堆蓋得像城牆。以前精心擦過油漆、黑得發亮的地板，現在卻是灰濛濛的一片。最先看到的是這塊地板，其次是用布簾遮住的椅子堆、高聳出來尖尖包鐵的椅子腳。這不就是她一個多月以前大笑狂飲的地方嗎？表面裝著醉了，心裏還在計算著該給多少，該扣多少。交易金錢的地方！不，是另外一個地方。第一次來到這個地方，就像是她在銀幕中見過的沙漠，和那伸展在無際空間的仙人掌枝和尖刺，讓她心中有著被刺般的痛楚。

她像小偷躡手躡腳地走到裏面的櫃台，把皮包用力往櫃台上一摔問道：

「有人在嗎？」

壁櫥通往廚房的小門前擺著用過的陽春麵、湯麵碗，湯漬未乾的碗算是回答了她。那邊並未傳來人聲，她又喊一聲，一手抓住皮包，另一手握著拳，用力地敲著緊貼在身邊的櫃台。

裏面終於有動靜了。她正想開口說什麼的時候，小門開開

了，這偌大的空間裏，意外地出現了順子的面孔。

「啊，姊姊……」

順子抬頭望著她……笑了笑，進去了一下之後走進櫃台裏面。

「妳還在這裏？」

「嗯。」

順子把落在額前的頭髮往上一掠，又笑了笑。她想到自己以前常常把用剩的指甲油和口紅送給順子。原來在廚房工作的順子，在酒吧關門的這段期間裏，化粧和舉止似乎學得相當老練了。

「老闆娘沒來過？」

「來過了。」

順子說

「什麼時候？」

「就是……大概四、五天以前，還說很快就要重新開張了……」

「是嗎？」

那麼今天她大概會守約的，她想。老闆娘很顯然地希望把她留下，特地把別的事擱一旁，和她訂了她想算清這筆錢的約會。她坐在唯一留下的椅子上，再向站著的順子問道：

「她沒有說今天要來嗎？」

「沒有。」

總之，等了再說吧，要實踐決心，就要那筆錢。用那筆錢來實現決心這件事，現在對她來說，和錢的份量一樣地重了。

順子不再東問西問了，大概是和若有所思的姊姊對看得無聊，順子收拾了麵碗，告訴她馬上回來，不要走開。她也沒有點

頭，只是用手托著下巴，呆呆地坐著。

　　兩道門的玻璃都不亮，厚厚的窗簾把長長的窗子遮住了，大廳裏一片黑暗。她坐在黝暗處，從窗子陽光映入窗簾，有如戴墨鏡的男人瞳孔。驀地，一個戴墨鏡的、清癯的眼眶浮現在她的眼前，然而卻又很快地被內心的憤怒擊碎了。隨著臉上血液的上升，她暗暗地生氣著，於是打開皮包，掏出指甲刀，開始修指甲。

　　和往常一樣，她以修指甲來鎮定內心。無聊的時候，周圍喧嚷的時候，不想聽對方說話的時候，討厭兩眼對視的時候，還有高興的時候，不管什麼時候都有修指甲的這個習慣，在同事之間早就不稀奇了。她們常以她修指甲的姿態來代替聽她的回答。根本不需要再修了，她還是找到了一個小瑕疵，小心翼翼地修著。

　　這條巷子都是酒吧。她們這家是在巷底，剛過了下午一點。這時很安靜，幾乎聽不到任何聲音。她不時地抬頭望著門，又回頭看著角落的椅子堆，好像掛念著在她修指甲的時候，門和那椅子堆會不會仍在那裏，她的視線不停地注視另一小門，像針擺投向椅子推，再回到指甲之中。她的同事畏懼她這種修指甲的樣子，動作代替了言語。新來的人覺得她老氣橫秋。跟她互相競爭的人看到了就厭煩，還有老闆娘，看到了「老大」的派頭。

　　順子還沒有回來。時間都到了，老闆娘也還沒有來。順子說是會來的，如果不來的話……她想到這裏，偌大的大廳恍如一個人挺立在她心裏瞪視著她。萬一不來的話，未來的生活便將和眼前的情景一樣了。

　　老闆娘比約定的時間晚了一個鐘頭才來。正如順子說的，她說酒吧就要復業，重新裝飾，投下大錢，要搞出一番新氣象。她聽了老闆娘的話，仍然有些不安，大概想到對方要用吹牛來賴帳

吧。其實卻不然。對著一臉不情願又不答腔的她，老闆娘從皮包
裏掏出支票，說道：

「最近很忙是吧？妳總是和別人不同的嘛，會爲這點錢鬧窮
嗎？眞的，還沒有釣上那傢伙嗎？」

老闆娘如約給錢，眞是料想不到。她明明是想酒吧再開門的
話，她一定還會來上班的，所以一面安慰著她。

問到她是否釣上了，她好似被觸痛傷處的貓一般地發怒了。
她沒有說話，拿了支票放進皮包裏，想著現在可以死成了。

漢城火車站下午四點鐘有一班車去Ｐ溫泉。她坐了第二天的
火車，大概不是假日的緣故，二等車廂內空蕩蕩的，快開車之
前，一個胖胖的中年男人坐到她身邊來。本來想獨坐的她，眞是
煩極了，然而又不容易立刻換位子；她望著窗外往後跑的五月，
像望著昨天酒吧的風景一樣地望著。

確實的，這件事完全在於她了，她下了決心要死的，現在只
不過正奔向陳屍的地方。她討厭死在房東那裏；因爲住在裏院的
那幾家的人一定會來房前吵吵嚷嚷，指手劃腳看熱鬧的。而且吃
了藥到入睡的這段時間，在窄狹的房裏呆望著天花板，眞是比死
更痛苦。變賣了東西，正好還清房租和雜貨店的欠債，因此老闆
娘給她的錢就留下來了。她選了路途較近，以前去過的Ｐ溫泉這
個地方。現在事情都清理好了，像火車表一樣，緊湊的時間在依
次地等待著她，而所有的事情依舊像謊言似地使她煩躁。

這時，她又感到煩躁起來。對面座位那個兩鬢灰白的男人在
煙霧中死盯著她，她觸覺到他心裡在說：我知道妳的身份。她動
彈不得，因而越感到疲睏不堪。她很快地打開皮包，沒找到指甲
刀；一瞬間，最紮實的感情深淵裂開了口，又咨嗇地癒合了。

正巧，一個販賣員好像專為她而來；她買了蘋果，又借了刀子緩慢地削著果皮。

「要去很遠的地方嗎？」

胖男人終於開始搭訕了，好不容易忍住了把手中的刀子刺向那聲音的衝動，她沒有回答，只看到男人微笑的臉，她像剝著茄皮似地、輕輕地削著蘋果。她瞇著眼，被一種要把刀尖刺向對方的慾望沉醉著。是不是我臉上畫著職業的標記？而男人的視線卻像在說：「不管這職業是好是壞，我可以對妳為所欲為。」這使她憎惡得很。這男人——她對這首次遇見的胖男人有了殺意。真的，如果帶了這男人去的話……那對自殺計劃又有什麼影響呢？在酒裏放下藥給他喝，然後我可以一個人到那地方去死。真想就這樣辦。這是可能的事。從自己要死的決心的正確率看來，這件事一點也不過份：殺掉他……啊。

「啊！」

聽到聲音比自己男人更快的聲音，她揑住了大拇指，手中的蘋果掉在地上，被揑住的手指冒出了血。

像是一切都計劃好了的，她無言地站起來，提起行李架上的小箱子，走到車廂最後的位子坐定，用手帕包住血流如注的手指。痛楚中她把頭靠在椅背上，精神鬆弛地望著窗外；被汙染成沙漠般的原野不斷地逼近，而懷抱著沙漠的女人竟還被當成慾望的對象……這種冷酷使她悲哀。

到了Ｐ溫泉正是黃昏的時候。訂的房間很中意、因為沒有食慾，呆著也無聊，她就出去逛街。

街頭到處擺了攤位，人群熙來攘往，看來都是來遊玩的；其中大概沒有和自己目標相同的吧？他們都很愉快的樣子，雖然如

此，她並不羨慕。來到目的地之後，她的心裏空了，好似連仙人掌都消失了的沙漠，連那個刺也沒有了，因此明天要死的事更像一則謊言了。

　　巷子裏頭有一個教堂，亮燈的那一面窗子朝向街外，她佇步望著裏面，兩邊靠牆各擺了一行椅子，中間是空的。從立在教壇後的金色耶穌像，她知道那是天主教堂。空盪盪彷彿似曾相識，茫然之間，她頓悟到自己心裏還存著昨天那酒吧裏空蕩的地板。小小的教堂比酒吧大廳大不了多少。她仰望耶穌，耶穌低著頭，無力地舉起黃金色的雙臂。前面有一座瑪利亞抱著聖嬰的石膏像。瑪利亞像抱著遺腹子的未亡人，只是不同於世間的任何一對母子，他們這一家也有著自己的問題罷了。突然，懸掛著的耶穌的黃金色雙臂漸漸伸長，像是垂掉了下來。那巨大的聲響在幻覺裡綿延著。她把頭髮往後一撥，久久地仰望著，彷彿她一直等下去的話，這件事就會眞的發生了。她心中於是升起一個很傻的想法：如果這被懸掛的男人，這有黃金色雙臂的人伸手喚我，我會打消死意的。並不是因爲自己怕死，而是萬一眞發生這種事情，它就和我的死同等份量了。萬一眞有這種事情，她希望她那求死的決心像風箏一般，漸漸輕盈，和她活生生的身體遠離。這想法使她焦躁起來；她希望耶穌眞的伸出祂黃金色的雙臂，她幾乎是以祈禱的心情望著耶穌的。然而，耶穌像罪人般靜止著，瑪利亞也靜止著，什麼動靜都沒有。她漸漸著急起來，終於走了。

　　第二天是個晴天，她慢吞吞地準備著，快到正午才從旅館走出來。這旅館座落在山路的入口，門前有小溪，她決定死的地方就在那山裏。從那決心要死的刹那開始，那個地方就在她心裏存在兩、三次了，她每次來的時候，都停留許久。那個地方就像是床，對於瞌睡的人那樣地拉扯著她的心。蒸發的熱氣和欣然的草

香使人沉醉。走近了山腳，她開始喘氣。不僅是由於爬上斜坡，
也由於感到愈近那個地方，離死也愈近了。上山來的人，隨時都
會發現它的，它是巧妙地隱藏在山角的一塊空地。雖然山中的墳
墓也常有這種好環境，但是它更封閉、更雅緻。遠遠地，她就認
出來了；樹葉遮住，看不大清楚。現在是下坡，她小心翼翼地邁
著腳步。從攀纏的樹葉縫中，她看到了那塊空地。她筆直地站
著，然後彎著腰，呆呆地從縫中望去。

　　有人在那兒。

　　她稍向前走，想大步地走到空地，然而沒走幾步就來到一個
小懸崖，她只好躲在樹後，儘可能的看個清楚。空地四周的樹
葉，密密地搖晃著，她無法看到人的全身，只知是一對男女躺在
草地上，女的枕著男人的手臂，面對面躺著。她噗通一聲坐下
來，坐在欣然的草地上。事實上是墜落了，她心中那必死的決心
突然動搖了，她的心空虛地墜下來。她不再看他們。長刺的果子
附在裙子上，她把它們一個一個拔起、她一直沒有抬頭，風中像
是傳來女人短促的笑聲，她仍然坐著。裙上的果刺都摘完了，她
開始拔草繞著手指頭。陽光溽暑的空氣、青草和泥土特有的味道
混釀得濃濃，很像墜落時暈眩的味道、她想嘔吐。不知過了多
久，總是很久吧，她疲乏地站了起來。空地上的男女仍躺在那
裏，仍又聽到女人短促的笑聲，她被那笑聲追趕著回到了旅館。

　　那個晚上，她被焦躁的夢境糾纏著。青色草地上躺著那對笑
得很幸福的男女，仔細一看，女的竟是自己。她說：「我眞希望
枕在你的臂膀死掉，還有比這個更幸福的死法嗎？」男人說：
「爲什麼？天空這樣美好，妳再聞聞這綠草的味道，死了，一切
就都完了。」可是女的撒嬌著說：「不要，我就是要現在和你緊
緊靠在一起的這個樣子。」然後，那男的又變成耶穌，耶穌把黃

金色的雙臂墊在她的頭下，露出白色的牙齒寞落地笑著。這張臉似乎很像一個人。耶穌用另外一隻黃金色手臂撫摸著她的手說：「妳只能爲我而死。」「哎呀！」她說：「這是什麼意思呢？」「是說妳只可以死在我的手臂中。」「那麼死吧！」「不行。」耶穌說著，從口袋裡掏出太陽鏡戴好；這張蒼白的臉像極了一個人。「爲什麼不行呢？」她用頭撫摸著枕著的黃金色手臂，耶穌又說：「這事業一定會成功的，妳還我錢吧！」她這時才恍然大悟他是誰了。之後，她從男人的臂中溜掉，醒了，還是半夜時刻。

　　第二天，她在同樣的時間上山。她覺得路途似乎比昨天近，便儘慢地爬，來到了目的地，她期待似地望著那可怕的光景：那一對男女早就來了。然後，她看到那女人枕著的手臂在陽光中發著金光，那男人穿著深黃色的襯衫。她看到女人翻過身，一陣陣笑聲……

　　她馬上走了。回到旅館，在走廊底下擺了一把椅子。她搖著扇子在想，這種事眞出乎意料，所以要下結論頗費時間。發現這地方的男女可能每天都去，他們準備停留多久呢？也許可以等他們不在時再去。然而，他們不在那裡，並不能說他們已經眞的離開了；或者說他們那天不會去。萬一在她吃下藥正陷入昏迷的時候，他們正好到達的話，事情就會弄糟了，那麼打消死在那裏的念頭吧。這似乎更難，從下決心的一刹那就選了它，現在要死，就要死在那個地方；不死在那個地方而死在別處是絕對不可能的。還有一個方法，便是晚上去那裡吃藥。雖然還是同一個地方，但時間改變了，也等於改變了地點本身的性質。她第一次看到那塊空地是在白天，躺著仰望天空和夏日的白雲，四周是繁盛的樹林和清新的空氣。不知道晚上是什麼樣子，晚上才去死在那個地方，對於她是一個無法想像的新局面。

　　躺下來，一直無法得到結論。閉上眼，又看到了空地上那一對多情的男女，她失眠了。隔鄰的客人已停止了喧嚷，偌大的旅館裡，大概只有自己還沒睡吧？最後，她像禁不住引誘的小說讀者，天真地打開了記憶之門，她和戴著墨鏡、蒼白著臉的他甜蜜地躺在那草地上，她現在才覺悟到那就是和他留下記憶的地方。她為著自己行為的意義完全地揭露了而生氣。並且，那一對男女還盡興地佔有那塊空地來侮辱自己。想到這些，就愈恨他們。她不認為曾給了他純情，因為她已不相信有那種純情。她為了自己在駕御著他的純情而有些歉疚。他要回錢的時候，她的歉疚被沖淡了些，她曾想那是不是為了表示自己的誠意，如果換了別的男人；姜或韓的話，用同樣的條件商量，她也是會答應的。第一眼看到空地上的多情男女時，她疑心是自己的幻覺，那幻覺和死亡是均衡的。但是幻覺很快的破碎，她空虛地墜落了。那時，她終於瞭解了墜落的意義。她曾經戀愛過的，賣身的錢很快地奉獻給他，並且也曾毫不遲疑地奉獻了純情。純情，她咯咯地笑了，繼續咯咯地笑著。她覺得這種笑不是出於自己的喉頭，而是躲在房角暗處的一個女人的。突然地醒了，那是在夢中笑的，剛才的思維都溜掉了，只好像聽見了某個人的笑聲。也許是空地上風中傳來的某個女人短促的笑聲吧。她努力地回想著夢的內容。她的心又飛到另一處去了；她想著空地上的一對男女什麼時候會像自己和他一樣地分手。她想著那甜蜜的女人有一天會和自己一樣，單獨地再來這塊空地。之後，她的心有如謊言似地鬆弛下來。就在今夜，她為了要下結論，辛苦地思索著，終於得到了結論。而有了巨大的安定感，立刻睡意濃郁，一覺到次晨。

　　她比前一天遲起了兩個鍾頭，頭清眼亮，毫無倦容。

　　到了中午，她簡單地吃了飯，然後又上山了。她想觀望到今

天爲止。昨夜睡前的那些希望在安慰著她，爬山的時候，也不像昨天那樣焦躁了。即使再看到先到的他們，她也不會失望了。等一下的事情等一下再想吧；現在反而變成她在等待他們了。

她和昨天一樣走到峭坡。望向空地的時候，那男女躺著的地方已經圍了十幾個人。她一時感到噁心想吐，溜出那一次次守望的地方，小心地走下斜坡，走向人群。

圍住的人群中沒有人回頭看她，她擠到他們中間時，也沒有誰注意到她。

那男女躺著的地方被蓋上了草蓆，只露出兩人的頭和腳。墊在女人的頭下，在正午發出令人目眩的金色光輝的男人襯衫的袖口，她看到了腐爛發黑的手臂。

她聽到旁邊的人說：

「是什麼時候死的呢？」

「那邊那個戴眼鏡的刑事說大概死了一個禮拜了。」

她乍聽之下有如夢囈！這時，草蓆之下又傳來了笑聲——年輕女人的短促笑聲。她眼冒金光，雙腳鬆弛，倒在草地了。

她在 P 溫泉停留了一個禮拜，又坐上回漢城的火車。

從商店買了一個指甲刀，坐在窗口的她，一面修著指甲，一面望著窗外。

和來的時候一樣，窗外被污染成沙漠色的原野在流動。她在那原野裏，看到一棵仙人掌的樹蔭下，躺著一對男女。那男的是陌生的，那女人的臉則被仙人掌遮住了。而仙人掌的刺的另一邊，卻彷彿有女人短促的笑聲。修完了指甲，她禁不住凝神聽那笑聲。很熟悉、很眞切的笑聲，音質沉亮地傳來，那正是自己的笑聲！

國道盡頭

正午，八月艷陽的騰騰熱氣在鐵路上翻滾，地形空曠。鐵路從遙遠的地方來，又奔向遙遠的地方去。

國道貼著鐵路併排奔馳，是條舖設良好無可挑剔的道路。油膩的焦炭舖設的地面流露出光澤，寬敞而勻稱的路面比鐵路還要威風。順著道路前行，周邊全都駐紮著美軍部隊。

鐵路空蕩蕩，只見陽光照得熱騰騰的。道路此時也正是車輛往來極為稀少的空檔。

道路對邊盡頭有輛車出現，車子在平坦的路面上就像滑行似地漸漸駛近，是民營巴士。巴士裡乘客不多。大概因為不是週末，又是卡在車流量最少的時辰才會這樣。乘客共有六人，穿著泛黃的夏威夷襯衫，將已退流行的青黑色雙排扣西裝上衣搭在手把上，約莫五十歲的，像是在美軍駐屯區後面做生意的男子。同樣身穿白色夏布長袍，頭戴褪了色的氈帽的兩個鄉下人，兩個人都把車票插在帽沿。還有兩個頭髮蓬鬆穿著短袖襯衫的鄉下青年。在最後面的位子上，面容白皙的青年將大學生用的手提包擱在膝上，不住地向外朝鐵路看去。

到了檢查哨。憲兵歪著身子看了看後退了回去，警官走上車來，查看穿著雙排扣西裝的男子的身分證。

「職業是？」

「生意人。」

「做什麼生意？」

「沒什麼，只是小生意。」

　　警官直接走過穿長袍的兩位，把手伸向併排坐著的兩個青年。接下他們遞出的紙張邊看邊問道：

「去接受體檢回來的？」

「是的。」

兩個人很不屑地回答。一付對自己的身分頗有自信的模樣。

警官走向坐在後座的青年。接下證明書看了看。

「是學生啊？」

「是的，不是……」

他紅著臉說：

「那是學生時代發的。」

「現在是？」

「教員。」

「去做什麼？」

「去赴任。」

「有什麼證明……」

青年從手提包裡拿出張紙。

「是國小老師啊？」

「是的。」

　　青年以略帶生氣的口吻回答。警官走下車，打手勢叫車開走。司機親切地揮揮手，然後開動車子。年輕教師又朝鐵路看去，陽光照得熱騰騰的空蕩蕩的鐵路，一語不發的一路跟來。

　　在橋頭遇上美軍運輸車隊。前導的吉普車打手勢要巴士讓路。這條路上有道是官員巡行閒雜人等閃一邊。司機嘀咕著把車開到一邊停下。車身都有用紅字寫著〈爆裂物危險〉字樣，還清晰地畫上骷髏模樣的卡車，一輛接一輛過去，全都覆蓋了帆布。

車身擦得油亮，每輛車的駕駛座上坐有兩個潔淨的士兵。也有頭戴運動帽而非戴軍帽的朋友，也有黑鬼，黑人士兵臉朝這邊握緊拳頭無聊地做出威脅狀，然後笑咪咪地露出牙齒，說是去接受體檢回來的兩個青年縮回脖子忍不住噗嗤地笑出來。

車輛開著黃色的前燈。一式模樣的帆布，一樣的〈爆裂物危險〉，同樣的黃色前燈，一樣的快速，載著同樣的士兵的車輛，一輛接著一樣開過去。真不知還有多少。道路遠遠的那邊，看得到路口的山彎處，車輛不斷的冒出來，密密麻麻地連成一線。車輛的前進就像反覆轉動的履帶，總是讓人誤以為又轉回到了同一節上，看不出有什麼減少。讓到一邊的巴士後頭，不知不覺之間已經擠成一列。這列隊伍種類可多了，有民用車輛、軍用車輛、卡車、吉普車、貨車等等，只有表情是一樣的，心中壓抑著不耐的情緒著急地等待車隊走完。

車隊的最後一輛車過去了。巴士又開始向前行駛。教師又將眼睛轉過來朝向鐵路，烈日照得熱騰騰的鐵路依然是空蕩蕩的。

巴士無聊地奔馳在平坦的大路上。過了好一會兒，巴士裡的人不約而同地推身向前並伸長脖子看向正前方。一隊花花綠綠的隊伍伴隨著熱鬧的哭聲打路中間慢慢地走過來。巴士又像剛才一樣閃到一邊。乘客全都聚到一邊，把頭探到窗外看熱鬧。

是旗幟很多的舊式葬禮隊伍。身穿素服解開頭髮雖是遵循儀式，抬靈柩的人卻全都是女性，而且抬靈柩的女子和跟在後面的女子都不是鄉下人。

司機把一隻腳搭在駕駛座旁的安全門上，手掌托著下巴，手肘靠在方向盤上不耐煩地看著這情景，以一點都不覺得奇怪的語氣說道：

「是美軍酒吧小姐的葬禮，抬靈柩的是工會會員。」

　　乘客們點頭。旗幟上的字句各有不同，也有這樣的：〈姊姊安息吧〉、〈蘇珊妳怎捨得留下我獨自離去〉。

　　隊伍一拉一放的拖著牛步行走，一句北邙山川加上靈媒的一段陳述之後，哎呀哎呀邊哭兩聲邊前進的靈柩，又遲疑地向後退去。就這樣反反覆覆地掙扎，好像永遠也過不去。

　　隊伍前後等待的車輛排成一串，都成了觀眾。葬禮隊伍互相照面，而方向不同的車輛之間所留下的空間裏晃呀晃的，稍微向這邊過來了些，隊伍像要走向脫離國道的岔路去。這段期間車輛是應該要耐心等待的。葬禮隊伍不僅只是向前向後，也向左向右跟跟蹌蹌的晃來晃去，根本是跨出去一次又退個兩三步的走法，隊伍啊──不像要往前走的，倒像在大馬路中央擺開了場子耍起把戲的戲班子。陽光遠遠地照瀉下來，藍色綢緞製成的旗幟忽而歪斜忽而扶正地閃著光。隊伍似乎對看熱鬧的毫不理睬，只是兀自地磨蹭著，比起剛才根本沒有向前移動多少，沒有一絲風。天熱。隊伍終於好不容易地晃過去了，一名女子唸唸有詞地替代死者的靈魂說話，並悄悄地在巴士的尾部拍了一下後走開，巴士再次啟動前行。國小老師過了好一會才回頭向後看去。葬禮隊伍正越過鐵路與道路交會的路口。由於越過的那頭是個凹下去的地方，隊伍就這樣消失了。後面空蕩蕩的鐵路熱騰騰地露出它的模樣。

　　過了沒多久，巴士到達一個小村莊。是這國道沿線時而可見的成排的德州村。街道兩邊掛有〈Arizona 商會〉〈Lily 姊妹商店〉〈Honey Cats〉〈Pink Heart〉這種英文看板的小店比比皆是，屋頂都是用帆布遮蓋的。放眼望去只見沉悶的國道，以及馳騁於沉悶的農田、小山和山麓的鐵路，與這村子顯得極不搭調。

某個小店中，有個女人用一隻手從後面環抱著黑人士兵的腰，用另一隻手的拳頭打著他的背，士兵則兩手抱著腦袋挨打，是以美軍為對象的小店。那小店後面，一樣是臨時搭建的房舍林林立立所聚集的小街道。這街道不過只有巴士一口氣就能開到底的長度，巴士在這裡載了四個人，又開始上路。

巴士裡面氣氛明朗有生氣。有一個是女人，穿著粉紅色襯衫和粉紅色皮鞋，一眼就可看出是在這街上討生活的那種女人。她提著看似進口的旅行箱上車。其餘三人是身穿軍用工作服的酒醉青年，他們把頭髮留長直達耳根，並用髮油抹貼得緊緊的。過了一會，其中一個對著身穿粉紅色罩衫的說：

「長得不錯嘛？妳什麼時候來的？」

沒錯，臉蛋很漂亮。戴在女子耳朵上的銀色耳環雖看似有些抖動，但她不見答話。

「耳朵打樁，聾了啊，聽了不順耳，是不是？」

同夥的另一個青年馬上接口說：

「樁子該打在別的地方吧。」

乘客們沒精打采地呵呵笑。司機的肩膀也動了一下。女子怒視著青年，與青年坐在同一排的年輕教師總覺得女子的視線是射向自己，而心虛的把頭轉開，事實上他是唯一沒有笑的人。

「喂？看什麼？銅錢收不收啊？」

女子用力轉開頭看著前面。

「喂，踉什麼，XXX。」

乘客們又無精打采地笑了起來。教師臉色越來越紅想要起身，像是想要開口說什麼，卻又一屁股坐了下去。他心想這扭著脖子向外看的側臉的確漂亮，也認為她的嘴唇可人，青年們嘴裡不停的說些淫亂的下流話。每說一句，穿雙排扣西裝的就呵呵地

笑，身穿白色夏布長袍的兩個人微微地笑，去體檢回來的年輕人則嘻嘻地笑。而教師則是氣得臉上一陣青一陣白地偷偷看著女子。由於女子仍然扭著脖子不往這邊看，教師沒有辦法告訴她自己不在發笑的那群人裡面。巴士沉悶地奔馳在沉悶的路上，醉漢們的下流話沒完沒了，這下以為會安靜一會了，卻又有人冒出一句。乘客們又無精打采的笑了起來。

女子猛地站起身。

「讓我下車！」

司機回頭看了看，又看著前方緩緩的說：

「在大馬路上……」

前後只有蒼茫的國道與無邊的平野。

「沒關係，讓我下車！」

司機嚼著嘴讓車子轟隆轟隆發動著不熄火，嘴裡唉一聲停穩車。女子提起箱子朝門走去。

「喲？要下車？」

「在路上賣啊？」

「我馬上就去，洗乾淨等我喔。」

醉漢們到最後還滿嘴下流話。女子裝做沒聽到，在走到門邊最後一個踏板時突然一個轉身，飛來嘹喨的話語。

「狗傢伙！你們沒一個好東西！」

一聲怒罵之後，也不知是那女子先跳下了車，還是車子先往前開，好像是後者稍微快了些。

載著狗的巴士，像有些猶豫似的開開停停了一會，就又奔馳了起來。開著開著，這載著將前腳搭在窗上撐著身子狂吠的狗和其餘的狗，狗開的巴士，像夾著尾巴開溜的狗似的奔馳在國道上，遠遠地消失了。

　　沒有車輛往來的無邊平野上，只剩下有如小小的粉紅色洋娃娃的那個女子。她發楞地看著巴士消失的地方。過了好一會，她轉身面向來時路。那邊蒼白的國道與熱騰騰的鐵路──兩條無盡的路就在那裡交會，然後分開遠遠地延伸著。那交會處的路口，有個 SALEM 香煙的巨大模型有如大廈般矗立在那裡。高大的支柱上方，略為斜斜置放的綠色巨大煙盒頂端，有根煙筒般大的香煙露出三分之一，像炮身一樣瞄準天空。她楞楞地望著那雪白的砲身，有幾輛載著不時挑逗幾句的美軍士兵的卡車經過，沒有巴士來。她的表情看不出一絲焦躁，仍舊望著巨大的 SALEM，專心地在沉思著什麼。就那樣在艷陽下站了約半個鐘頭。終於他提起了手提箱，然後朝剛才搭來的方向──SALEM那個方向走去。她一面低頭沉思一面一拖一拖地走。不多久，當她走到道路上映著 SALEM 的陰影的地方時，她聽到身後來車的引擎聲。她回頭看，是巴士。她在陰影中放下手提箱，巴士在她前面停住，她提起手提箱上車，車門關上後又開始奔馳，遠遠地消失，融入艷陽下滾燙而油膩的道路裡。

　　原野上，現在只剩下孤零零而黑油油的道路和熱騰騰的鐵路──兩個不發一語的旅人。它們默默地朝著各自的漫漫長路走去。巨大的綠色 SALEM，默默地看著它們遠去。

　　在位於都市外圍、郊外入口的，鐵路和國道交會處的這邊，有個少年在等候。在這薄暮低垂的八月的傍晚，從日正當中的時候開始──在比他家還要大上約兩倍，上頭寫著「Vita・M」的鐵皮看板的陰影下，有很多巴士過去了。他等的人沒有來。

　　國道漸漸暗了下來，鐵路在慢慢落下的夕陽裡，就像少年的希望一樣，發出沉重的金色光芒。遠處傳來引擎聲，少年向前跨出一步。不久，亮著前燈的巴士出現在那邊的路口。車子開了過

來，不稍停歇地開了過去。少年又蜷縮在一旁。這時鐵路已失去了光芒。

　　列車發出隆隆的吼聲奔來。少年起身稍稍向後退。火車頭兀自發出怒吼開過去，客車緊緊的跟在後頭，車身貼有畫上的十字標示。明亮的車窗內，看得到大鼻子老外男人和穿白衣的大鼻子女人。戴帽子的女人臉貼著玻璃窗凝視著外面的黑暗──少年，一閃而過。客車後面掛著只有底板而沒有車頂和壁面的平板車。上面載著砲身被重重地捆牢的，看似疲憊的大砲而去，就像載著傷兵一樣。載著山峰般緊縮的、看起來比少年的家稍大的、沒有履帶的坦克而去。載著掉了輪子破了頭的，癱坐在那兒的 G.M.C 軍用卡車。一些不說話的、受傷的、精疲力竭的旅人。非常長的一列火車。數不清的，同樣是破損的卡車、坦克、大砲過去了。

　　少年害怕了，這列火車在此一直堵塞下去的，巴士便沒法跨越，他要搭的對面巴士早就停靠在等待著，少年蹲坐下來，他篤定巴士一定會等客車他們過去，等得夠久了，客滿的火車終於過去了，他一骨碌站起來，望一望，沒有路！沒有鐵路和國道，一夜之間全都溜了！剩下的，像墨水衝進少年瞳孔，他的一顆心便深深地沉沒在其中，姊姊怎麼還不來呢？

幻覺的橋

1.

金俊九把車子停在美都波百貨公司的門口。

細雪自午后開始飄著，俊九從地下道走到明洞。他看到右邊的道路可能在施工，用木板隔了起來。此時，沒錯，就是〈那個錯覺〉，像火花在細雪中一閃即逝。他嘛動嘴巴發出噴噴聲響，混在來往人群中尷尬地笑了。經過電影院右轉的巷子內，俊九來到了與他幫忙畫插畫的小說家韓明棋相約的〈香港〉酒吧。大樓的樓梯有點濕滑，他邊走邊扶著牆，終於到了地下室。推開門進入黑暗的洞窟，先聽到「歡迎光臨」四個字，之後張經理立刻抓住他的手臂。

「嚇我一跳……」

俊九調侃地喊道。

「哎呀，怎麼了？」

張經理像撫摸獵犬前腿般地撫摸著俊九駱駝毛的大衣。

「還不是因為一進門妳就跳出來嚇人的緣故。」

「對不起嘛！人家還不是因為看到你太高興了。」

乍看之下年齡跟倒酒小女生相仿的經理，縮著頸子嘟著嘴吧。經理經常如此討好客人的舉動溫暖了他的心房。

「看到妳，我也很高興」

「討厭！看到你會高興的人在那裡！」

　　張經理指了指黑暗中一方，韓明棋亦回應似地向俊九招了招手。俊九摸黑朝著他走去。

　　「外面下雪嗎？」

　　韓明棋問他。

　　「怎麼啦？」

　　俊九喝了一口坐在韓明棋旁小女生幫他斟的酒回答說：

　　「雪應該不會下很大吧？」

　　俊九將酒杯拿離開嘴邊後，漠然地望了望四周。

　　「你呀。」

　　韓明棋笑了笑說。

　　「什麼呢？」

　　「你知道我爲什麼笑嗎？」

　　「爲什麼我要知道？」

　　「不知道吧？」

　　「這麼說，應該只有你一個人知道囉！」

　　「沒錯。」

　　韓明棋就如同寫稿停筆似地停頓了一下。

　　「就像現在你眼掃四周的樣子。」

　　韓明棋終於言歸正傳似地開啓了話匣子。

　　「啊？」

　　對於韓明棋的話題，俊九仍是不知所云。

　　「我是說，像你眼掃四周的樣子，每次不都是同一個樣子嘛」

　　「我終於知道你在說什麼了。」

　　「你說奇不奇怪？」

　　「我像我自己，這有什麼好奇怪的？」

「就是說嘛！」

「如果，每一期都把鄭東振這號人物，畫成不同的人，你會不會喜歡？」

〈鄭東振〉是目前俊九所畫的插畫中的人物，韓明棋連載小說《風的心》中的男主角。

「嗯，真看不出來你會說這種話。」

韓明棋聽了非常喜悅。

「我希望圖片比文字有更強烈的意識型態。」

「我的小說插畫不可能讓你寄託理想。」

「是嗎？」

「我是說真的。」

韓明棋將整杯酒一口氣喝光，空出酒杯來像是要證明什麼。

「事實上，我已經研究過你畫的畫了。」

「研究什麼？」

「嗯，應該說每次看到你畫的插畫，都會讓我對男主角有更深一層的認識。」

「你少唬我了！你不就是男主角嗎？」

韓明棋擺了擺手說。

「對！雖然男主角是我，但是，未曾與他面對過，是你的畫讓我與他認識的。」

「怎麼說的好像〈插畫入門〉一樣中肯。」

韓明棋笑了。俊九把他的笑容化成心中的線條，不自覺地會心一笑，方才想到自己反應過度，有點訝異，他又一邊將身體向後貼著椅背。

然後，按照韓明棋的手勢，俊九又向四周環顧了一次，即使全是陌生面孔，卻都是熟悉的一條線條化成的。這裡正是雜誌社

的編輯、新聞工作者、大學界的相關人士、藝術家等進出聚會的場所，瀰漫著文藝氣息。當然，也有可能存粹是俊九的想像而已，正如想像的空間，對於一個健全的人是病，對病人來說是真實。除了服務生之外，沒有一個人不把這裡當作是冥想的場所。俊九望了望張經理。看她站在門口撒嬌，在黑暗中指引客人的位置，的確不愧是用魚網將魚釣進魚缸的漁夫。在漢城這個茫茫人海中，人們聚集在「香港」這個巨大多角不規則的魚缸中，裝飾中國餐廳用的珠廉，在黑暗中如海草一般波動。俊九同時感覺到厭倦與溫暖。每年年關將至時，這種感覺更為強烈。

「來！喝一杯嘛！」

不知道在什麼時候，進來一位自稱金小姐的人物，坐在俊九一旁說道。

「請客人喝酒，也是一種禮貌嗎？」

「這不好嗎？」

「不，很好。」

金小姐笑了一笑，突然面表凝重說：

「你覺得他們會被遣返回去嗎？」

金小姐最近不論對誰，都用這個話題替代問候來打開話匣子。其實 KAL 事件已經過了一周了。

「我怎麼知道？」

「是間諜把飛機開過去的，對不對？」

「聽說如此。」

「好可怕。」

這時候，坐在隔壁正在與小姐聊天的韓明棋開口說：

「金先生的老家是在元山。」

「啊！真的嗎？」

金小姐假裝訝異的神情。

「對的。」

「元山是一港口嗎？」

「對。」

「那為什麼要把飛機拉到港口呢？」

俊九與韓明棋同時笑了出來。

「真是輸給妳了。」

小說家先開了口。

「嗯？」

說著對俊九望了望。

「真的有那麼好笑嗎？」

金小姐摸了摸酒杯，以撫平尷尬的情緒。

「嗯。」

小說家韓明棋說。

「是很好笑，但是笑到現在我還在想為什麼好笑。」

韓明棋仍然不知所以然地發出咯咯的笑聲。

「有那麼好笑嗎？」

金小姐纏著他說。

「等一下嘛」韓明棋指著金小姐，揮了揮手說。

「金小姐，妳真逗趣。嗯，怎麼說呢？為什麼妳會對於那一點如此好奇呢？」

「為什麼這麼說？」

「總而言之，為什麼要把飛機拉到港口？妳這個問題不錯。」

韓明棋又笑了笑對俊九說。

「怎麼樣，你有沒有什麼意見？」

　　俊九雖有意見，但是他認爲金小姐不一定會懂，卻又因爲有點抱歉，還是開了口。

　　「金小姐，事實上，不是把飛機拖到港口，而是飛機降落的地方是元山機場。」

　　「啊！是這樣子嗎！但是，話怎麼會傳成這樣子呢？」

　　韓明棋對金小姐豎起大姆指說。

　　「子曰三人行，必有我師，在我們的現實生活中則有很多根。」

　　「根？根是什麼？」

　　「啊？」

　　韓明棋也哈哈大笑了。

　　「就是這樣子，妳們與我們這個專用漢字的年代完全斷絕了。最近都叫它做根。」

　　「是是是？然後呢？」

　　「在現實生活中？」

　　「什麼是現實？」

　　「嗯？」

　　韓明棋思索頓時開口說。

　　「一棵樹不是有很多樹枝嗎？人們常常以爲自己手中才握有樹枝。正如金小姐妳原以爲元山只有港口這個樹枝，但是元山還有機場的樹枝，等到所有樹枝呈現出來，妳反而會嚇一跳。」

　　「哎呀！不曉得啦！樹枝太多了。」

　　「是啊！是啊！樹枝少點是比較好，或是根本沒有最好。」

　　俊九想了想元山到底有那些樹枝。其中也有向俊九自己所延伸出的樹枝，那些對他而言，雖然不過是他腦海中延伸記憶的細胞，無庸置疑確實是樹枝。樹枝在他的腦海中不知何去何從，像

是一個腫瘤似的成長、膨脹。腫瘤吸收著思念的養分，二十年之間，在俊九的腦海中形成樹枝，攀延至叢林。故鄉元山兩個字，攀上了 KAL 機，觸動擾亂他的情緒。

喝醉走出酒吧了。雪也停了。俊九與韓明棋分手，走到公車站才發覺方才韓明棋拿給他的原稿放在酒吧，翻了翻口袋剛要走回頭路到酒吧去找，才發覺原稿已在口袋中。

2.

醉的已經忘記他如何回到新村的公寓住處的，俊九一會兒 KAL 航空公司的，一會兒元山，一會兒又是故鄉，又是腫瘤的話語，在腦海盤旋打轉。

「您醉了。」

公寓警衛室的孔先生，遞出一封信給他說：

俊九接過信之後，使出吃奶的力氣，拖著沉重的身軀爬到頂樓四樓的住處。走進屋子裡順手將門旁的開關打開，被他自己製造出來的燈光刺著眼，倒了下去。

突然嚇得哆嗦，他從睡夢中驚醒。坐了起來，瞄了一下手錶，凌晨三點了。原來他坐著睡著了，把放在床腳的暖爐點上了火。暖氣已經壞了好幾天了。他盯著暖爐的爐芯，由藍色而，同時他也發覺丟在一旁皺掉的信紙。仔細瞧瞧原來是上次某大報社退回的插畫稿件。俊九被寄件人的姓名嚇了一跳。把拿信的手靠向暖爐，一邊唸下去，其中的內容讓他嚇一跳。

金兄，展信愉快：

冒昧修書打擾，敬祈見諒。託金兄的福，小弟渡日至今，一

切安好。透過新聞報導，得悉金兄技藝之高超，已是衆所矚目。而小弟羞於啓齒，思量再三，認爲唯獨金兄，可代爲解決目前之窘境，因此不揣冒昧，特修此書。謹察：小弟自喪妻之後，與今年二十八歲的小女相依爲命；去年仲夏，小女離鄉背景，迄今音訊全無，近日於此地友人信中得知，小女在漢城某一啤酒屋。金兄！人生不該是這般羞辱，不是嗎？小弟理當北上拜訪，無奈病魔纏身，力有未逮，因此，謹託金兄暫時照顧小女，待小弟身體復原，必當即刻帶回小女。茫茫人海中，實在無法放心將此事委託他人；對於學校的同事，小弟更是難以啓齒。深思熟慮之後，才向金兄提出此一不情之請。事出突然，金兄的大恩大德，小弟感激不盡。

韓東純 叩謝

　　小女星姬之住址爲：漢城特別市東大門區清涼里洞二號 OK啤酒屋

　　俊九機械化地看過一遍。看了一遍又一遍，內容未變，期待渴望的心情讓他覺得怎麼都塡不滿。
　　俊九戰爭時從元山搭船逃難來的。混亂時幾次的陰錯陽差，在碼頭與家人分散。相較之下，帶領妻兒南下的韓東純還算是幸福的吧！碼頭工人、美軍部隊、入伍、高齡大學生、隻身走他鄉的可憐蟲在自訂的行程下，幾經波折後畢業於美術系。
　　還好美術系畢業得以靠此行吃飯，現在說來倒輕鬆，在靠此行吃飯之前，他已脫離了藝術家名份之列。
　　悔不當初應該對應用美術具有一些基本的信念，近來應考美術系的學生，對於此點都很明確，但是當年的俊九並非如此。

　　畫畫對俊九而言是一件非常奢侈的事。雖然在家鄉他畫畫的才能常被稱讚，但是，他也想不到任何理由，冷靜地將他的才華搬到檯面上。沒有任何過人之處，其他的能力又太薄弱；選擇美術系，突顯了美術的能力。一個人能力薄弱，不能被要求連同他的夢想也薄弱吧！

　　但是老天屢屢讓他在國家美術展中落選。俊九在逃難初期跟韓東純老師碰過幾次面，韓老師在某私立學校教美術和解析幾何學。戰亂那一年俊九唸高中三年級，擔任學校美術社社長，因此也是老師的入室弟子，經常出沒於老師家中。老師有美麗端莊的師母及一個高中一年級的兒子。印象最深刻的是老師家中的風琴聲，俊九從牆外可以聽到，很自然地希望有朝一日當畫家，擁有如此美好幸福的家庭。

　　逃難至釜山時，時局動盪，老師一家三口卻仍是和樂融融。俊九隻身遠走他鄉，師母對他更是特別照顧。韓老師雖然一直住在釜山，但自從俊九入伍以後，彼此未曾再見。雖然偶爾會想起老師，鑒於羞愧落選於國家美術展之故，矛盾地讓他想忘掉老師；因為他知道，在南韓這塊地方，第一個會為自己高興入選國家美術展的人，一定是老師。

　　俊九望著熊熊烈火。在他的腦海中不知道是某些東西或是某一事件在交戰，隱隱作痛，俊九仍可感受到疼痛的灼熱感。

　　他站起來走到隔壁房間，他的畫室寒氣逼人。斷了暖氣的房間冰冷的樣子被另一房間的熱氣襲擊的支離破碎。只是空氣冷或熱的差異讓整個空間看似已截然不同了。俊九很自然地認為這就是真實的世界。用校園中的花草裝飾的走廊，乍看之下像是一個舞台；懸吊在飛盤上的廢車輪胎、調色盤更使他聯想到油漆店；放置在一邊的白色桶子也想到馬戲團的包袱。

　　俊九開始在狹窄的房間中踱步。這是怎麼回事？我在這裡做了些甚麼事？除了這些抹布，乾扁的輪胎，散落在地上乾掉的水彩筆，終究演變成如此，賺到錢之後再畫畫？謊言，全是謊言。是因為貧窮而無法畫畫的嗎？錯！是因為自己的才藝貧乏，意志力的薄弱而無法畫畫。是因為心不在焉而遭慘敗的。不相信自己的手，竟然只會空想、發白日夢，才讓自己的手都不聽使喚了。但是，如果我的生活可以更富裕一些，如果遇到更好的老師，或是意志力薄弱的我當時的生活還不錯……。比我能力差的人都可以入選，都可以出國了。那我又算什麼呢？難道那些人只是比我的運氣好了一點點嗎？那些比我有錢又有閒的人，運氣又比我好的人，僅憑著一點才氣就可以做為一個明日之星的畫家，對於謊言、政治無法行得通的事實，又有什麼依戀呢？

　　他羞愧頓悟之後，突然停下腳步。那正是因為自己懷才卻無法躋身於畫家之林。這遠比無才更羞恥吧！為什麼會導致今天這般地步呢？懷才不遇也就算了，為何又會妒忌假藝術家呢？別人真假與我何干？我的悲哀、絕望是我的無能。除此之外，一無所有，然後終了一生。別人說他年關將近四十卻未娶，是個厲害的人。兩年前，搬到此處公寓的時候，大家都稱讚他的家居生活，說他看似只會喝酒的人，即使是一個人的生活，對於生活的水準有一定的要求。就俊九而言，這些稱讚聽起來很舒服。其實沒有房子、雜七雜八的擺飾啦，他也一樣可以發憤而有所成就，當年的這個想法，更難能可貴！搞不懂何時起到如今這般地步。俊九的腦海中閃過幾個女人的臉孔。

　　想到每一張臉孔，彷彿勾起自己當年的痛苦與悲哀。她們的一顆心卻封鎖著，看不見。愛情也好、藝術也罷，全部消失了。不，不應該說失去，而是沒有得到本來就不曾擁有的。為了生活

而畫畫，投入設計圖、室內裝潢等，遺失了自我。曾經滿腔熱血，卻被懶惰替代；血管裡也充滿了酒精，日以繼夜地重覆著。為了不要回到空無一人的房子，整天在外混到很晚才回去。不論收入有無總是有酒可以喝。對於才能失望時有喝酒的朋友；討厭某人時也有人可以跟他破口大罵；絕望過後也有工作夥伴可以跟他分享工作的甘苦。披戴著絕望外貌，來擄獲他人的同情，想想這是多麼可怕。

　　事實上，幫韓明棋畫插畫，至少可以減少他在這方面的痛苦。因為從小在一個無憂無慮的家庭中長大，完全投入追逐藝術理想的行列中，所發現的黑暗，與他經過生活上的歷鍊，所得到黑暗的經驗和外表，看起來是完全相同。

　　應該用自己的手去挖掘的東西，卻必須由別人頭腦造出的東西取代，為此俊九同時感到痛楚與快樂，正如證明了自己剩餘無限的能力。

　　俊九手中握著那封信；韓老師意外寄來的那封信，就像遺失了珍惜多年的東西，打擊著他。守護他理想的人、他的野心的告解僧，那告解僧跪倒在信徒面前。

　　「老師，您放心。」

　　俊九喃喃自語地說。

　　遠處傳來教堂清晨的鐘聲。

3.

　　生命如此不可預測。

　　韓東純老師的來信為俊九帶來無法預測的震撼。那是一份包圍在悲傷的價值與肯定。

　　第二天晚上，俊九踏上去 OK 啤酒屋的路上。晚上去是經過深思熟慮的決定。本是打算早上去拜訪啤酒屋的負責人，卻認爲有所不妥，還是想見過本人之後再說。總而言之，啤酒屋還算是一個可以自由進出的場所。

　　經過城東車站清涼里的圓環，在站牌前下車之後，很容易就可以找到 OK 啤酒屋了。位在大樓二樓的位置，佔地不少，也如預期般是一間燈光朦朧的啤酒屋。俊九坐下來之後，環顧了四周，或許是因爲好幾年沒有到過這種酒店，覺得眼前黑漆漆的不太習慣。

　　像這種場所不但是沒有任何折扣，並且還有分等級。與其它座落在亮麗的明洞上，高級賣春婦的酒店相較之下，這裡還算是身處在幽幽的黑暗之中。

　　話雖如此，因俊九已在黑暗中，注意四周環境了很久，因此他認爲，這裡的裝潢不代表也像氣氛一樣糟。

　　「妳叫什麼名字？」

　　俊九對一個端酒過來胖胖的女服務生說。

　　「我是十五號。」

　　「不，我是說妳叫什麼名字。」

　　「我姓金。」

　　「喔！妳是金小姐。」

　　俊九鬆了一口氣，差點認爲那就是他要找的人。

　　「星姬在嗎？」

　　女服務生看他一眼後，開口說。

　　「她今天沒有上班。」

　　「她今天沒有上班嗎？」

　　俊九先安撫自己不安的情緒。確定他要找的人確實在此之

後，才又開口解開問題了。

「為甚麼沒有上班？」

「她今年打電話來，說身體不舒服。」

「是嗎？」

如果繼續再問下去，似乎太唐突了。

「這位老闆您常常來這裡嗎？」

「嗯？」

俊九心想，如果是老手的話，應該不會問客人這種問題吧。

「當然，怎麼沒看過妳呢？」

「我來上班才兩個禮拜呢。」

「喔！妳是那段時間裡來的。」

因為對她說謊很容易，因此俊九不自覺愈說愈順。

「真抱歉！星姬不能陪您。」

「我會再來的喔。」

「那您要離開嗎？」

「不，我覺得妳更漂亮。」

金小姐將兩隻手合攏擺在腿上，做出一副很乖巧的樣子。

記得某學長跟我說，現在酒店的小姐既不是大家閨秀，也不是平常人家的女兒，結論就是說一點格調都沒有。看著金小姐的臉孔俊九想起種種，但是現在不是這種不負責任想法的時候。

如果她就是星姬，也不必想假設什麼，明天星姬就會坐在這裡。想到自己坐在不該當一名風流客的位置。

「坐嘛！」

「不能坐。」

兩人交談著一點都不好笑的笑話，喝著無味的酒。

沒有特別的事情，為了明天來這裡見星姬時，感覺不再陌

生，就算是先熟悉環境望著飲酒作樂的人，將金小姐站的位置換成明天的星姬，對於明天將上演的劇情，暗自作了彩排。金小姐想說應該是星姬不在，才使得這位客人喝起酒來興致缺缺吧。因此她就不便打擾他轉到其他客人桌敬酒去了。

僅僅停留一小時後，俊九就離開了 OK 啤酒屋。

走在人行道上，俊九又有了一種錯覺，不，應該說是他眼花撩亂。他看到一個女人的腿懸掛在天上，只有大腿的一截掛著，櫥窗外假人腿上裹著襪子的大腿像氣球般，與倒掛皎潔的月亮形成對比，天橋也因為受到月光的折射像銀河般閃亮。大腿像在橋上踩了空似的，他無論多努力，也看不到任何缺口，缺口跟著影子的腳步，消失在視線之外。折斷的橋樑仍不可見折斷之處。

不久前，俊九發現了此處懸吊在夜空中的天橋。最近，甚至是大白天、或在南部地區，遠遠地可以看到漢城空中的天橋。

「老兄！你也看得到嗎？」

有一天，俊九又望著遙遠的天邊問韓明棋說。

「什麼？」

「天空似乎有什麼……」

「那裡？我怎麼都沒有看到……」

「那裡！」

「什麼？你看到飛雲了嗎？」

「飛雲？是嗎？」

俊九裝腔作勢地，想說不說也罷，慶幸自己沒有說實話。

他站在咖啡廳前，佯裝等人，望著空中的天橋。那雙腿絕對不是假人的腿，是一雙有血有肉真人的腿。或是因為看太多次了，他的態度也自然了起來。從天上發出的光芒，月光與星光相映照著豐腴的腳趾，踏在溫柔的天空。

　　過了很久，俊九攔下計程車，望著仍然懸在天空的橋樑。坐在計程車上，無法透過車窗看到景致，大致一晃眼就過去，有時卻也可以看上一段時間。站在路上傻傻地看又覺自己莫名奇妙，因此決定走回家去看個夠。計程車經過三角叉路，聖誕節裝飾了整條街，擠進了人潮，經過每一個路口車子停下來，走過鍾路光化門後，計程車就開始加速。

　　公寓前下車後看不到天橋站。在原地想像天橋也不得要領。無論如何絞盡腦汁，畫出來的天橋，只像一幅贋品的畫像，被真實的世界彈出。

　　俊九在小店買了一瓶燒酒及下酒小菜，回自己的住處。向外看了看，心想或許有可能看到天橋，不過也是枉然。想生暖爐取暖，先修理暖爐，但是修不好白費功夫。

　　「暖氣設備完善」這句廣告詞只能矇騙住戶，別戶人家都燒煤球通熱，俊九自己操控不了，也不想去商量或託別人什麼的，便決定使用煤油暖爐了。在發熱的暖爐前喝著酒，讓他想起啤酒屋，他神情黯然，覺得很煩躁，能不能把情緒變得好一點呢？不知道，酒吧仍然是酒吧，星姬的遭遇不會有什麼不同，卻讓俊九很擔心，如同家長把小孩放進一個不怎麼樣的學校的心情，從信上不知道韓老師情況如何，師母過世的消息也是現在才知道，他應該有個兒子的，有些事讓他很疑惑。

　　如果星姬真有個哥哥，絕不會放著他而託付自己這件事，俊九掏出信又唸了唸，信上不可能再冒出什麼新的字或看漏了什麼，還是那一番話，俊九意識模糊地唸著，更加憂鬱起來，他並不認為韓老師是天才或偉大的畫家，或者錯過機會而懷才不遇，可是信上的口氣，根本不像韓老師的口氣，即使不偉大，韓老師至少也是畫家、知識份子，有個幸福家庭。在元山那段日子，俊

九牽連進思想理念的事件，他卻從無半點念頭，他最確定的一件事就是畫布上畫的線條、凝聚的色彩、以及它們擴散而呈現的明暗。

　　對他來說什麼〈歷史的發展法則〉、〈歷史的推動力〉等等的很空洞，民青（註 1）的幹部弟兄們對俊九不懂社會科學這一點很能諒解，他跟音樂家、詩人都處得不錯，但是當年，韓老師在教職員會議之類場合所持立場態度，以及逃來南韓的動機，俊九從未懷疑過。

　　遊行標語旗幟、口號、領袖肖像畫氾濫時代的意義，俊九不想知道，這類東西的事，換句話說，類似火車、汽車、帆船、大砲之類，必須要有的東西，他卻無法產生好感，如果俊九當時是司機、工廠的車床工或兵器廠的設計師，情形也許又不同了，或者曾當過民青幹部，也會有很大的改變，但是俊九當年只是個學生而已。

　　人們都喜歡自己親手做的東西，韓東純老師是那種懂得生活的老師，親手創造自己的生活，把韓式房屋的小客廳開了一個很大的窗，再改造成畫室，畫冊和黏稠的油彩顏料味道；讓俊九認定那地方是他最嚮往的世界，而韓老師是那裡的主人。

　　然而信上的語氣顯得韓老師有點狼狽，是老了嗎？俊九生氣了，把兩瓶燒酒一下子喝光，再反轉瓶身灌進嘴裡，只滴出幾滴，這個城市裏最香醇滿溢的液體是他的最愛，掏出上衣口袋裏的零錢，為了買一瓶他的最愛而下樓了。

4.

過了十分鐘星姬仍未出現。

昨天俊九和星姬見面了。去到 OK 啤酒屋一坐定，金小姐來打過招呼後就送來星姬，中等個子的她來到眼前的那一刻，就知道她是星姬，她和她母親長得太像了！

「我是韓小姐。」

俊九只是望著她，沒說什麼話，生活真是如此令人詛咒的嗎？他想起韓老師信中的句子。

星姬拿著他的點菜單向對面走去，她不是俊九先前胡思亂想的小女孩，而是小姐了，這個發現使他有點慌張，如果她不喜歡我如此怎麼辦？

星姬端來啤酒和小菜，擺在桌上後，替他斟酒。

俊九舉杯喝了一口望著星姬。

「妳就是韓東純老師的女兒？」

她驚愕地楞了一下，身體僵硬起來。

「別人看了會覺得怪怪的，妳還是放輕鬆好了。」

她把身體放鬆但還是像一個被操縱的機械人。

「我有令尊的來信，給妳看好了，這樣妳才會知道我是誰。」

俊九把酒喝光，星姬趕快再斟滿，俊九很自然地將身子前傾，把一個摺得小小的信封放在她手中。

星姬轉身走開。看過信不知她會說什麼，她走向站了三、四個白襯衫調酒師、一排排洋酒吧台的側門而消失了。美麗女人陷入困境會引起男人的俠義感。何況現在又加上恩師女兒這層關

係，特別是星姬就是俊九喜歡的那一型。美麗的東西都會被踐踏，就像美麗的畫被踐踏一樣，對畫家來說，的確如此野蠻過，我沒有辦法說明現在的感受，總之，就算比起以前逃避的日子，俊九從來沒有一次行動是比現在更明確。

星姬轉身回來，又站定到自己面前。

俊九把杯子推了推，她跟著斟酒。

「信看完了？」

「是的。」

她回答，沒有表情和動作，應該是不想引起別人的注意吧！

「看了信有決定了嗎？」

俊九也為了不想讓別人注意，靠在椅背上，愉快地笑著，不同於以往的姿勢，小心翼翼地說了一句不想外洩的話。

「我是韓老師在元山時的弟子。」

「我知道。能不能明天白天見面呢？」

「那裡好呢？」

「隨便。」

「明洞有個叫『殖民地』的，知道嗎？」

「大概的位置呢？」

「應該要找一個容易知道的地方。」

「火車站候車室樓上有個茶樓，那裡怎麼樣？」

「好的。」

回答之後，她就轉身走了。轉身後的背影有點寡情。其實越害羞的人在分手時越是那樣子。較之於回頭又擺手依依不捨的人，動作之間不拖泥帶水的人，比較小孩子氣。過了十分鐘，俊九有點擔心，她會不會不來了呢？點了咖啡，一個人苦笑著。對面坐著的年輕女人好像也低頭笑了。

俊九有些不好意思，顯然地，獨坐苦笑的男人很可笑。毫無格調，卻整齊地擺放著椅子，這間茶樓像極了火車廂的擺設，耶誕節就快到了，也有雜七雜八花花綠綠的裝飾品。如果韓明棋看見又要破口大罵，有一次說連城隍廟裡的雕刻都比這些裝飾高雅大方，有位名畫家把受難的耶穌畫在長丞木牌而不是十字架上，引起教會人士的爭論，俊九想不通為什麼這樣就變成污辱云云的，對於耶穌節，他不像韓明棋一樣有著文明史的尷尬情結，卻是鄉巴佬的心情。為了消除等待的焦急而非常虔誠地坐著，星姬開門進來，俊九揮手，她過來坐在身邊。

「我以為妳不來了。」

「為什麼？」

「因為超過時間了。」

「為什麼不來呢？」

「我們到別的地方吧！」

「好。」

他們走到了廣場。她穿著紅外套，看起來真像大學生，俊九帶她到「澳門」沙龍，這一家裝潢不錯，人又不多，看著安靜坐著的她，俊九有種古怪的想法，韓老師的女兒在漢城唸大學，叫俊九照顧她，為此他們見面了。事情應該就是這樣，他不是不懂，但似乎有點不順利，自己也是經歷無數事情的人，那些經歷對於眼前這女孩子卻使不上力，越是關係親密的人，越會發生例外，她這樣的年紀，會有什麼了不起的經歷嗎？青春年華卻位於社會的最底層，吃飯的時候，俊九不打算說什麼話，她安靜地使用著刀叉，看在俊九眼中卻是很深的感慨。

「妳不吃了。」

「是的。」

她笑了，可以了，俊九也放下叉子。

「您不用了？」

「是的。」

同樣的話，交換著使用，兩人都笑了，很好，俊九輕鬆地開始話題。

「怎麼樣？」

然而她的面色卻開始僵硬起來，眞不是輕鬆的話題。

「詳細內容妳現在不說也可以，首先妳要離開現在工作的地方，其次要怎麼做再討論，妳覺得呢？」

她低頭不回答。

「妳好像有個哥哥的？」

俊九想轉開話題。

「戰死了。」

「戰死？」

「韓戰時。」

「他待過軍隊嗎？」

「是的。」

「令堂呢？」

「哥哥過世後不久，母親也去世了。」

俊九眼前浮現出一幕幕景象令他感到暈眩：亂吼亂叫的人群前後擁擠的元山埠頭，遠遠卸下船帆的 LST、甲板、小船，正月初北方的港口，還有沙礫市場、國際市場、簾珠洞、草梁、第一第二埠頭，病院船的白色船身上刻著紅十字記號。在巨流之中像泡沫般的家族史，星姬已成今日的星姬坐在他面前。

「妳是在釜山出生的囉？」

她點點頭。

「在釜山的那段日子令堂對我很照顧。」

咯一聲地,她掩著臉,俊九掏出煙,摸了一會兒點上火。抽到一半便熄掉了,這個時候,她用手帕擦拭眼淚,靜靜地坐著。

「我們要談正經事了,妳看完令尊的信不知有什麼打算,我會盡力地幫助妳,我不知道妳哥哥過世的消息,一直不知道,所以收到信的時候很疑惑,妳沒有哥哥了,可以把我當作哥哥,我想為妳做些哥哥可以做的事。」

「爸爸常常提到。」

俊九說不出話,「爸爸」這個稱呼有什麼含意嗎?讓人安心的暗示嗎?同時也讓人慌張,俊九腦海裏,韓老師的女兒和 OK 啤酒屋女侍交疊在一起了,俊九察覺之後覺得歉疚。

「那麼妳相信我了?」

星姬又低下頭,得要好好哄哄她,如果是學畫畫或那之類的女生,大概都很聰明,其他的如果不是磨蹭、猶豫不決,就是不得不失去自我的一些女生,是俊九最討厭的類型,平日最常接觸,可是此刻俊九不能討厭了,不論什麼原因,這個女生是離家出走的問題人物,要小心處理,俊九又轉移話題。

「妳離開現在的工作會不會有困難?」

「不會!」

她回答得很乾脆。他擔心她有債務才這麼說,而她否定的答案,是包括了有債務的情況嗎?他有點搞不清楚,他非常討厭說出關於債務這件事,他似乎要坦白那份世界的赤裸裸面目,但是對星姬行不通。

「就是說妳現在都不再回去也可以囉?」

星姬又閉著嘴,低下頭露出可愛的前額,細長彎曲的眉毛,鼻子有適度的肉,筆挺,鼻下的嘴唇線條柔和,對俊九來說,只

有這個部位看起來頑固。

5.

「日本人眞是喜歡熱鬧的民族!」

韓明棋說的,在耶誕節的前兩天,「香港」和今天一樣特別熱鬧,遠處的角落偶而傳來日本話。

「你早就知道了?」

俊九不是回答小說家,而是回答坐在他們之間的小說家愛人金玉順,她點點頭。

「他們也擴展到馬路上了。」

韓明棋又說:

「所以不行嗎?」

俊九問道。

「不是啦,去年他們並不這樣顯眼的。」

「反正就變成這樣了嘛!」

「你,說得倒蠻心平氣和地。」

韓明棋爲此又挨了他的一頓罵,轉成冷淡的口氣,用望著遠處的眼光望著俊九。

俊九不答話,眼前浮現出星姬的臉,不是臉!是嘴。她不說將來要如何如何,只要求今天見一面。今天她爽約,他開始對介入星姬的事有所感觸——自逃難以來,從未有過如此的重壓,也空虛,今晚並不適合只坐在這裏,應該去 OK 啤酒屋走一趟。失落的感受,使他心情黯淡,像在空中畫一條線,他一顆膨脹的心毫無阻礙地從手中掉落了。生活的不確定,讓人懷疑一顆心到底有多深呢?不幸地,俊九卻知道,連本人都不知道的深度,責任

不在自己，也許十八歲已經太老，俊九起了一身雞皮疙瘩，如果把自己周遭的人都放在強光之下觀看的話，不可能有什麼社交的這件事。在森林中，某條僻靜小徑上突然和野獸相遇，野獸和野獸之間交換的眼神──絕對不可能把那樣的感觸延續到日常生活裏，俊九不能如此過日子，在畫畫之中也不能如此過日子，然而這次不同，它的深度，它的複雜，是有原因也得要付出代價。她還是沒來，怎麼回事呢？沒有來 OK 啤酒屋不是因為沒誠意，而是出自恐懼。

「耶誕節──」

耳旁突然響起韓明棋的聲音，好像生銹的刀子又被磨利了，耶誕節的論調又要開始的樣子。

「耶誕節讓我感到悲哀，我們享用著別人祭典的食物，這裡的耶誕節真讓我悲哀。」

「別人的，不要說別人的，上帝不是只屬於某一個國家。」

他的女朋友數落著他。

「聽到了吧？你。」

小說家向插畫家試探。

「聽到了，我們認識的女士大概都是這樣，受過高等教育，是傳教士夫人的水準。」

金玉順把手上酒杯潑到小說家的臉上，還留著幾滴水滴。

「然後呢？」

小說家用手擦了擦臉，仍在耍嘴皮子。

「這種西部電影的動作，你認為要表現什麼呢？」

她暫時離開座位。

俊九望著她走向化粧室的背影，用下巴指著說：

「我以為她是不錯的女孩。」

「謝了，所以你才帶著她到處跑對不對？」

「就是說，也不知道是誰帶著誰到處跑。」

「噢？你在袒護朋友的女朋友啊？」

「什麼？」

「你是在蔑視，還是在談戀愛？」

噴！俊九嚇了一跳。

「我沒那種興趣。」

「興趣？那是心理學的名詞啦。」

「你這麼說又算什麼呢？」

「對啊！」

「如果不是蔑視朋友，就是崇拜。」

「我是崇拜，崇拜你。」

「我祝福，祝福你們……。」

「閃開。」

金玉順回來了。

「這麼喜歡污辱別人算是問題兒童吧？」

「又來了，又是那副女校心理顧問的口氣，金玉順女士還好不是評論家。」

「不對，妳不在的時候，他一直在炫耀自己的女朋友。」

「胡說。」

「對了，說謊。」

金玉順一味地笑。

韓明棋附在她耳際嘀咕了一番。

「我什麼時候……」

她一副被嚇到的表情，想要掐他一把又放了手，韓明棋有個好愛人，真讓人羨慕，她比不上韓的聰明，卻用一張網把他緊緊

包住，俊九不曾有過這樣的女人，他希望被他網住的女人，但都
跑掉了，男女之間如果沒有互相牽掛的理由，便不會聚在一起，
和星姬之間互相牽掛的理由是什麼呢？以現在情況來說，星姬並
不能發現，自己和韓老師的淵源代替了這部分。

「你在想什麼？」

「嗯？」

俊九笑了。

「耶誕節如果去那裡旅行的話……」

金玉順說著。

「怎麼一下子又冒出旅行了？」

「耶誕派對，你不去吧？」

「你自己去我不阻止。」

「真是的，這麼說，那天去旅行怎麼樣？」

「為什麼一定要那一天去呢？真煩，難道耶誕節一定要做什
麼事才行？噢，異邦人的主啊！祢何必偏偏要在耶誕日出生
呢？」

「那一天什麼都不做？」

「過？過節日？逾越節，運數過了，那一天拿著刀子在每一
家的門口觀望？」

「什麼話？」

「放心啦，跟愛情無關的話。」

「誰說要安心的？」

「你不要生氣。」

「我不管。」

「好，為了這類小事，就不能過耶誕了嗎？那麼你就下地獄
吧！OK，天上的星星……，現在這個太老了──帶月石回來吧！

OK？應該是這樣子的，大概耶誕節的時候——OK，OK，統統都OK，沒有一個不OK的，OK。」

「發酒瘋的話，我討厭。」

「酒瘋？好討厭？」

「誰喜歡？」

「我喜歡。」

「想得好美。」

「你也講這句話？」

「你也想得美。」

「眞肉麻。」

「肉麻的東西，你想得美。」

　　說不喜歡，結果還一直聊，看起來金玉順也是一個有頭腦的女人。懂得讓人不生氣的方法，這一點別的女人就比不上了。講東講西，講了很多危險的話，韓明棋的那張網很脆弱。她會在尷尬的場合逃掉，此刻的情形則像橡皮筋一樣拉緊又放鬆。他們都OK，不管怎麼說，他們的耶誕 OK，OK 啤酒屋裏的耶誕節也OK，耶誕節不 OK，一年之中最 OK，在啤酒屋的耶誕節裏，星姬的想法讓人心煩，過不過耶誕和俊九毫不相干。只有隨她去了，只是星姬在 OK 啤酒屋之中，成了一幅猥褻的畫，她倔強的唇線讓人感覺是置身事外的第三者，萬一她眞的消失了，如何向韓老師交待呢？今晚我沒去看看是個錯誤，簡單地說有一點生氣，她該懂的而不出來就是不講理了，現在不該想生氣或不講理什麼的，而是忘記這件事，他如果了解自己是在保護未成年少女，可以算了不管它，他不懂得和小孩子一起處理小孩子的事，他不把小孩當小孩的態度，又是什麼意思呢？不想去深思這個問題，只當成不聽話的筆尖或畫歪的線條來處理。

　　從〈香港〉出來後和他們分了手，今天的天空也有一條腿，高高地踩著冬天天空，在大腿的部位，看到 OK 的字樣，這事真是頭一遭，腿上貼著什麼，字好像會孵小字，變成像米粒般小小的 OK，腿上佈滿 OK 的顆粒，它們在移動，也像銀色的蛆在閃亮。

　　上了階梯。
　　冷冽的階梯，靜寂持續的冷冽，間距相同地重覆著，像生存一樣要求的冷冽，他走到自己的房間，門前出現了一個人影。
　　——有一座橋
　　抬起頭。
　　是星姬。

6.

　　「妳什麼時候來的？」
　　接到韓老師的信再和星姬見面已經是前幾天的事了，只見過兩次，對她沒有什麼深刻印象。她嘴角的倔強線條好像一面牆，可以包圍脫逃的犯人。橫在韓老師和自己之間，死巷子的那面牆，面對這樣的一面牆，所有的故事，都不能再繼續發展下去，金字塔，對了就是金字塔，有太多的疑問，所以乾脆什麼都不問啦，讓人疑惑的一張臉，在迷宮徘徊著而希望自己是知識豐富的人；這就是星姬的臉，第一次見面時，俊九就有這樣的感覺，第二次見面感覺還是一樣。必定在潛意識裏把自己當成她的哥哥，想到見了面會聽到她說些什麼，結果卻不然。她不發一言回去的時候，俊九都是目瞪口呆的神情，他覺得所有的事都進展得不順

利，她爽約未出現的時候，俊九就是這樣的心情，對離開家陷入困境的這個女人伸出援手，牢牢地牽住她的手——這似乎只是自己一廂情願的想法罷了，現在站在眼前的她像是一個謊言。

「我剛剛來的。」

聽到她的回答，俊九酒醒了。

「進去坐吧！」

她閃到一邊。

俊九掏出鑰匙開了門請她進來。

「妳坐。」

「等一下就會暖和了。」

俊九點上煤油暖爐，坐在她對面的床上。

她和前次一樣，紅大衣上繫著絲巾。

「不要動。」

俊九阻止她卸下絲巾，如果在大馬路上不能卸下絲巾，那麼在這個房間裏也是一樣。

她聳了聳肩膀笑了，把手放進大衣口袋裏，注意著昇起的爐火。

室內開始暖了起來。

她的臉變紅了。

凍僵的皮膚暖和了，她看起來很稚嫩，再怎麼說她只有十八歲。

「我該招待妳咖啡。」

他掏出打火機放在暖爐上。

她望著他，暖烘烘的。

「好，現在可以脫外衣了。」

她解開絲巾。

「還有大衣。」

「好。」

只回答卻不脫。

「妳等了很久？」

「不會。」

「眞的？」

「眞的。」

「這裏容易找嗎？」

「是的。」

「我沒想到妳會來！」

「很突然！」

「突然？」

「我想您會生氣……」

「生氣？我不生氣。」

星姬淘氣地閤上嘴。

「妳以爲我說謊？等著看好了。」

「對不起。」

「沒關係。」

什麼沒關係，反而很高興。幾乎以爲不會再見面了，不要講爲難的話，也不想追問，來了就好了，此刻，嗯，怎麼搞的，心裏有一種空虛的感覺，她爲什麼來的？她還沒說爲什麼來的，不回原本住的地方，是爲了今天的爽約來道歉？可是這一點問起來也很尷尬。

「您一個人住這裏？」

「嗯，先前我不是說過了？」

「是的。」

「行啦。」

俊九給她倒了咖啡，拿咖啡杯的左手戴了戒指，看起來很有大人的派頭。

「脫大衣吧。」

俊九帶頭示範的樣子脫了大衣。

「嗯？」

她被俊九催促得站了起來。說話但不脫大衣。

「我要怎麼辦呢？」

她正眼望著俊九，擔心的語氣。

「妳說什麼呢？」

她把手插進口袋，低頭看著腳。

「我該走了。」

這又是什麼話呢？

她低著頭說話。

「太晚了。」

俊九看了看錶，十一點鐘。

「回去也好。」

俊九想到她是有所決定才出來的，此刻自己有點不好意思而接著說。

「這裏只有我一個人啦！」

她瞄了瞄床，原來如此，俊九這才放了心。

「妳來看這裏。」

他打開通往隔壁房間的門和電燈開關，搖手叫她，她走進仔細看了看。

「那邊是廚房。」

俊九指著出入門的方向。

「一個人住，又是多天，所以只用一個房間。」

她點點頭。

「那些是畫畫的工具，知道嗎？」

她點點頭，說過之後覺得自己好像笨蛋，人家是畫家的女兒呢！

「妳喜歡畫嗎？」

她點點頭。

「畫得好嗎？」

「還好。」

「是嗎？」

俊九聽得出是高興的聲音，並且提高了聲調。

她的回答聽起來很明確，俊九稍微放了心。

「油畫也可以？」

「一點點。」

「來，很冷噢！」

俊九關上門，轉身回原位。她走到椅子旁站著。

「跟我說的一樣吧？」

俊九提醒她上次說過的自我介紹。

「我不能讓妳留在這裏，只是現在很晚了。」

俊九又看了看錶。

「沒有我不能去的地方……妳家在那裏？」

她沒回答，又開始了噢，俊九溫柔地哄著她。

「妳睡床，我睡這裏就可以了。」

他站起來去隔壁房間，拿出野戰用床舖，再靠著牆邊撐開。

「不然的話，我帶妳去旅館好嗎？」

她不回答。

俊九又跨坐回床上。

「我一點也不要緊，還有，妳對我還沒說過什麼話。」

俊九以為她會回應，便停了下來，她卻沒動靜，真是讓人心煩。

她如果是我弟妹的話，俊九笑了出來，她跟著笑了。那你想得美噢！

「我們也聊聊吧……，如果這樣東跑西跑的，只會浪費時間，我只收到令尊的一封信，其他什麼事都不知道……坐啦。」

她坐了。

「妳如果有什麼想法，不妨說出來，告訴我怎麼做才不負令尊託付，我不會阻止妳做想做的事，那樣也不對是不是？」

她只聽著。

她在想什麼？俊九無法想像她這般年紀就離家出走，如果是因為逃難幾千里，和另有想法而走出自己家門的情況不能相比，小小年紀的想法其實比伊甸海溝更深，俊九望著抿緊嘴唇的倔強線條，稍嫌大的嘴，卻像柔和的花瓣。俊九想起韓師母，她的嘴唇很溫和，看不出有什麼倔強，是寬厚又溫柔的女人，回故鄉時去韓老師家造訪，風琴聲越牆飄出來，還有爬出牆外的阿勃勒樹枝，阿勃勒香氣中溶入了風琴聲，聲音的花，花的聲音，香味的聲音，聲音的香味，聲音香味花，溫和的唇，唇花，花唇，為了入畫，多重思緒的聯想，也不能毫無節制地隨著聯想游走，有點像不知足的欲望，沒有底線，暴君，暴力，加在自己身上的壓力，線條之間，不能沒有一個選擇，藝術是自由國度的這句話是謊言，藝術是暴力的，熱愛藝術的人創造不了藝術，恐懼，對人生的恐懼又製造出另一個恐懼，那就是藝術，美的東西—美就是凶器，製造凶器的人比凶器更凶惡，我原先並不懂這些，誰跟我

說過這些真正的道理，沒有人，沒有人跟我說過，他們懂得嗎？也許他們並不懂，如果說製造的過程是可以享受的，藝術就是花朵了，然而對於製造者而言，藝術是凶器，為了享受像賣麥芽糖般地隨心所欲嗎？把花當作裝飾別在胸前，在大庭廣眾之下，變成一把刀子，俊九想通了，凶器正在微笑著。

7.

「這真是吃飯大戰噢！」

韓明棋在人潮中，一副蒼白受驚的表情轉頭看了俊九。

「要等啦！」

「我們去別處，這樣怎麼行！」

俊九掏出香煙想抽一口，但因人潮擁擠而作罷，又放了回去，午飯時間在武橋洞一帶的餐廳都是這樣的。

空出的座位只能擠著坐，還要等到飯菜端來，俊九望著擠滿大廳的人們低頭進餐的神情，想起逃難時搭過的 LST，人們在甲板上放置燒飯的器具，然後拼命搶位子，用包袱佔著，真像游牧民族，沒有統一的指揮，也沒有村里長；是以個人為中心的一群人，好像寡情的餓鬼，哭個不停的一群小鬼，刻薄亂罵的女人。還有把自己水準暴露得一清二楚、做事顧前不顧後的臭男人們。正在想著這些女人這段期間都住在那裏，就又見到攙著軍人的手，嘴巴的口香糖嚼個不停，東晃西晃的年輕女孩子們一跟在勞動和戰鬥的人們身邊的娼妓，在小資產階級逃難的路上，以及沉默農民之間的放蕩女，纏綿一夜後，天亮了就走得不留痕跡，只有她們最能展現活力，她們會停下來嗎？最後還是走了。

「你在想什麼？」

韓明棋拿著湯匙，手肘碰到俊九，讓他清醒了。

吃完走出來，他們又去那家常去的幸運 7 咖啡店。

明天是耶誕節。

「明玉變了。」

「嗯？」

俊九反問，他剛才一直惦記著在公寓等候的星姬。

「這次的畫眞的好。」

「怎麼說呢？」

「看起來很用心。」

「你什麼時候以爲我是隨便畫畫的？」

「不是這個意思啦，怎麼說呢？畫得柔和了。」

「怎麼可能突然如此呢？」

「看起來就是這樣。」

「像另外一個人了。」

「不是啦，我是說表情亮了起來。」

「你現在說的不就是這個意思？」

「那個是那個，我不是那個意思，我是說明玉的骨相不同了。」

「是嗎？你轉移話題，這樣不行啦！」

「有關係嗎？你又沒有明玉的照片。」

明玉是韓明棋小說《風的心》的女主角。

「眞的？我倒要重新看看噢。」

俊九不知爲何有點下不了台而用辯白的口氣說話。

「我跟你說不要學，我喜歡這一次的插畫；有點羅曼蒂克的感覺。」

「羅曼蒂克？」

「嗯，類似處女的……」

「啊！原來你喜歡處女。」

他們都笑了。兩人談笑之間浮現出金玉順的調皮面孔。

「你看過明天節目的內容。」

「你不是說過了，到了耶誕節，你就要順著她的興趣讓步？」

「對啦！」

「所以這樣就可以了！」

「一定要如此，別人都是這樣的，我們也不必猶豫什麼的。」

「大不了就是這樣了。」

「你如果不跟我在一起，誰知道你會搞什麼？這麼說，明天也一起過吧！明天這個時候不是 Christmas，是強迫 mas 啦！」

「應該說是疑文化症。」

「是疑文化症！」

「就是說嘛！」

「外國不是也有 carnival？」

「有啊！這個名字不錯嘛！叫什麼 holy night 的。」

韓明棋專心聆聽傳來的聖歌，俊九覺得心情很詳和，想要寬恕一切。

「嘉年華和 carnival 和 Christmas 耶誕節湊在一起，不是很偽善嗎？」

「你還這麼挑剔，即使如此，宗教和性愛之間也不是那麼遙遠吧？」

「或許是吧！大拼盤文化，現在正在形成大拼盤文化嗎？」

「就是說嘛！」

「最近我喜歡上了這個國家，她必定是很有幽默感的國家，這種懂得幽默、懂得利用 Christmas 行 Sexmas 之樂的國家，緊緊跟著人家的尾巴。你這小子，她不是讓你很帥、很棒的國家嗎？這般水準的人也很少見吧？漢城國際筆會的主題也訂為〈幽默〉，她是個正在體驗幽默的國家，曾經是有幽默感的國家 Humour Land，還佯裝堅持民主主義，形上學，存在主義之類崇高理想，不得了的，嚇人噢！」

俊九這一次不搭腔了，不是聽不懂他的話，而是悲哀起來，應該不必如此的，韓明棋也不是不懂，說得太痛心了吧？因為太痛心，才這樣子的嗎？那就是幽默啦，這麼說我就是鄉巴佬了，什麼是什麼都不確定，逃難之後，從來沒有什麼是確定的，所有的事都令人驚訝，韓老師女兒當女侍這件事，是其中最嚇人的。〈現實〉不斷地製造驚奇，真的嚇著他了，兩人對坐一直到清晨，都沒有談過這件事，但從她的眼神，可以推測她的心事，啤酒屋的工作可能辭掉了，提到啤酒屋時，她就平淡地避開，使俊九如此推測的，總之她並不多話，個性原來就是如此還是怎麼的，他就不知道了。俊九認為應該先把到目前為止的結果告訴韓老師。

「明天你要做什麼？」

韓明棋問他。

「明天？」

俊九故意裝傻。

韓明棋看出他的意思，很有風度地笑笑。

「別人的事我不能說啦！」

俊九說。

「當然了，小說或者其他的文字、行動，只要不屬於私人或社交的性質，就另當別論了。」

「另當別論？」

「作者和作品要分開來看。」

「可以分開來嗎？」

「舉個例子，比方說太空人，他們在太空梭上的生活，那種忍耐和毅力是普通人不可能有的吧？是〈火箭飛行〉這一章裏才可能有的生命力，並不是普通人類的生活，就是這個意思。」

「所以？」

「所以，要求當二十四小時的超人是不可能的，但平凡人可以搭乘〈章節〉中的火箭，當一名超人。」

「接著呢？」

「接著，在宇宙的某一處，降落之後過平凡市民的生活，兩者都不能放棄……」

「我不懂，你要說什麼？」

「怎麼會不懂？在發射火箭基地工作的人們，他們的話題大概都是有關宇宙吧？對他們來說，〈宇宙〉是高尚的，而現實，也是平凡的現實吧！」

「所以呢？」

「所以你和我之間常常屬於文明史的話題，也沒什麼好挖苦的。」

「我懂了，去年聽到的話，今年讓我覺得好笑，如此長篇大論……」

「畫家都是急性子，討厭說故事。」

「我算什麼畫家？」

「你不是畫家誰是畫家？」

俊九不答話。

「事實上我對小說討厭透了，才會當畫家的。」

俊九馬上接腔。

「不要說嘔氣的話，藝術之神會震怒的噢！不敬的話傳到祂耳朵會遭到報復。」

韓用手指敲了桌子一下。

「這是金俊九名言集的一句。」

「感謝你的提醒。」

「金玉順女士也說過同樣的話。」

「不會有問題，你放心好了啦！」

「那個是那個，下午你要做什麼？」

「想去那裏……」

「在這裏。」

韓這時把他託的兩萬元掏出來給他。

俊九和他分手後去清溪川買了毛毯，然後去食品店買了罐頭，又另外買了水果，為了家中等待的女人而買東西心情愉快的感覺，也有點不習慣，心情愉快是沒錯，正大光明的行動，像浮現手臂的血管晃動，有點不好意思，顧不得這些了，砰砰然的一顆心回到公寓。可是她不在，有一張字條擺在床上。

一我有事出去一趟，可能明天也不會回來。

8.

把買回來的東西隨便一扔，他跳上床躺著。再次拿起她留下的字條，「我有事出去一趟，可能明天也不會回來。」真是愛怎樣就怎樣，竟有這種事，真為韓老師叫屈，也能體會他的立場

了，這種心情，尤其對一個爸爸來說，腦海裏浮現出韓老師獨自站在茫茫曠野的神情，該給他回信了，這件事讓他很為難，應該找到她，告誡一番，然後帶在身邊，再請問下一步怎麼做才對，可是此刻不容許他如此做。俊九怕傷她的心，小心處理的結果；兩人見了三次面，卻沒談過心事，見到她出現在公寓後，所有事情不過出自他自以為是的想法。讓人理不出一個頭緒的少女，少女啦，少女，這個名詞真讓人難受。她的身上並未散發出少女的氣息，生活在複雜環境中，難以了解。一這是活在變化多端世界的所有人心性，突然投身於漩渦中的恩師女兒；啤酒屋的女侍，俊九一骨碌地站起來。

進入 OK 啤酒屋後，俊九在昏暗的燈光下，想第一眼就認出她來，不停地環顧搜索，太暗了看不清楚，眼睛習慣黑暗再慢慢搜索，還是看不到星姬。

「星姬沒來嗎？」

「星姬？」

「是啊。」

小姐不搭腔，反而把俊九打量個夠再說：

「她不幹了。」

「不幹。」

「對。」

小姐一副不想多談的表情，朝對面走開了。只喝了一口酒，剎時卻有了一些醉意，不幹了，這一句話像陀螺一樣在他腦海打轉，現在對他來說，看得見她像天上的一條腿，卻抓不住。他決定不再向她同事打聽什麼了。他走出 OK 啤酒屋，抬頭看了看天。夜幕初垂仍看得見畫著一條腿的招牌，只有大腿的部分。櫥窗裏被套上絲襪倒掛的模特兒的腿，在空中像廣告的汽球飄著，腳朝

下，好像踩在天空中，雖然只有一條，從大腿以下被截斷。截斷
部位和模特兒不同，沒有流血，不見截斷面，像從屍體上切割下
來截斷的腿，沒有截斷的位置，它不是模特兒的腿，而是活生生
的，是因為看了幾次的緣故嗎？現在不覺得它不自然了，從地面
上昇的夜都市的色彩，滲和著燈光，星光冷冷地發亮，豐滿的腳
指頭柔美地踩著天空。

　　回到公寓也不見星姬來。此時，他才覺醒他曾等待她回來，
而自己忍不住便去 OK 啤酒屋找過她，完全是一廂情願的，他點
了暖爐後，從窗口向外眺望，漢城很美，特別是夜景美，依據他
的心情，這棟公寓最好的設計是窗口，透過窗口眺望的遠景是最
好的，看到蠕動的人潮擁有諸多的惡、些微的善——尚不知生存
的感傷和一心想出人頭地的人們口說如同選舉政見空言的神情，
並且在某個詩人的一行詩中像火光般閃過。一那片由些微的善融
洽而成的密林，讓他覺得自己有如從高高枝頭上的窩裡向下俯望
的一隻鳥，所以俊九喜歡這個房間，有窗的房間，他都喜歡，他
也喜歡從畫册中西洋畫家們街頭巷尾的作品，會說話的巷尾，
不！這街頭巷尾就是一棟房子說的話。房子是主人，連綿的房子
是它們說的話，即屋簷下諸多的生命，如同棟棟房子不可得知的
別人們，星姬，自己父親都不了解不透的星姬，人有什麼讓人了
解不透呢？其實不然，在這大都市裡每個人都無法保障其它的任
何人，就像我看不到的地方，搞不清他人在那裡做什麼，不再期
待第二次見面的情況下，所有的人都成了所有人的凶器，當然也
有愛情；那些凶器的愛情。

　　走進香港一看，韓明棋一個人在喝酒，他很高興。

　　「一個人喝噢！」

　　「嗯，一個人啊！」

可能韓明棋也高興，揮著手示意他坐下。

「我有事跟你商量。」

「什麼事？」

韓明棋一臉正經，表示要聽的神情。

「發生事情了。」

「事情？」

「是的。」

「好啊！」

「不好嗎？」

「只要你活著，愈有事愈好的。」

「不對啦！」

「你說來聽聽！」

俊九大略地說過星姬的事情。

「眞是件事情噢！」

韓明棋聽完後說。

「……所以不知如何是好。」

「什麼怎麼辦？不是沒有什麼道理嗎？」

「雖然你說的沒錯……」

「她從父親身邊溜走，你又能怎麼辦？如果你能當一個比她爸爸更好的人……」

「更好的人？」

「當然，譬如男朋友啦……」

俊九啪地一聲把酒杯放在桌上。

「喂！」

「幹嘛？為什麼發火？我說了不該說的話吧？」

「你不知道我的情緒嗎？」

「情緒？臭美情緒噢？」

韓明棋咯咯地笑。

「有什麼好用情緒解決的？她有今日是你的錯嗎？」

「什麼責任？」

「你看，旣無責任，又何必折磨自己呢？」

「我們似乎不能溝通了呢！」

「不能溝通才會如此啦！如果不負責地心煩的話，就沒完沒了，我這裡受的折磨，根本算不清。」

韓明棋抓住坐在身邊小姐的手腕。

「什麼心煩的事？」

小姐問道。

「嗯，金先生因爲金小姐而心煩意亂。」

「爲什麼？」

「妳問他。」

金小姐走開了。

「你爲了金小姐，不能不心煩吧？在這裡的女孩子們都同樣出身的，和她的事，你說是遺憾吧？」

韓明棋喝空了酒杯。

「說人道主義啦，什麼啦，都比不上同宗吧？我們都是同宗啊，在這裡的女孩子們都有類似的苦衷，才來這裡的！想到這一點，酒味什麼的都不見了。你說那小姐，嗯！你說她姓韓對不對？原來姓韓，我們是同宗……」

「就是啊！」

「就是什麼啊？事實嘛！」

「說到你，不是一點都不曾同情別人的事情嗎？」

「同情？」

韓明棋笑得很尷尬，好像內心喜歡同情的神情。

「這情形嘛！為什麼同情就不行了嗎？」

「我沒說同情是壞事，受到同情的人沒有道理不回應吧？」

「不是那樣啦，對象不是他啦……」

「嗯！你說對象是那位老師是不是？一樣啊，爸爸都沒有辦法的事，人家怎麼有辦法呢？」

「真殘忍！」

「不要生氣，說什麼殘忍、同情、難過……說這些不吉利的話啊？一直都是以別人為主的想法，為別人，從別人那兒得到同情，為了別人而難過，別人殘忍，別人理所當然會殘忍不是嗎？從離開自己的肌膚起不就是殘忍嗎？因別人不是我而生氣，這像話嗎？」

「別人也是有等級呀！」

「我說的就是這意思。」

明棋儘管酒酣耳熱，還是露出冷漠的表情。

「你現在立刻要做的事就是先將你對韓小姐的那種依別人的立場來定等級。」

「真夠狠！」

「唉！」

明棋意指太嚴苛而嘆了一口氣。

「反正已經夠狠了就再補充一句，那故事值得寫成小說，插畫就由你來畫，可以吧？」

俊九以呆滯的眼神，韓明棋一朋友的等級看著這凶器。

9.

俊九在 25 日中午收到〈韓東純先生過世〉的電報。

從前晚就在公寓的他，接到警衛室打來的電話就下樓了，他突然想到可能是星姬打來的，拆開電報，俊九呆滯了一陣子。

看得出是蠻嚴重的電報，從佯裝不知的警衛身旁轉頭走出去。從病榻上剛起床踏出的步伐一樣有點生疏，進房後俊九整個人癱坐著。

火車一啟動俊九就閉上眼睛嘆氣，連通道都擠滿人的三等車廂景象活像是惡夢，所以不想看到吧！或許是這樣，被遺忘太久的時間卻如此存在著，不是在內心而是在現實上，戰爭期間總是客滿的火車景象，對俊九來說總是避難船──LST 的模樣，這些人是要回故鄉的人，雖然與避難時候的俊九反方向，但這也只能說是動亂。夾雜了很多人，從裝扮上看來，如果是平常日子的話，他們會搭二等車廂的，這些人真是在動亂之中；像黃豆芽一樣密密麻麻地推擠著。情況稍微變動的話，身分甚至金錢都變得沒有用的處境，已不再是小資產階級，而僅僅是小資產階級逗人發笑的一張畫而已。奇蹟似的有位子可以坐，如同性的愉悅似的真實感受，這也是俊九被陷入亂世，黃牛票、洋鬼子走私貨市場，以及戰爭的過程－更可以說是意味掉進這社會底層的下水道。

小孩們笑聲，大人們的辱罵聲，鑽洞強行通過的小販。夜深人漸靜，倦容的一張張臉，煩躁和疲憊入睡的一張張臉，火車通過鐵橋發出的噪音、鐵橋、城市開始沉睡，途中每站上上下下。

　　不能安心地熟睡，所有人都聚在一起，共同的覺，像聚在一起的人稻穀打作一樣。如今自己睡夢中隱約感覺有人來來去去湊熱鬧、借火抽煙、在睡夢中腳踩著腳。韓明棋的笑聲。一段段凶器的愛情，香煙、煙味、麗仕香皂、洋鴇母、菁英分子主導的改憲和政客們齷齪的喧嚷。

　　釜山，這個城市曾經拒絕回憶避難時期的往事，從報紙上得知時常發生火災，但是她陌生得如同在火場重建的建築。

　　依信上的地址去找，找到的是好像從未變貌改觀過的黑漆漆小巷子。

　　走進葬儀社掛著〈謹弔〉燈籠淒涼兮兮的門檻。

　　在屏風的前面跪拜之後抬起頭來，一位戴著像韓老師眼鏡的一張臉睜開閉著的眼睛慢慢地打量他。

　　他說他是學校的同事，又說沒想到俊九會這樣子地下鄉來。

　　葬禮可能會由學校負責辦理，那是一所小型偏僻的私立中學，戴眼鏡的自稱吳老師，娓娓細說這段期間的事情，他說韓老師自從夫人死後健康情形就大不如前，經營了什麼事業都失敗了，原有的一點積蓄都拿來還了債，星姬離家出走，也可能遭到家變之後做的決定，對故人來說，這是最後的打擊。一直到最近才在病榻上說出她去了漢城親戚家的真相，還提到俊九的事情。

　　和五位老師守靈過了夜，俊九被敬了很多酒，一點醉意都沒有，只是酒味刺鼻而已，他來的時候，故人已在棺木裡了，俊九並不想瞻仰遺容，沒有把死亡看得那麼清楚的心理，害怕看那屏風後面躺在六尺棺內的人，帶了很久以前的某些東西去了另一世界。現在撐住無法繼承的沉重行李，俊九與其說會傷心，不如說是感到煩躁吧。

　　從靈柩車的窗戶看到的街道和人群，比避難時期看起來更覺
生疏，在那人群中至少少了兩個他所認識的人，墓地的儀式，以
及嬉鬧的工人們，將人的身體當作工作看待，從葬儀車把棺木抬
下來走上陡坡，突然意識到手臂承受的重量，韓東純一代的重
量，似乎聽到一聲汽笛聲，韓老師現在所搭的 LST 是什麼國籍
呢？地球是殘忍的船，載著沉重的悲傷也不會沉下去。

　　出殯回來後和主任老師商量了一下子，因為都以為可以和星
姬連絡上，不覺之中，俊九以遺屬的口氣表示，葬儀費用決定由
學校支付，房子押金就用來還債，金額雖然不夠還清，但到這個
地步債主也無可奈何了，其餘的東西也決定處理掉，和主任一起
交給收廢棄物的人，每交給他一樣，主任就會瞄一下俊九以得到
同意，還剩下一隻皮箱，所以將剩下的物品也整理放進皮箱內，
決定先由主任保管然後再寄給俊九。
　　一切都結束了。

　　俊九走到街上。
　　走進車站前面茶樓喝了杯茶，一點食慾都沒有。一點鐘。決
定在車子來時先逛一下，發生火災的舊址上重建了一棟棟房屋，
往市政府方向走去影島，船在橋下來來回回，在橋邊有人擺攤算
命。風景依舊，一點都沒變，順著樓梯往碼頭，除了沒有穿軍服
的人其餘都還是一樣，陰曆十二月吹著海風的碼頭在釜山也是一
樣的，慢慢的走著，手上掛著卡其色軍服的婦人們走來走去，不
對！那是相同顏色的一般衣服，可是在另一瞬間又是軍服、卡其
色的世界、卡其色的時間，這重量，這時間的重量，不能將這顏

色的重量換成畫，我的無能不能將沉澱於活在這時代的人心裡，像溪邊泥濘土塊，一樣的卡其光色彩，我的無能，不能將它換成畫作，不能將卡其色移到畫布上。還不遲，從現在開始也不遲，不遲嗎？不，太遲了。所謂藝術，是啓發出來的，將遠方的事物啓發出來的，將沉澱的事物引發出來的，將沉船拉上岸的，在記憶的海裡將快沉澱的回憶船拉上來的海邊，把漂流物攤開的海邊，那樣把記憶的殘骸堆積在畫布上－不是嗎？是的，可是我沒有技術，沒有工具，沒有可以進入深海裡的體力，體力？是啊，沒有體力，現在藝術沒有體力是不行的，有資本也沒有用，是海女才行，是組合員也不行的，組合員只是在帳本上摸數字和鈔票罷了。

　　他不瞭解鈔票和海裡海女的心臟之間有著無數的階段，只有那階段，那過程才是藝術，我只能做個企業家的秘書而已，現在都亂了。較之在畫布上揮灑，如今他更熟練於合成建築材料的排列。所謂大眾藝術，全是謊言，最近的年代根本沒有大眾藝術這個名詞，眞正屬於古代名詞。其實大眾僅被賦予流行，建築、設計統統沒有未來，實用性在生命的色彩中並不賦予被漂白的空間，回憶力量增強，不容把日常的物件撫摸成祭器的時代，便沒有藝術，在古代，民眾的器物或法式可以成爲藝術，窮人愛物質，因此窮其工，正如富人因無聊而附庸風雅，從材質效果評論，他們的手藝很用心，不論是途經礫石地或牡丹田，目的地都一樣，此外加諸於材質的愛情痕跡，精誠撫摸的手垢和愛情，餘韻和殘香。然而最近的窮人便不同了，而錢財的奴隸也不可能有那種心情，贋品，仿冒品怎麼有藝術呢？怎麼會驚嘆呢？把文明的尖端銜接於生命的圓根之上的迴路電工 —— 藝術家。然而大家都累了，像B29突然冒出來，沒有人有那份力氣去挖出出現在我

們天空的生活規範；這文明的族譜。在奔波的生活中亂畫一通，可以的話今天就有飯吃，沒有的話就得餓肚子了。因此忙著跑到降落傘投下十字符號救援物資的地方搶東西，腕力大的傢伙搶大包的，腕力小的傢伙甚至從破紙箱中搶出單隻襪子就跑，箱裡什麼都有無奇不有，有大砲、有畫布，像潘朵拉的盒子、文明的悲哀、特洛伊的木馬，把對文明的恐懼、悲哀，懂得去享受它的便利之處的難民村，偌大的難民村，住了三千名的難民；五〇年代的、六〇年代的、七〇年代的難民，直到免於悲哀和恐懼之日爲止，他們也是到七千年仍不懂得愛情的難民，而藝術家如同在運送救援物資的碼頭上作業員吧！碼頭勞動壓彎傷害了他們的背脊和筋肉。畏懼畫布的手，以不屈的意志，叫我們鍛鍊勞動的筋肉爲藝術的筋肉嗎？狗小子，沒有人情味、沒有任何概念的夢囈。成堆的救援物資上，啜飲著偷來的鳳梨罐頭，對著空罐鬼吼鬼叫的流行歌，然而，如果說我要負責的話，大家都要以自己之名而死，飄浮在殘忍的都市之上。

　　火車拉著開船的汽笛聲離站了。發車！釜山方言的餘韻漸行漸遠。

10.

　　聯想到自己站在自己畫布前的動作，畫家出身的金相賢和俊九常常哈拉畫壇的故事。

　　12月29日晚上，俊九和金相賢同時出現在〈VICEROY〉大飯店的頂樓。

　　〈VICEROY〉大飯店係建築業財主出資蓋的，內部已全部裝

潢完畢，打算新年開始營業，今天宴請的是同行人士。

十層樓高的建築物，頂樓有高級接待室，與寬闊的酒吧毗鄰，結合了眺望都市全景和酒吧氛圍的點子，金相賢的公司團隊負責內部裝潢，俊九是他旗下的一員。

「還不錯吧？」

金相賢環顧整個房間說著，俊九每見金相賢這個動作都覺得好笑，聯想到自己站在自己畫布前的動作，畫家出身的金相賢和俊九常常哈拉畫壇的故事，卻不見任何迷戀，到底是怎麼樣的契機，讓他心神如此清靜呢？更何況他的才能頗受重視，令人不解，如果嚐到金錢的甜頭倒也罷了，也許有更重要的原因，金相賢冒出了這句話，俊九著實被嚇了一跳。

「有人叫我明年春天開個展覽會。」

俊久不知如何回應這突如其來的話。

「也到了該開展覽會的時候了！」

金相賢自顧自地說。

「你說展覽會？」

俊九問。

「雖然有些突兀，但也不要想得太難，退熱冷落久了就會忘。」

「就是說啊！」

「也不會啦！也不知道誰會比較突出，因為賣得掉的作品，我才會試。」

按照金相賢的說法，搞室內設計的一票少壯畫家發起一個〈生活美術〉聯合展覽會，作品不拘形式；包括雕刻、工藝、設計，針對可以刺激室內設計的樣本或點子，名堂，金相賢幫忙先弄好一些說明事宜後，便跳槽到別的工作位置。俊九在金相賢說

出展覽會一事時，便有了自己的打算，其實他對金相賢舉辦的有如樣品大拍賣的活動一點都不訝異，環顧四週，看到金相賢置身在一些喝酒的人之中。

他只在今天最體面了。要把這酒吧發展成為事業之前，先當成一部〈作品〉公諸於世的，現在同業們來此留心觀察題材、新點子等等，很快就會有類似的作品出現，並非使用特別的題材，重要的是點子，看點子就知道了。只要有錢，可以馬上複製模仿，萬事皆如此，只是過不了多久就會感到厭倦，又會出現新的，負責飯店裝飾的同時，俊九做了不少功課，瞭解了大概的架構與設施，以及最近新飯店所針對的客層，發現到就算不以觀光客為目的，也都以外國顧客為考量。

談到新點子啦！民俗啦！主要是以外國人的喜好為基準的，很多並非現今日常生活的民俗活動，在韓國人眼裡是很可笑的，接下來的對象是懷有觀光心情的韓國人。從大廈頂樓看到的漢城夜景很美。俊九俯瞰遠眺這個變像樣的城市，以最新技術和金錢來建造的〈摩天大樓〉──從中展開的觀光人生，都市中靠近港口的大飯店。有錢人所建造的〈新式住宅〉──是次一級資產階級的生活，韓明棋曾說過。

「意識型態啦！或瞎說啦！有什麼用？社會永遠由小資產階級支配，強國的小資產階級因為有勢力、有資本，頭腦也好，武力也好，也有肚量，所以把自己社會的抽籤錯誤的階級──不管將它稱為無產階級、窮光蛋、失敗者或者稱為知識分子都無所謂──可以對那一層面寬容諒解，所以那一層也不忽視資產階級。英國無產階級對斯拉夫的無產階級所表示的方式是到處躲避，卻選擇了與自己國家資產階級談生意的路線？不過我們的資產階級卻無法這樣。所謂落後國家的資產階級與先進國的無產階級無法

平起平坐，是一幅資產階級的諷刺漫畫。」

　　總之，怎麼過生活都注定是痛苦的小資產階級，韓東純老師始終都擺脫不了那種生活，其次是〈鐵皮屋〉，把他歸於這一類較好。星姬呢？星姬是鐵皮屋的下一個。再下一個呢？鐵皮屋之下的建築物，不是只有下水道嗎？下水道，下水道，鐵皮屋之下的建築物。大廈、大飯店、酒吧、啤酒屋、大廳，那就是鐵皮屋區底的地下室，不然的話，那些都是鐵皮屋的閣樓，地面就是天花板，醉了。

　　金相賢帶了一位年約三十戴著眼鏡的女人來，他介紹她在某大學擔任美術講師，曾在美國留學，這兩三年才回國，俊九看著這位戴無邊眼鏡，膚色微白的女人，聽她用活潑的聲調說著。這種女人又是另一型的女人。她不嬉鬧也不驕傲，滿有知識水準的，而且也很有自信地說話，只是有點沉悶。針對我們國家受過教育的女人，韓明棋曾說那個水準是傳教士的女傭水準。說maid有點過分，mate好了。傳教士夫人的傭人，所謂的傳教士夫人也是老舊的基準。觀光客的？觀光客的嚮導？金相賢和那女人在談論畫壇的事，不時提到〈人家那邊……〉〈人家那邊……〉，語氣就像在說〈在娘家……〉〈在娘家……〉，說美術正在重新整合，也就是說原本在生活中發掘的事物又回到生活中。

　　生活水準普遍地提高，所以藝術重新又回到其裝飾的機能。輕視生活為藝術的生命的想法錯誤，也就是說，圖畫或者雕刻品與建築物合而為一，應該成為立體空間的一重要因素。而以前的美術被欣賞，只因在生活脫節的空間完成，必然會走入死胡同。將美術史慢慢地拉出來，從生活中解開，生活的枷鎖開始解開之後，裝飾的禮俗丟棄之後，近代藝術不就起步了嗎？藝術的兩極，裝飾與冒險，近代藝術連肩負冒險這部分，為了生活而離開

生活的眞實風貌。

　　第二天幾乎都待在公寓喝酒的感覺不是很好，原有兩三件事情要辦，但現在卻沒辦法了。

　　有兩通電話，一通是韓明棋，另一通是金相賢來的。

　　只要是那時候，俊九一定會想到星姬，躺在床上，俊九實在無法置信，韓東純老師已長眠地下，他終究是陌生人吧，只是那個等級差別的問題罷了。雖然依韓明棋所說的做，等級也不過如此。

　　每當來電話時，會有可能再見星姬的預感，很突兀的預感閃過腦海，之後便覺得與她見面的機會很渺茫了。

　　明後天就是新年，卻沒特別的感覺，韓老師的死很荒謬，以及星姬的毫無音訊也是如此，什麼樣事會讓人傷感呢？什麼樣事會刺痛人？想到這些心頭悶悶的，他的手腕上還殘留著抬韓老師棺木時的重量感。所謂死亡的重量難道就是如此嗎？

　　如果死亡的重量不過如此的話，其他的重量就更沒什麼了。可能吧，所以這地球會屹立不搖，說實在的這只有我認爲了不起罷了。所謂不幸的重量，其實也沒什麼，只有星姬，沒落的資本主義底下，子女們是住鐵皮屋的命，再翻一個跟斗去高樓，這樣的星姬不是擠滿了整個漢城？

　　只要想到韓明棋說的這些，什麼胃口都沒了。這句話講得一點都沒錯。我輸了就由我來敬酒；你輸了就由你來敬酒，笑過哭著跌倒再爬起來。起不來的話就是輸了。而不懂事的想法：自認遭受不幸是天大的事，自戀癖、撒嬌、沒有對象的撒嬌、對神的撒嬌、對大家族制度的撒嬌，神已亡，大家族制度也解體了，社會改造思想也朝現實化的方向。所謂社會改造不是阿拉丁的神

燈，若不想當奴隸，對〈領悟〉、〈精神〉、〈勇氣〉之類的名詞，沒有精神勇氣去領悟這些千斤重的名詞，那麼任何革命思想都是有如來自高麗時代雞籠山教主——鄭鑑錄（註2）。

如果一直無法領會各種西洋思想的基礎之中動物性本能、禽獸生存的感覺，那麼連革命思想都是鴉片。我們不必對思想撒嬌，我們要學習承受悲傷的重量也不沉沒的地球。而一個瘋子為了畫一張畫，也要當批評家的這國家，在漢城的今夜，俊九一會坐，一會起來好似被關在籠子裡的野獸，每當遠處的房間有電話響時，身體就怔了一下，好像在這時間會從某啤酒屋服務生來電話似的。

11.

除夕時，俊九的扭傷也許是年底最後的災厄。

早上下樓梯時踩空而扭到了腳，當時在地上蹲了好些時間，以為應該沒有大礙了，起身要繼續走時，痛得唉唷叫著靠在牆上。他打算回到房間暫時休息，將暖爐點著。坐著還能勉強忍受，無法站起來踏地，實在是讓人生氣。躺在床上眼睛亂瞄，他驚訝的一怔，牆上好像有個人的視線盯著他瞧。他苦笑著。像是掉進自己所設的陷阱一樣，其實那是有一天和金相賢一起到某位書法家那裡，收到裱好的書法禮物。

獨在異鄉為異客
每逢佳節倍思親
遙知兄弟登高處
遍插茱萸少一人

　　這句話的意思是在那時候聽說的。這幅字大概貼了兩年。貼在那裡如同一面牆壁。說實在的今天正是那種頭插茱萸少我一人的日子。第一次看到那幅字時，俊九聯想到〈不管多麼想念，也不能回去故鄉的處境〉，每當看到這幅字時，好像插上電源，腦子裡就會唱出這首流行歌，沒在頭上插花而從樓梯上扭到腳，還真湊巧。老實說，迄今爲止還沒爲思鄉而苦。第一次來南方的時候，很惦記著故鄉，曾幾何時卻已遺忘了。漢城車站佳節時大半返鄉客的騷動，反而讓他覺得奇怪。除了掃墓、行禮，現在漢城人大半和鄉下臍帶相連地過日子，俊九不了解這種情形，印證了他是異鄉人，但他有些驚訝，他身無分文卻從未想到要尋親攀故的處境，最適合這都市。就拿韓老師的例子來說吧，從喚醒沉睡的他，這位前輩發揮了作用，當時俊九年紀輕輕再加上自以爲了不起，那段日子過得很慘之後，才發現韓老師是他夢想未實現時期的同伴也是見證人。一方面覺得有點羞愧，但另一方面又覺得能毫無隔閡地將自己處境呈現的人，只有韓老師一人。人們只會拿人生的落伍者來取笑而已，不可能會有進一步的感情，而且也沒有要求的權利，但是唯有韓老師例外因爲一直認爲他會瞭解，我沒有依當初的夢想實現，會替我解釋並非完全個人的問題，而是遇到什麼可怕的騙子，受騙上當了。所以收到韓老師的信時，心中深處嘩啦啦地倒塌，信中託付是一回事，那語氣令他難過，韓老師沒有呵護別人的精力。也沒有眼光能體會分辨艱難的人間世故，在高中學校執教的時期，雖沒有多大份量，連一絲清澈精神的魄力都散發不出來。也證實他抱持的希望是空虛的。自己對自己才重要，在別人眼中，只有見到外表，依外表所見到的韓東純此人，和半數的家人死別，把獨生女遺留在酒店當女侍。徹底失敗的人生中，自己充其量是一位在避難生活之中死去的老師罷

了。這世上唯有俊九認為他是善良的，唯有俊九見到用一封信呈現實情的韓老師，而是俊九本身會像垃圾堆般的崩潰。先找到星姬然後幫助她，這件事是真心的，如同自己不能因掉入陋巷後，當個畫招牌的人過一生，倒不能讓星姬當女侍，第一次看到她在酒店陪酒時，與其說是傷心，不如說是怪異可笑的讓他一陣驚悚，或者正好相反。人蛻變成一隻蟒蛇好像變成另一物件。若是社會學者的話會說：看到相同階級的一員沒落，會本能的自覺到危機，這是小資產階級的意識。俊九覺得無法用那三言兩語道出，沒落的恐懼並非只屬於小資產階級所佈的戰局。他為星姬盡力去恐懼的這份心意，在韓老師去世後反而更加積極迫切。讓俊九領悟到活在世上如沾到血腥一般有如一個騙局。若能讓星姬放棄那行業的話，俊九多多少少會把這件事處理到一個段落。就如湮滅證據的念頭一般。自憐自艾的下場可能真的變得悲慘，那就是星姬，一定要湮滅證據。可是有人將證據東移西移地，不想交到他的手上，看似已拿到手，但又被偷回去。突然自覺依舊沒有忘記星姬的事。也許自以為從釜山回來後，事情就解決了。但現在覺得並非如此，星姬是最親近的陌生人。借用「等親」的名詞，相當是（等他）吧？〈陌生人〉也有輩分，所謂六親必是〈沒有輩分的陌生人〉。不過這些都沒有定論，在酒店見到她，有一股奇怪的感覺，本身也很怪異，當然也可以說當時是不想把證據交給俊九，而又眼前看不到的一個人，只能見到星姬這一人。雖然也曾認為，別急著一次想說服她，但看到她，俊九就啞口額言。因為她看起來經歷過俊九從未經歷的事物，俊九想要湮滅的證據，在湮滅證據的過程中，不知道她的立場站在哪一邊。俊九像看著一個不想被釋放的罪犯般的感到為難。韓老師丟下為難的事走了。讓俊九想到留下替我報仇遺言的老爸，而對韓老師

也有所埋怨。

　　想著這些事，俊九小心翼翼地試著起身走下地板，以爲過了這麼久應該沒事了，的確癡心妄想，在腳踏到地板的同時，他又痛得大叫一聲，想必傷得很重。他想起二樓有一所〈針灸院〉。

　　年約五十歲酷似學校老師的醫生說：

　　「請脫下襪子！」

　　「痛嗎？」

　　醫生用力壓了腳踝。

　　「對。」

　　「這裡呢？」

　　「痛啊！」

　　「來。」

　　「那裡也痛。」

　　「好了。」

　　醫生從桌上拿起針筒。從裝有不同大小的針頭的針包裡拿起一支，感到被刺了一下抽出來。

　　「痛嗎？」

　　「對，沒關係。」

　　「您除掉災厄了。」

　　「是嗎？」

　　又被扎一針，抽出針的部位，血稍微滲了出來，醫生用棉花輕輕地壓住。

　　「您是怎麼扭到的呢？」

　　「下樓梯時……，我住在四樓。」

　　「喔，是嗎？」

那麼再打一針吧似的語氣又被扎了一下。

「好了。」

俊九穿上襪子。

「馬上就好了。」

「好的。」

「觀察看看，到時候再扎一次。」

「好。」

俊九付了錢之後想要站起來，但卻非常痛。

醫生說：

「稍坐一下，稍等一會就沒事了。」

俊九又重回位子上。

「要很久才好嗎？」

「我想等過了今天就知道了。」

俊九哈的一聲笑出來。

醫生也瞭解其意的笑著說：

「現在從外觀上如何能知道呢？」

在暖炕房的炕尾放著一張書桌，四邊有壁櫥架子，擺著很多蠟燭。

「您也配藥嗎？」

「是的。」

「啊，是的。」

醫生往俊九視線方向看了之後說：

「那是艾草。」

俊九覺得那句話聽起來像在罵他是二百五，因此不由自主地笑了。每次上下樓經過這〈針灸院〉，看到往來此院的人就覺得怪怪的，因為將他們與往來〈姓名哲學館〉或〈觀相所〉的人視

為一類的緣故。這味道一定是艾草的味道，不會噁心難聞，突然想起小時候回外婆家時燒蚊香的夜晚，聞到鼻尖很濃烈的那一夜。

　　醫生娓娓說著醫生的針灸效果及艾草的效能。

　　通往內室的門稍稍打開，有一個年約六歲的小女孩會偷瞄一下，醫生作了一手勢，她把門關好。然後醫生笑看了看俊九，俊九也笑了。

12.

　　與醫生聊了好一陣子，之後，從那房間走出來。

　　拖著偶爾走路會酸痛的腿上樓梯時，聽到身後一個熟悉的聲音。

　　「怎麼回事啊？」

　　韓明棋睜大雙眼攙扶著他的手臂。

　　「喂，扶我一把！」

　　「怎麼回事啊？」

　　「出門不小心扭到了。」

　　「真是的。」

　　「我正好從醫院回來。」

　　「醫院？」

　　「針灸，這裡面有個針灸治療的地方。」

　　「原來如此，應驗了。」

　　「嗯？」

　　「終於應驗了。」

　　「應驗了什麼？」

「要知道別人家樓梯的陡斜，不是但丁說過的嗎？」

俊九聽懂了。進了房間，俊九跨坐在床上，韓明棋坐在暖爐的另一邊椅子。

「太久沒有你的消息所以我來了。」

「我還以爲你來催促插圖呢。」

「哈！眞刻薄。的確有那種感覺。」

俊九點點頭。

「不管是你或是我都眞糟糕。」

韓明棋說：

「糟糕？」

「你打算當王老五一輩子呀。」

「隨遇而安嗎？」

「對了！那少女怎麼樣了？」

「早就毫無音訊了。」

「是嗎？那就麻煩了。」

「麻煩？」

「對呀！那樣如何完成小說呢？」俊九哈哈大笑。

「對你而言是小說，不過對當事人來說是人生呀！」

「沒有規定說不能有像小說一般的人生呀！」

「反正，不太順利我也沒辦法，我應該跟你道歉嗎？」

「你不需要道歉，眞要說道歉是另一位老兄吧！」

「誰？」

「是叫上帝的那傢伙。」

「爲什麼？」

「那傢伙說要演出啊！」

「演人生。」

「原來如此。」

「所謂小說家就如人生畫面那樣的東西。」

「什麼是畫家？」

「你應該知道的，不是嗎？」

「知道是知道。」

「是不是負責美術的畫面？」

「負責美術的畫面？」

「當然！你在找什麼？」

「嗯，在找一樣東西，你要喝酒嗎？」

「有的話就喝一點吧，慢著！我來拿吧。你告訴我放在哪就好了。」

「那就麻煩你了。在那裡，對，在下面。」

韓明棋找出酒和下酒菜來。

「你也要？」

「有關係嗎？」俊九往下看自己的腿：

「說的也是。」

韓明棋先喝一杯，然後說：

「計劃都破壞了。」

俊九也乾了一杯說：

「什麼計劃？」

「原本有好事的。」

「是生意嗎？」

「不是，你這人就這麼固執不通嗎？」

「玩玩的事吧！」

「對呀！」

「沒有我不行嗎？」

「並不是說不行。」

「那麼沒有關係嘛。」

「喂，和你無關，若有關係又能怎樣？」

「自己一個人就興奮成這樣。」

「興奮？不會興奮。」

「決定不興奮了嗎？」

「不是不興奮，自然就會變這樣。」

「年紀大了嘛。」

「也許吧。」

「因爲到了明天就又長一歲了。」

「有著無限的感概呀。」

「我不知道。」

韓明棋替俊九斟滿了酒然後說：

「對他鄉生活感到疲累嗎？」

「他鄉。」

「喂，你不是常說嗎？」

「那只是歌詞。」

「歌詞？」

「我知道這是歌詞。」

「你聽我說。」

「根本不用解釋。不要因過度無聊而爭論一番什麼故鄉、什麼他鄉，自己也根本不相信。」

「那麼是假裝的了？」

「那樣說也不對。」

「雖然是假裝，可還是歌啦！」

「終究……」

「終究什麼？」

「不曉得。」

他們哈哈大笑。

韓明棋說：

「我好像瞭解了。」

「也許吧。」

俊九的表情與語意不同，好像在懷疑著他眞的瞭解嗎？

「眞的大概瞭解啊！」

明棋又喝一杯。

「你所謂的痛苦也是和一首歌一樣？」

「不是，我是說痛苦再套上一個名字就可以成了一首歌的意思。嘮叨⋯⋯」

「那麼要不套上名字啦。」

「不套上名字能過活嗎？」

「套上去就是歌。」

「不套上去就又活不下去。」

「還有，你的氣色不錯嘛！你還很高興扭到了？」

俊九大笑。

「我是高興你來啊！」

「噢，我來得好！」

「我滿懷欣然⋯⋯」

俊九指著牆上掛的一幅詞句，韓明棋也吟詠著詞句，不知哪一房間傳出小孩哭聲，而韓明棋冒出了一句話：

「聽得到別人房間的聲音噢！」

「怎麼聽不到呢？還算蠻清靜的。」

「你喜歡清靜吧？」

「當然了。」

「很多時間裡需要清靜，因爲清靜是無名的狀態。」

「名字？你聽著。」

「我們都把名字加諸於清靜之上，喧嚷的話，不能加上一個正面的名字，因爲會混淆爲噪音這個名字。」

又傳來哭聲了。

「你聽那聲音。」

「不是小孩哭聲吧？」

「小孩哭聲？不是啦，是噪音。」

「那麼，那聲音是什麼？」

「要怎麼說，衆多名字的噪音背後，眞正的名字被霧遮住，像江水流來了，也像失竊了。」

「不錯。」

「像一首歌吧？」

「一首歌。」

「更起過吧？」

「嗯。」

「忘掉了。」

「再來一杯吧！」

「且慢。你說像失竊流走的歌？」

「我說像江水啦。」

「江水是一首歌嗎？」

他看了俊九一眼，窗外遠處的天空看得到一條腿；一條大腿處被截掉的女人的腿。

在櫥窗中穿著絲襪倒置的模特兒假人的腿，如今像汽球飄在天空上。然而被截斷的部位和模特兒假人的不一樣，它不流血，

並未被截斷的橫切面，怎麼看都看不到，橫切面好像要踩著自己的身影而脫離了視線，被截斷了的腿，沒有被截斷的痕跡，那分明是活人的腿而不是模特兒的腿，也許觀望了許多次，所以不覺得不自然。較之上昇的都市氤氳，更高的陽光中，肥胖的腳指頭輕輕地踩著天空。

「是一首歌噢！」

是韓明棋的聲音。

俊九看了看韓明棋並且說：

「很新奇。」

「新奇囉！」

韓明棋好像不知道俊九分神看了別處。

韓明棋接著說：

「歌曲進入我們耳朵時，已經變成噪音了，然而不透過噪音，我們聽不到歌曲。」

「就是說啊。」

韓明棋好像講了很久，他想俊九分神的時刻，好像很久。

「聽說是爲了宇宙最終變成一曲而進化的。」

「你說歌曲。」

「爲了一首歌，無數首歌，比噪音好一點的歌，都在騷動，沙啞的歌、響亮的歌，哀傷的歌……。」

「眞是新的進化論噢！」

「也可以說爲了整個宇宙成爲一首交響樂。」

「也可以這麼說，爲了成就一幅圖畫！」

「啊，你也可以這麼說。」

「其實也不是我的想法。」

「誰的想法？」

「幾個朋友想法，然後加以整理過的，你或我最後都屬於那歌曲之中某一樂章，某一部份呢？是第幾個音呢？還有第幾行的第幾個單字的那個字母呢？只是要選那一子音那一母音的問題吧？很煩的話，能不能躋身於華麗的行列而煩的吧？」

「這是選擇問題嗎？」

「選擇？怎麼會像是選擇和命運的交錯點，是 Inter 體，還是類似的啦！」

「哼。」

「歌曲的部分化為整首的歌曲才煩的吧！整個肉身……」

「整個肉身。」

「在歌曲之中才可能的秘儀。」

韓明棋醉了，俊九也醉了，像一首歌一樣。

13.

深夜裡一覺醒來，無聊，宇宙天籟的寂靜一時向耳朵聚集過來，奔瀉而下的洪水朝向小小的洞口，洪水底端掙扎吼叫溺死的心情，靜寂和水一般沉重，沒有太大的吼叫聲傳來，把鐵殼船戳下，尖銳笨重的吼叫聲，鯨魚軀體，用牙汲水，再噴向四方，小魚群在波動中製造小浪擺脫，像箱子裡的箱子，小魚群的嘴進了海水，鯨魚胃發出氣味，鯊魚折斷的牙在發痛，擺動著尾鰭。鯊魚噬食不含紅血球魚類的日子裡，有一副如同尼姑發散蕨類氣味乾淨的牙齒，來自大海深邃的四方的呼喚，如同呼喚記憶的皺紋，而夜車的汽笛為何拉長嗓子感嘆呢？他們是矇蔽人們的眼睛，攫取秘密靈魂的瞬間怪物，發散汽油味的引擎擁有正在游泳的湖水，湖水沸騰、爆發、撞活塞，火車載著令人皺眉的行李循

鐵軌溜滑，牽動比倚窗的那張臉更爲疲憊的身體，斜眼巡視夜晚
鄉間車站的大波斯菊及二十年間一成不變的鐵路宿舍，眺望入睡
的黃土丘陵上的積雪，像溺水者深夜舒服地躺著靜聽都市的鼻
息，凝聚於靜寂的千萬種噪音，在水中兀自稀釋成水彩顏料散開
糊上去的，傳來了咳嗽聲，從髒兮兮的枕頭上，牆壁的嘆息穿過
舊報紙糊上去的，下定決心要奮鬥要成功的少年穿過湊不緊的門
板，元宵磨刀準備加年菜而一直都爲貧困懊惱，過往磨損的記憶
皮帶隨身印證。看著擴散爲灰色的血，迷路的精蟲在鳥類草木不
生的環境裡，隨著下水道中的漩渦流走，瞄一眼死老鼠的子宮，
用煤球築城廓美夢，發散這個時代中較少有的尿騷味，而累倒的
娼女們手摸著美金，像夢遊的人，耳朵聽到的都是不熟悉的語
言，子宮黏稠精液裡生長著紅紅的稻穗，發酵成雞冠，鳳凰翅
膀，準備飛向如馬格利麥酒（註3）一般混濁的祖國天空，而盜賊
用奸邪詞句和沾血刀子，把風的則在床塌酣睡。穿西裝的亂童膜
拜著自己都不相信的雜鬼，走出一片謊言的法場，在眞實的日常
的床塌睡大覺，爲了明日的謊言，深宅大院中的洋犬忠誠地像個
政治流氓在巡邏。爲了精神病患的高潮失調的床塌，任誰都不
懂，歷史億萬年千，人生六十年，這個社會人間並非我寫小說的
內容景象，怎麼視之爲我的罪狀呢？在失聲疲憊的大腦皮質的金
字塔上黑色仙人掌笑得像日蝕。累啊！累啊！生存眞讓人疲憊，
奮鬥吧！右手抓左手，左手扭右手吧！圍坐滿桌豐盛菜餚之際還
要去找那隻種雞下手？在雞毛像蒲公英種子飛散之時，在公雞啼
的大白天，假裝自己是正義之士的人們作夢也要去選美，穿泳裝
塗上濃濃人道主義的眼影，挺著寫實主義的豐乳，口中嚷嚷我最
美吧？冬天水泥階梯隙縫中乾癟的雜草根本不期盼春天了，像被
釘在十字上一動都不動，在滿佈荊棘的坐位上，有如正在蓮花厚

墊美夢之中一展笑顏的人，雪在過往悲哀日子裡仍然飄落，雪像
嬰兒醒來，生命更新所見過的，爲了把學生送到沒有期約的戰
場，曾經教導莫明其妙虛幻戰術的空教室裡還殘留一絲的威嚴，
謊言的遊戲比純淨空虛更健康的意思啦！用沒錢、沒知識的謊話
一網打盡，謊言之集大成，爲了綻開比腐爛的肥料更醜的毒草，
這個社會要瘋狂了。再大的哀慟都不能使地球中心停止運轉，我
們難道不能忍耐承受嗎？爲了哀慟終結的那一天，六十年，你的
世界太大了，我們是欠缺本錢的人，跟黑色官府訂契約的人不抱
怨時間，戴著買來的走私水貨手錶，認爲時間很充分，像老千監
督總在比賽結束前一秒使眼色命令贏球，太陽現在也累了，出過
疹子退了燒後佇立透明的窗邊。沒有人說什麼可怕的話，像仁慈
的醫師在病患臨終前，還爲他注射假藥劑，叫他拿出勇氣，比刀
刃更殘酷的愛情，不要沾到我身上。像擺攤叫賣膏藥的，傳教士
在夢中都惦念算計著匯入帳戶的錢。夜晚奔馳的車聲，劃破黑幕
進入黑鯊魚耳朵的悄悄話，爲了遠處的槍聲，缺臂歪鼻的諸鬼走
到波浪。瀕死被切開的黃魚鰭鰓佈滿葡萄狀球菌，鐵幕產生絕
望，時間不是到了盡頭了嗎？只在異國神祇詭異的生日那天，解
除宵禁的清晨，我們還要灑下更多的哀慟和汗水嗎？痴肥如同王
和王后、乩童、奸臣、種豬，只爲了他們才存在的巡邏員的夜晚
還眞結實噢！打更不是只作作樣子的打，夢中也要有清醒時的智
慧一般要喊出的聲音，夜！深沉噢！夜！成熟啦！成熟得土地朽
爛像墨水一般朦朧！最後的一句！在某個詩人寫下最後的一句良
心話，地球並未中止運轉，我們希望夜更深沉，如同春天貪睡的
小媳婦錯把小偷的臂彎當枕頭。地球如同接到命令的劊子手，夾
帶著時間無情的開鍘，爲了明天的上班，不區分毒菇和蒲公英，
統統都入睡的夜晚，而睜開的眼睛則是最接近斷頭台，爲了任誰

不能辯護的時限，填寫請求重審的表格，摸摸他亡命的包袱，在黑幕中抽著煙撥著沉重的電話連絡。執話機的這些手在討價還價著。齷齪下水道在極救下水道又能怎樣？像歷經滄桑遺失純潔的處女扒開了腿躺在虛空之中，都市的天空，大家夢想著只有我不會死，一隻隻黑鼠卻啃噬著這份希望。一間間家屋像吃剩的蚌殼墳墓瑟縮，被蜘蛛網束縛在那失聲話語的電話線上，都市入睡了。醫院太平間的屍體站起來了，要去庶務科核對帳目，無奈又躺回去，因為他又相信活人會為他處理這一類事，而肚子上還貼著沾血的紅十字字形的紗布，很難過自己的喪禮上連沒有誠意的讚美詩都沒有。護士們為了準備明日的約會，抹了保養霜，蜷曲身體挨過了當班的晚上，實習醫生則打呵欠趕著論文。波浪與暴雨，菌與洪水，叛逆與懶散，絕望與幻想，幼稚與惡劣。菌生菌、洪水生洪水、叛逆生叛逆、懶散生懶散、絕望生絕望、幻想生幻想、幼稚生幼稚、生惡劣。浪頭衝上來，使身體不及顧前顧後，噢！因為沒有人敢寫出真正想法的詩，讓搞政治的詩人們攫住好機會胡謅那一派詩。去死啦，卻沒有一個人要為文字而死，那麼麥穗不會在地上爛掉，每個人都不願扮鹽，而願意扮口香糖和牛奶糖的角色在眾多的災難，像陽光、像雨雹、像原爆災難，在一連串的災難中，孕育了兒童，呼吸了罪惡的第一口空氣，在罪惡的木馬上學乖，在夜晚大海游泳的家宅、道路、茶樓、飯店，考試準備、凍裂的手、神志不清的頭腦，喪家都會有困境中的春天，一輛輛電車為了守住謊言而戴上手套在黑夜中蜷縮。像流氓、像機關槍槍手，銜著子彈雪茄，蔑視民眾的人們當起民眾的代言人，蔑視自己的人們會愛惜自己，父母親在家裏打罵小孩，叫他們要出人頭地，累的入睡，每個人都以自己並非大哲人大思想家的原因，不能被定罪判刑，便放心了，如果從月球可以

見到和實際眼睛同等份量的精神上的眼睛，那麼地球會成了一首詩，地球會說話，如果有眼睛，會聽懂地球的語言，以閱讀圓圓悲慟的影像留言，爲了建設言語，爲了建設與地球同等份量的言語，詩人服了不眠劑，伴著圓規和三角尺，還未遺失尊敬言語一顆心的屋簷下，太太們在酣睡。太太，這個名稱的敵人，親愛的密告者，在夜裏聽著洪水浪濤衝上來的聲音，有如躺在洪水底層聽著洪水吶喊，聲嘶力吼以致無聲了，偌大的腿浮現在夜空，也像文字，腿踩著夜晚，有如汽球飄在夜空，有如船，腿聳立著，有如天線。聲音一一向天空昇高變成了腿，如烏鵲橋、如死老鼠、踐踏的馬、枉費的所有光陰，昇空變成了腿，腿在夜空中啞口無言，俊九一骨碌站起來，在他毫不知覺之中，朦朧的蔚藍已瞞住巡邏的眼睛悄悄地溜進了窗口。

俊九看到了窗外正確無誤的一九七〇年第一天。

14.

扭傷的腿不見好轉。

新年期間俊九不能外出，依舊接受針灸治療，如此連續地被困在家裏，倒是生平第一遭。很多狀況似乎都符合扎針人所說的，但還是不被告知要扎多久，東扯西扯一些漢醫的故事，也滿像那麼一回事，比方說墜傷、扭傷等等的外傷，是爲了躲開更大的病痛拔除生命不祥的一回事，所聽到的甚至連西醫都愛這麼說；累癱了，先出小毛病傳達訊息，這時如果聽懂身體的言語、善加調攝的話，便會恢復良好機能。只是漢醫的招式更進一步；說身體狀況，可以擴大爲患者社會生活層面，說是由八字、運勢

左右，眞是漢醫的那一套。半眞半假的一兩句話便可以吸引人心。而把身體和心、個人和社會分開是西醫們病痛的區分法，身即心，個人即社會，生命是不能從哪一部位開始到哪一部位劃線，對身體的架構如果加以探討，便又回到原位，咳嗽的原因是咳嗽，胃病的原因在於胃，如果網子的一角破了，整塊網會破掉；霉運會連連，以爲只有一處粗枝大葉被忽略掉，弄不清楚是哪一處，只好把大局撐住。俊九傷處外表看來並不怎麼嚴重，卻不容易好，醫生無奈，也只有和醫生談論病情並且觀望等待了。以醫生來說心裏有數：是重症，才不會隨便說說平安無事即是幸福之類的話，總而言之，無可奈何，俊九除了每天針灸一次，便是躺在病塌。去年最後去的一天，韓明棋來的時候喝了一杯之後，便滴酒不沾了。新年期間頭腦清醒地度過整整第四天，原本以爲枯燥無聊，一躺下來，腦海中卻是萬千思緒上下晃動。首先他發現了這棟公寓是個承載偌大聲音的怪物，不明確知道是什麼聲音，仔細聽聽，應該是不同來路的聲音；包括人的聲音到東西挪動的聲音，坐在鯨魚肚子裏，傾聽腸子互絞聲音、肺臟搏動聲音的感受。如果說公寓是一頭鯨的話，還有鯨浮現的外部──因此傳來了大海的所有聲音，半夜裏，不知從哪一個房間裏發出了吵雜的碗盤翻落的聲音，冷不防地從麥克風裡冒出如何如何啦的聲音飄上天空，接著天空的正中不時可見浮出的一條腿，不知爲何想到會是星姬的腿，在認識星姬之前對星姬的幻想，並不合理，意外湊巧如此的聯想在一塊，那兩種靜物客體更牢牢地纏在一起，彼此都成影子身子般不再分開，對俊九來說，星姬分明仍住在這都市的某處，天空上的一條腿是最好的幻想，韓老師往生，星姬對他更加依靠，視爲耽心、焦躁可以依靠的肩膀，並非因爲是內心的肩膀便重量減輕，反過來說的話，內裡即外表，就

像最初開始，星姬突現進入他的生命的話，他不會慌張了，最初收到韓老師的信，俊九盤算過和星姬父女之間糾葛的所有起因，時間的空白，就像門和窗簾之類的東西遮住了，而不是沒有東西，最可靠的是俊九在那種想像力之中，不再擺上道義人性之類的名稱，也顯得滿自然的，對於星姬似乎想像力不足。使他害怕起來，她的今天和昨天，以及和明天之間，真的空白——不但不渴望什麼，也沒有製造社區的造型空間的機能——類似盲人的白眼瞳之類的殘障的空虛，使人害怕的就是這件事，可能是來自藝術家職業的敏感；經常面對相關的空間，而渾然不覺病態的空間，在畫作上如果病態的空間也是畫作的話，那麼一定要健康、欣欣向榮的病，我們說藝術是頹廢啦什麼的時候，都是出自這種誤會的心態，頹廢也是藝術的話，應該要健康，要健康地畫出頹廢；即是藝術家的健康。

　　藝術家的責任是對於素材的判斷，在藝術之內這個邏輯是行得通的，而生活之中頹廢即頹廢，別人的生存不是我塗抹的顏料，和我碰撞相遇時，別人的生存也是我的生存，也許再合成一平行線，或者交叉溜掉。這種情況都要具備想像力，在一個框框之中嘗試去瞭解的，但是更多的人生沒有好命、天份或金錢去培養想像力，這也是無可奈何的，在一個村子裡住了十名以上的婆婆，她們大概會過還算不錯的普通日子，雖然並沒有想像力什麼的，若在比村子竹籬笆更廣闊的環境中生活，則是一團糟。是王牌或是什麼牌，一定要掀起來才知道的吧！說什麼機會多、很好云云，現代都市對有冒險心的人來說，絕非黑暗，真是想的美，吃飽撐著中了頭獎，要不然就是呆子說的話，把歷史、時代這些統統甩掉，就沒有什麼可虧的，可是只堅信身體、心地、或八字的人大概是瘋了，瘋狂的程度算是幸福，沒有閒暇發瘋的人，十

個人裡面有九個，而另類的生存，那也算是生存嗎？而這一類的生存就是我們現今的生存。這個地球上雖然不會有天堂，可是卻也太過分了，韓老師、俊九即使沒有贏取，至少還有最小限度的舊基準。他們有想像力這個東西，雖然是陳舊的基準，腦海裡衡量生存基準的東西，也可以稱之為代溝，星姬好像沒有這個東西，基準陳舊了，迷你裙不斷開化的時代，裁製沒有腰身的裙子已經不對了，如果再像瘋女人亂剪一通當成新潮流就很悲慘了。

　　自己說東說西的同時也應祈禱感謝活下去才對，每每想念星姬的時候，應該如此，現在如果可以幫她的話，他真想幫她，但是真的和她相遇的話，他又想這件事其實不容易，並非因為韓明棋說過的一句話──連爸爸都沒辦法的事，你又能怎麼樣呢？和她見面三次的觀察所得，俊九認為和她的頭腦之間的那份空白，具體地說，脫落了一根線，她原先可能寡言，比話更冗長的沉默，雖然不是什麼毛病，卻給人沉悶偶而會脫線的印象，可能都不是確定的，星姬以後也有可能變成會講話，或者一個聰明的女孩子，那又如何呢？可以期待有那樣美好水準的青春年華嗎？讓他感到一陣暈眩。躺在釜山公墓地下的人和生活在這個都市某個屋簷下的他的女兒，以及自己─俊九認為串連這三個人的架構是很牢固的。一個人死掉了，一個人行蹤不明，三角形的邊只有一個，他是正在腦海裡畫著穩固三角形的人，以生活人而論，他曾嘲笑過自己是空想家、陳舊古板的人。然而嘲笑歸嘲笑，命就不一樣了嗎？如果寫成小說，寫成小說的話，依據韓明棋的說法，星姬不就會再出現了嗎？韓明棋要把這件事寫成小說，自己畫插畫，卻沒自信把星姬面貌畫得準確。他抓一張紙要畫她，嚇了一跳，怎麼都想不起來，想不起來她的面貌啦！對畫家來說這是不可能的事，不可能畫不出來，小說創作不成不僅僅發生在韓明棋

身上，俊九也創作不出插圖。他凝望天空好一會兒，努力要想起她，白費力氣了，畫畫線條，畫上每根髮絲，按上鼻和嘴，眉毛滑落到眼眶，他在線條上畫線又畫線，重覆的每一線條不幫忙前一線條，好像攀繞在葛藤上，糾纏不清，再抓出另一張紙重新畫，想起她那固執的下巴線條，怎麼搞的，想起她的固執個性，卻想不起表現她固執個性的下巴，也畫不成她那空洞不知表現什麼的眼睛，針對她那空洞的神情，讓他想了許久仍畫不成，俊九如同身陷土堆裏的人在用力扒開土堆，不覺之中自己的手也變成了土，在沙灘裡抓泥鰍自己也變成沙子；沙子抓沙子，沙子在沾滿沙子的指間脫落。畫紙變黑了，他再抓了一張；白紙一張，如同某一眼珠的白瞳滿溢的空虛，很想卻不能把星姬的名字按上去，事實上星姬的事件既不是幻想、也說不上是什麼。他深深感受到腕臂抬舉韓老師靈柩的重量，卻畫不出與那重量同份量的線條。腦子和手之間不知什麼不對勁；韓老師一家和俊九的淵源，和現在狀況之間的錯誤正如用於想要救活故人韓老師心力不難吧？這一次他畫韓老師，讓他大吃一驚，韓老師的面貌很快就浮現出來，俊九像一個乩童被叫錯走出凡塵的魂魄，嚇著而不知所措。

15.

正月整整一個月之中，俊九因為腿扭傷不能外出。

他像靜坐在海底石隙的蚌蜷縮在房間，經常跛著腿到窗邊向下俯望，在晴朗的冬天裏，可以見到一家家像推擠一堆的難民，俊九以為二十年前，自己像被蚌殼中掏出來的一粒沙子扔棄在沙灘，突然淪落為要飯的乞丐活下來，想不到外面的世界也有沙

子；對面一排排的房子、高壓線桿、街道，都像是一下子不知從何處運過來的難民，他原先以為自己是這都市裏的孤零的人，自己以外的人屬於別人的大集團，並且很有尊嚴地生活著，漸漸地讓他有不同的看法，說不出如何舉證，譬如對於韓明棋，也許俊九是個遲鈍的人，只能說某種機微、情緒上讓他如此感受。是怎麼樣的機微呢？具體來說：高層建築物、別出心裁鋪設的道路，還有一窩蜂搶建的郊區住宅，凡此種種可以說得上是展現生命力吧！但是一定要正心良意才是正義力量吧？以力量來說，癌細胞的繁殖也是一種力量，這是控制不了的自我的力量，每逢難民營發放配給物亂成一團的情景──無產階級的顏面像一塊抹布被撕裂的窘相，過了二十年，還是那份機微，怎麼搞的，不應該如此的；規模擴大，順序變得繁雜，難民不是難民嗎？窮就過窮生活，即使不知世界變化地活過來，沒知識再怎麼說都錯了。髒得活不下去了。這就是這個都市的線條以及色彩上所呈現的，但卻不能明確指出是哪一條線、哪一種色，很自然地想著用美術可以抓住真正的感受嗎？因此畫不出一張畫，一枚蘋果怎麼可能給人那樣的感受呢？難道有邪惡的蘋果和善良的蘋果嗎？如果沒有，美術是多麼可怕的藝術呢？俊九並沒有可以承受的心理準備，所以即使一枚蘋果也讓他覺得像地球一樣的可怕，對生活的人來說，觀念的重量──把地球同等重量的觀念除掉，剩下的是一枚蘋果；悲哀的重量消失，剩下悲哀的本身，只是一枚蘋果嗎？在他的眼中，每個有形的東西，要擺脫自己（線）以外的東西，才能守住自己。天空中的腿，那鬼魅就是想甩掉什麼東西才存在的，某一天俊九突然領會到那就是星姬的腿。當她第一次來公寓找他時，他的視線是被那條腿所吸引的。一如往常，倚窗望到天空那條腿時，腦海裏就會有這種聯想。到了二月俊九的腿傷痊癒

了，這段期間，著實也堆積了一些待辦的事情，另外金相賢已經開了一家畫廊，據說要弄得稍具風格，他要把作品訂合適的價錢並且設一個容易流通的地點，而不是把高檔價位的作品弄得很難賣掉。如果作品要像日用品一樣可以購買的話，首先價格必須低廉，名作、大作不是一兩天完成的，還有數量也無法多，另當別論，照現今為止的情況來看，等於是挨餓等待吃拜拜大餐的那一天，就算日夜都掛著名畫複製品，美術水準也不曾向前進一步，先掛掛無名畫家的作品，讓大家感受作品真跡筆觸，應該也是件好事。聽起來道理很簡單，這麼一來需要宣傳了，如今人們買東西不是因為有必要，而是因為好勝之癖，我們要深入研究顧客心理。在休閒啦，電視啦，冰箱之後；想要擁有廉價藝術品的族類漸漸增多了，打主意和電視拉攏是可行之道，這樣，你不要想得太複雜了，如果本身已經具有了，去生產就對了，這一番話讓俊九大為振作，當天就開始作畫，天空中懸掛一條腿，腿踩在天空中，下方的遠處有都市，這是都市的天空懸掛大腿的一幅畫，這條腿是星姬的──俊九相信。但是它並非懸掛在都市的天空，怪就怪在俊九開始作畫後，再也看不到掛在天空的那條腿，他只好努力地回想一番，正如對星姬的模糊印象；一下子也想不起來，並非想不起來腿的形狀，而是被截斷的腿並未進入畫布之中，他見到幻影的時候，那條腿並未嵌入畫布；只是浮遊在畫布表面，加以遠近目測之後，便有如出現在電影或漫畫之中的情況，腿之下遍佈的都市屋頂也像一片樹林，連綿依偎；只是少了一條腿，如果要擺進去便有如要費力地揮筆、剪貼一片紙，顯得唐突不自然，不是原先俊九所見到的型態；它不見截斷之處，卻踏實地踩著天空，若收拾起來，那個位置挖空少了一塊，如同腿在笨拙的刀法下，從砧板上溜掉。此刻他眼前一片黑，在椅上坐了坐，躺

回床上。從窗口望了望天，會不會還有那條腿呢？看不到了，正
如星姬的出現和消失。星姬的身影，連殘存在記憶中的痕跡都消
失不見了，記憶裡和畫布中有著天壤之別的差距，一如記憶裡和
現實裡星姬的距離，他再度拿起畫筆，測量畫布上的腿和天空，
靜上不動，天如同玻璃般堅硬，腿像蝴蝶，硬把它推到天空中，
軟弱身軀會肚破腸流，如同顏料渲染開來般，不然的話，會像板
子上的標本擺在天上。不能在天上融合，又不能擺在天上，腿應
該踩在天上卻不能踩，用力壓一壓，腳指像昆蟲腳折斷，除了這
兩種方法，還有什麼方法呢？畫筆猶豫不決，怎麼做都擔心，已
經填了數十次，刮掉再試的泥漿面積，如畫布的泥漿，四角的泥
漿，天空、房屋和數條腿在泥漿中混戰，拼得你死我活，能抓住
一個面貌的話，其它的都要抓腿了。腿不能上天，像一隻用泥漿
捏成的龍，後九如累壞的勞工退下去，無奈地喝了酒，就是爲了
酒才搞成這樣的吧？人想走出痛苦的深淵，正是掉進深淵的原
因，往往把希望寄托於某物是什麼原因，一邊想到自己並未醉，
再走近一看，掠過畫布上的畫筆，觸摸著玻璃另一面的心，他想
爲畫布上色，實際上卻毫無變化，如同影子般消失。這無限的後
退，停！停！悲怯的東西，像一個出界的選手。他急躁地舉起
筆，再喝一口。躺在床上，又喝了一杯，你問我是怎麼樣的一個
傢伙；我說我是腦子清醒得有如一枚銀幣，但腦海裏卻是一團泥
漿，我抓住我自己，想從內心脫逃出來，我在泥漿中觀看，用泥
漿捏成的眼睛，同時撥開進入眼中的泥漿，在泥漿中奮力而爲的
泥漿，想看看自己的眼睛──球狀的漩渦！倚窗站著，陌生的城
市，只在風景畫片中出現的城市伸展叢立，找尋曾經出現在空中
的那條腿，不見了。後來發現有條腿在腦海中，腦海中的腿遮住
他的視線，卻又不是他先前見過的那條腿，說不出怎麼不同，反

正不是先前那麼明確地踐踏天空的腿。在他腦海中，有股盤繞的聲音，他閉眼要抓緊它，而腿向風中散開，在泥中散開，不覺之中，他就置身於天空的那個位置；腿的位置，俯望城市，像殞星一樣墜落，像月光穿過玻璃照射房間，他倚窗站著，像一隻野獸在房間踱來踱去。而雙手終日觸摸酒廊、桌椅和櫃台雜物，變得如此的情況之後，面對畫布卻遺失了力量，現在都結束了嗎？在提畫筆之前，曾想到只要動手，自然而然就完成了，眼前的事實令他不得不蜷縮。你什麼都不是了，你是個舉無輕重的記述者，金相賢比你棒千倍的藝術家，他的技法和作品之間，的確缺乏想像力，但卻有一股想像力在作品和金錢之間，他在兩者之間擺上了一條線，也許那樣就是未來的藝術——在他爛醉如泥的腦海裏這句話很清楚地響起，俊九被這句話像隻野獸被追逐著從這角落到那角落踱來踱去。

16.

　　三月初收到了釜山鐵路局寄來的貨物行李單據，那是韓老師喪禮時整理出來的遺物，有兩大皮箱之多，原先決定由副校長負責保管的。俊九第二天去領回來。

　　整理裝箱的時候，俊九也在場，他的心情大致可以推斷出來。而依副校長的想法送到俊九手中，如此保管可能更加妥當，把大皮箱搬進隔壁房後，他坐在前面發呆，這就是韓老師遺留在世的全部了。皮箱讓他聯想到旅行，也讓他聯想到從元山逃出來時的窘態。失去了兒子、太太，連女兒都失去了。這個旅程連一個皮箱都不需要，韓老師客死他鄉，讓俊九面對皮箱皺起眉頭。

如果生前不相識，不是比較輕鬆自在嗎？正要忘卻一切自在活下去的時候，韓老師闖入俊九的人生，這是自懂事以來第一次經驗人生死亡，該煩惱的也都煩惱過了，也早已認清自己能力不足，幾乎是要一聲不響的過活一輩子，韓老師卻把這一切顛覆過來後走了。爲韓老師抬棺時腕臂感受的重量宛如昨日，腕臂記憶著這件事，如同只要一舉腕臂的話，就會想起來似的。

人死了健在的人消失了，打起戰來，報上每天都有人死的消息，到底有什麼用呢？沒有人能教我們，親近的人過世時會顫慄驚嚇，俊九的情形也不例外，懂事後第一次遭遇的這一喪事，故人韓老師對他來說更有親近感，韓老師在俊九心目中的地位如今晉升了一級，生活依舊亂糟糟的，依舊像逃難動盪的情節，生活原本就是無止盡的逃難情節啦！如果說什麼目的之類的話，都是錯誤想法，因爲沒有終點，並且在那條路上，有人死，又有人出生，來自何處，去向何處？經營這一段痛苦人生，在這個過程中，已多久沒有膜拜偶像了呢？匆忙地趕路之間，家道之中連隻水瓢都沒有，更何況很久之前就已經扔掉祖先牌位和念珠，俊九真的很感嘆。這個時候，不懂得如何節制地生活是非常悽涼。

走出公寓，順道去了金相賢的工作室，那裏有兩個人在討論新接手的案件，工作室位於新大樓的五樓，寬闊的一大間裏有將近十個人在忙著，在隔間的一角，有個特別佈置的座位，金相賢對他說明案件的內容，一面翻動著有關美術、建築得雜誌和設計圖，一面說著自己的意見。

他一直感受到金相賢看透事情的能力，並且做的無懈可擊，韓明棋說過金相賢始終勤奮於工作，他好像失落了什麼東西似的，不管遺失了什麼，如果沒有金相賢，俊九便不知如何才好，如同沒有韓明棋的小說，無法畫插圖一般，沒有金相賢，俊九以

一己之力謀不到什麼差事的。俊九可以自行處理的，大概是自己眼中鬼畫符的這件事，並且最近也擱筆不畫了，其實更妥當的說法是沒有支撐的力量才在停憩休息。總之，很難得地，不必和作品相對相視，也是無可奈何的事，說起來可笑，某一瞬間，他曾認為面對畫布這件事就是陰謀背叛金相賢。聽了他的說明，俊九產生的想法，類似上課偷看小說、或者上課偷偷兼差打工的心情一樣，他和金相賢吃過午飯後便分手了。

下午和韓明棋約在光化門的幸運茶樓見面，他們是為了討論韓明棋新推出的連載小說和排版，編輯同意韓明棋要求俊九幫忙插圖，並且還稱讚金先生的畫沒出名是好現象。俊九剎時覺得韓明棋是和金相賢同樣的一個人，編輯回去之後，韓明棋問俊九要不要看電影，他說〈荒野十七人〉的電影不錯，他們搭了車到〈東方劇院〉，到達之後發現來遲一步，如果不買黃牛票就要久等，他們買了價錢貴兩成的票進場，電影內容不外射殺、保安官、原野、追蹤、女人、耍個性那麼一回事，還值得看，走出劇院，兩個人都沒有特別的事，便進入對面的茶樓，坐了好一會兒，韓明棋說著新發表的小說情節大綱給俊九聽，俊九說出一個意見，被他稱讚並且記入手冊。走出茶樓，順路去了一家雜誌社，韓明棋領了稿費。

小說家建議晚上來喝一杯，俊九說不行，他有事要辦。事實上突然想去 OK 啤酒屋看看，韓明棋在問他有無那女孩的消息。

俊九稍稍吃驚地答說沒有。雖是不經意的一個問題，韓明棋讓他覺得可怕，可是又想到沒什麼好欺騙他的，便不覺得可怕，他想金相賢也心有同感，要和這類的人輕鬆地交往，最好不要忘了他們是聰明的，這樣的話，他們會滿足，自己也不會把事搞砸。

晚上到了 OK 啤酒屋，以前幫他召喚出星姬的 Madam 認出他來，俊九很高興，她問你好像喜歡韓小姐吧？嗯，對啦，一說出口，覺得還真的有這麼一回事了。

事實上嘛，不能把星姬只當成一般女孩子來欣賞，要感謝自己，難道要在別人的不幸之中誇讚自己嗎？那也很悲哀。難道她要結婚了嗎？他想起韓明棋說過的話，也無從叫她不要結婚，金小姐叫他要常光臨，俊九說好哇！她問道韓小姐在那裡，俊九回答妳幹嘛要知道，他想起星姬和自己私下在別處約會，把她帶回公寓。在洋裁補習班之類的地方上課，每天都有些變化，她每天忙著這樣的事便能高興地過生活，使俊九很陶醉，金小姐看起來像星姬，那副賣啤酒女侍的樣子，到處喧嚷的酒鬼，小孩倒酒，大人喝酒，小孩？總是小孩啦，總是感受不真實，叫女人比叫小孩有真實感，這個地方只會有酒、女人和男人。就像教會只有上帝和罪人，因為這裏只會有男人和女人，如同世界上的善惡差別、等級之類，一律都消失了，如同教會之中毫無疑問都是罪人，金小姐說她來自釜山。妳回家要做什麼？妳該結婚嘮，俊九開她玩笑，可是她答說好哇，那樣最好了，事情就這麼完了，金小姐的回答；女人的回答，是女人的聲音，聽起來是言行隨便的女人聲音，星姬可能會在某個地方如此這般的，想到這裏，他更想喝了，她為何會長成如此這般呢？這般的奸詐。

走出 OK 啤酒屋，抬頭看天，見不到幻象了。和別人擦肩而過。就這麼走著，想一直不停地走下去。走到了東大門，擦身而過，睽違已久的東大門，未望它一眼，它卻兀自佇立著，看起來像是攤開擺放著的，事實上大概相反的；它看起來是個移動的舞台、像遊船、像 LST、像逃難船等待著出發。

踏上公寓階梯，拉門的聲音，附耳在電報機的嗡嗡作響聲音，到了房間門口，開門進去，開燈，點著了煤油爐。進入隔壁房間，皮箱迎接他如同主人外出期間代看房子的客人。他轉回睡房，站在畫前對看，泥漿泥濘不堪，畫布上沾滿各色的泥漿；都市的天空中，像腿又像鳥的白色東西，他仔細看著，腿吃力地要從泥漿中脫開，另一方面又像要往裏面埋伏，更像鳥或船要飛得更遠，卻有泥漿漩渦，而抓不住方位，他拿出酒瓶喝了一口，倒在床上。

起床後，貼著窗戶往下俯望。突然感覺到背後有一陣腳步聲響起，那時他還沒轉回頭，想到了皮箱，和放置在隔壁房裏的皮箱，背脊通過了電流之類的東西，想要忘卻，身體卻感受到了。韓老師的行李在隔壁，如此空間配置，身體瞞著心加入其它的陰謀空間，俊九覺得他們的空間不是物理性空間，也不是美術性空間。如果有類似的空間，大概是耶穌的手洗信徒腳水盆間——聖物的空間。俊九轉身觀看了畫布，天空的腿被光環包圍，像被神聖的手碰觸的物體，就是那個物體，但是下一瞬間光環消失了，那光環潛伏於隱而不見的記憶底層，只讓俊九看得到，不出現在別人看得懂的畫作之中，私造的圖騰，天空的守護神，俊九確實做到了，因為他臉上笑容欣然。

17.

時序已經進入三月中旬了。

從窗口俯望遠處的市街，以及坡下的住家，整個社區已春意朦朧，朦朧的一片霧，必定參雜了最近〈公害〉熱門話題的汽車排煙，在春天和〈公害〉之間卻難以界定。

俊九最近經常觀看畫作，畫展近了，日期未定，大概在四月之中，手持畫筆面對畫布時，一片茫然，不能馬上有什麼具體念頭。仔細觀看塗在畫布上的顏色之間，同時彷彿看著另一塊畫布；就在他自己心中，他很清楚這樣手不擺動、心擺動的情形很不好。聚精會神，依然沒有什麼具體的計劃，便舉著畫筆向空中比來比去，不覺之中又沉思發呆，經常如此這般，根本完成不了一件事，時間卻驚人地被吞噬掉了。不覺之中，過了上午，下午正覺得時辰尚未到，太陽卻眨眼間就西下了。當工程人員在挖火車山洞，在打通最後一道障壁之前，始終都是和黑暗深淵對抗，他們渾然不知終極在那裡，只是隱約地知道終極接近了，真的無從知道，俊九現在的心情如此，黑暗，存在於畫布和他的大腦間的縫隙，在這之中，他徘徊已久。同時他有兩種異常的想法在輪番交替，自己正徘徊在一條莫名其妙的路上；這是走錯了路的想法。另一種想法，則是沒走錯路。正在進行的畫作──女人的一截腿游走在都市的天空；像一隻飛碟，那腿上串連著一個女人的記憶，雖然無法言明出畫中的形象，但它確實捕捉住了某個東西，即使無法說明也無關緊要，幻想中的這幅畫，腿、天空、還有城市，如果很融洽地彼此推擠，那麼就可以自然而然地形成一幅畫了，在他的幻想之中真真切切地顯現，他不能扔掉這個構圖──俊九在黑暗之中徘徊；兩股想法之間晃來晃去。

在那段時刻，火車山洞被意外地打通了。

三月的某一天，俊九攤開報紙，不禁被嚇壞了；那是一則兇殺案的消息，暴露在鏡頭下的是被丟棄在汽車座上的一條腿，再看看報導，竟然是昨晚發生在漢江地帶，接著他想到星姬被殺了，一看到照片他就如此認定的，讀完報導內文，俊九茫然地瞧

著照片。回神後又像是目睹了現場，抽絲剝繭慢慢地想著。剎時，他想不該認定是星姬。第二天開始，包括俊九在內的許多市民，迫不及待地看了報紙，並且兇案每天都有一點的後續發展。

很多人對此發表評論，各方的見解都頗有道理，而市民感受到的紛亂、齷齪心情並無二致，所有的發言都正確，卻不能完全傳達當天那張大幅照片予人的真實感受——那條腿被丟棄在有如黑暗的門扉被開啟的汽車空間。就像歌曲傳到我們耳朵，已經變成噪音，然而不透過噪音，便聽不到歌曲。他想起前次和韓明棋談到的話題，怎麼說呢？我們不是在被冠上了許多名字的無數噪音的彼岸，而真正名字像被矇上一層霧的江水任其流逝？他想起那句話，像個賊，天空的腿掉落在漢江邊。看了看自己的畫布，把腿塗得白白的，看起來像在黑夜中被貫穿的洞。他那麼想抓緊放置的一個靜物，結果卻使它掉落在靜物的陷阱裡。

到了四月，俊九又一次聽到有如他的畫布被撕裂的聲音；麻浦區發生了公寓倒塌，從他住的公寓房子裏可以遠遠地望到現場，因此他有如身歷其境的感受，報上刊登許多人士的許多意見，都言之有理。因為把它當成構圖題材，這個事件便和自己的畫作扯上了關係。在夜空中懸掛著一條腿，它的下面是都市的房屋，如今房屋倒塌使他不寒而慄，人們的感受是一樣的：活著都不會想到人死亡或房屋倒塌，因為我們相信人始終都活著，而認識的人經常都在身邊周遭，眼熟的房屋則在原址不動，人的腿比畫中的腿更引人遐思，實際的房屋比畫中的房屋更輕易地被捏成一團，令可憐無能的畫匠吼叫，有一隻看不見的手把房屋畫了又塗掉，無名的畫家、看不見的畫筆，俊九真的和一個無法對抗的對手撞上了。如同朦朧霧的彼岸的一首歌、平凡普通的匿名藝術家，他看到曾經從自己背脊通到隔壁房皮箱之間的電流，正在星

姬、受害人屍體和天空的腿之間流動，它們是俊九正在悄悄加盟的陰謀空間，它不是物理的、也不是美術的空間，也許曾經是巴比倫牆上出現的文字和他之間的空間——讓他覺得有如秘密儀式的空間。俊九看了畫布，天空的腿好像神聖的手觸摸過的物件，被光環包裹著。就是它了，然而接著光環就消失了，在公開場所顯現的光環如陽光一般隱藏不見了，這時他一看完報紙便走了一趟牛瓦公寓現場：向一旁延伸之中，有一棟很像露天劇場的舞台，聳立在高地的這些建築物，整排同等面積的窗戶、和刷過油漆的風乾外表，很像燒完剩下的煤球。

　　如同從某個巨灶中用完的煤球，被用大夾子夾到這山上，輕輕地放下來，其中一塊碎了。用夾子夾住再擺妥，痕跡自然不見了。他也去過兇案現場的漢江江邊，春水在滿溢的漢江中流動，對面丘陵和遠處可見的山都朦朧著一片霧，只有這片霧是眞實的霧，他則是一個悠閒散步的人。都市靜謐一隅用來當步道是很顯眼的，汽車駛過看起來也是很自然的，好像叫人不要無所事事地踱來踱去，俊九突發奇想：犯人會在現場出現，他想不起在那裡念過的偵探小說的情節，不覺一驚，有如醒悟到自己行蹤的夢遊患者，根本沒有人注意到他，這類想法，如同搭錯電話線的對話聲音。人們和車輛來往，消息在傳開，和現場之間的空間，好事和壞事在發生之後，空間所呈現的純潔如同白癡，大地如此遲鈍的神經系統，讓地球上的人們活得這麼長壽，但是那麼多的約定是怎麼一回事呢？不要如風如雨被推擠著生活，攫住一個位置，整修栽培它，給予獎罰的約定——所謂文化的約定是怎麼一回事呢？俊九不知道人不是爲了文化而生活，是爲了活命不能死而生活著。不及格的生存令人覺得奇怪，自己本身就如此，從與他人牽涉的部份來看，如此本末倒置的結果，任誰都會無奈的。

晚上外出遇到了金相賢。近來對於事件，他三緘其口，從前像寒喧一般地總會說說，俊九心裏很舒服，和他共赴的時光比先前任何時間都好，辦完正事，他們去武橋洞的酒吧，金相賢拍打斟酒小姐的屁股，一邊開開玩笑，他很會喝的，在20歲出頭的時候，俊九不懂得在酒席上如何笑、該選什麼話題、如何答腔回應對方，並為此懊悔；就如不懂該如何面對女人，也曾在別人面前瞠口結舌受窘出醜。大概是什麼人都經歷過的，近來人們都很擅長約會啦、聯誼、座談。俊九每次面對比自己年輕的這些人，都有點畏懼，他們好像受過訓練似地神態自若。在俊九之前的那個世代，都很自然地交代籍貫、排行之類的話題，之後的那個世代，擺動參雜可口可樂氣味的肢體，懂得如何介紹自己。俊九在人們談論天氣、今年農民收成如何如何之時都會很不自在。其實每件事情都差不多的，自古以來的普通行動都要重新學習，例如咳嗽、笑、哭的方式都要重新熟練的話，有點荒唐。俊九和金相賢喝著酒想到這個問題，年長之後如此難過的歲月，難嗎？眼前這麼多的男人，連小女生變成了女人都這麼輕易，活著，為什麼只有你一個人如此嘀嘀咕咕地發牢騷呢？──我還是搞不懂。

18.

來釜山一個禮拜了，釜山的春天真不錯，再停留一個禮拜，我就北上了，我想插畫展沒問題，想不到你真的把這段故事寫成小說，嚇了我一跳，聽你說的大綱，就是從星姬和我同居生活展開的吧？我也懂得小說當然一定要這樣的。造就現實生活中不易的邂逅，掀起現實生活中不能的事件，這就是小說，這麼一來，一段生存除掉殘渣，只具備了必要的部份，裁量使所有的人可以

過自己稱心的生活，這不就是小說了嗎？我想單就這一點，小說
和畫作之間就有不可越逾的線，近代的西洋畫家捨棄了神話或宗
教人物的傳統素材，開始畫著隨便一處的風景和人物時，你也知
道這是多麼了不起！當然在此還有兩大分枝流派，文藝復興時代
義大利畫家或荷蘭畫家可以說是擺脫了神話，卻依附了風俗。塞
尚對此加以反駁，想從風俗之中解脫，對一顆蘋果，總不能扯上
神話啦、或風俗的吧！靜物的造型排斥了某種藝術的意義、排斥
了某種風俗的情緒，——這原來就是塞尚的路線，他所走的無疑
地稱得上是科學，換句話說，稱得上是美術工學吧！總之人世間
的意義——不具神話慰藉和風俗安全感的事物是多麼可怕啊？我
認為即使是科學者塞尚所發現的恐怖，塞尚以後的美術把那恐怖
按上了名字，也許是要把它遮蓋的一番努力；它們大體分為復歸
風俗，以及創設新神話。但是其間那麼大的歷史遽變，有滾石不
長苔這一句話吧？真品的東西應該會長青苔的，那又是所謂文化
的東西啦！我想塞尚製造出的傷疤還未癒合，文化不會不是一項
恐怖吧？克服了恐怖的生命力量——那就是文化。較之穿著襤褸
來遮蓋文化，洩漏了恐懼，確實更珍貴，那份恐懼一定要被克服
被習慣，——恐懼被習慣化的時代；才可以說擁有了文化，我還
未見到習慣化的力量均勻佈滿畫面的作品；東洋畫或西洋畫曾經
表現的那種高貴格調，我們時代尚未造就出來，我認為所有時代
都應該具有自己時代的風格，在這一點，我們泛政治化地去了解
文化，不應該比政治多一兩倍的時間去衡量文化嗎？很明顯地，
在政治上進步的時代，文化似乎並不成熟，或者文化是一個時代
的高貴戰士們都死了之後，只有以墓碑銘的型態，鎮魂曲的型態
去表現的嗎？不對吧？把活人的喜悅說成是死人的悲哀是怎麼一
個道理呢？單就星姬的這事情來說就如此，我把整個事情只當成

塞尚靜物的蘋果，我受到的衝擊──只有這一項很明確。我沒有力量揭開那項風俗的意義，或者神話的意義！神話的力量！可以確定的只有感受的恐懼，至於其它的對我來說只是無從解答的難題了，還有，對我來說，美術，以我的專業方法是無法解決的。美術家可以不懂它嗎？果真如此，身為專家而活著是多麼恐懼呢？既是專家也是市民，自己的專業到底具有如何的市民意義，不是該知道的嗎？事實上，那段日子，我正在著手一個作品，我經常從畫布上卸下作品，它甚至把我驚嚇摔倒，而有了兩種想法，其一，不管如何，畫匠如果走了出畫布就不行了，即使在宇宙滅亡，天花板掉落在頭頂的剎那為止，只有畫布和調色盤、以及手和眼睛是他的全部世界，其他的事也許是更高尚的事，美術卻不然，如果要擁有如此的執念；還是應該愛愛外面的世界，不像近代美術家們所想像的；藝術或學問只有以孤立的力量才能完成，沒有人生來就是美術家，人類的共同體開發累積的傳統、在學術有專攻的約束之下，才能誕生一個專家，因此不信任群居共同體，方法上的孤立也是不可能的。我很慶幸有你這位偉大的小說家朋友，聽說你對這事件有興趣寫成小說，你信任我吧！我不知道群居共同體值不值得信任，我的恐懼出自於無知，以美術有限的知識無從探知，用小說可不可以了解呢？

　　今天我要寫大海的主題；松島和海雲台，還有，我去埠頭走了走，大海是勤奮的動物啊！我走在沙灘上，暫且望了望腳尖下面，浪花來去碰撞腳尖，讓我有奇怪的想法；我好像剛剛從大海裏冒出來的，冒出來就是誕生的意思，不是說生命從微生物裏來的嗎？並非這件事讓我奇怪，而是指現今此刻我突然從大海裏冒出來的啦，大海和我必定是臍帶相連的關係啦！但是卻不見臍帶；把大海和微生物按上此刻我身上的臍帶，所以我站在這裏很

唐突，大海和我，如此對看，我知道我們之間的關係，我們之間
也有著無從跨越的大海，這是大海裏藏著大海，我藏著我的捉迷
藏遊戲，稱之爲一個文化吧？對此知之最清楚的不是畫家和醫生
嗎？大海形成一個文化的過程不是歷史嗎？大海仍然是大海，大
海不是進化的動物啦！地球上體積過大的動物統統滅亡了，只有
大海還活著，可是大海含有很多水滴，掉落在我鞋尖的小小水滴
匯集成大海噢！也許我又要轉換想法了；大海不是不進化，是不
是一開始就完成進化了呢？大海的族譜也滿簡單的，始初也是終
結，原始是文化，先祖就是自己，人們在古時可能如此想的，可
是現今的我卻不相信，你相信嗎？或許因此我面對大海站著，有
著惋歎之感，人走出的故鄉，變成了一個怎麼不同的風貌呢？我
不知道是變好，還是變壞哩！我們子孫們會都變成天使嗎？我們
爲了當天使才從大海裏冒出來的嗎？又有了這種想法了噢！想到
了〈維納斯的誕生〉畫作和〈高速攝影〉，你也見過那幅複製品
吧！你把維納斯設想成人類看看，畫裏只有大海和維納斯吧？然
而大海和維納斯之間省略掉了無限的場景，剪掉底片，把兩個場
景構成畫面，便製造出了故事，換句話說只把出發和兼爲終點的
部分納入畫面，如果要把出發和終點之間的所有過程統統畫上去
的話，會是怎麼一個局面呢？經由高速攝影，我們可以知道它的
過程，大海孕育了維納斯的點點滴滴，逆向方式行動追蹤畫面的
話，那不就是所謂的歷史嗎？這麼一來，事情就有點爲難了，某
個老兄從保管所中拿出舊膠捲，緩緩地轉動或停格以解悶，這不
就是歷史嗎？是誰？如果不是神這個傢伙又會是誰呢？對於造化
原理之中，我們都把他幻想成酋長，而不是默劇解說員。如果不
是秘密警察或武器商人的話，就是默劇解說員或黑幫老大的派
頭，如此怎麼是造化主的神態呢？他一定是戴了神秘面具的惡

鬼，而不是神仙或菩薩，神仙或菩薩也不會如此的吧？我也是從大海裡出生的人，下了 LST 踏上這塊土地的，並且現在我面對大海站著，我對這段期間經歷過的事實在理不出一個頭緒；都像維納斯的誕生一樣，一件件不問曲折地發生，星姬的事大概也一樣，我如果不識字怎麼的還好，知道了一些事情內情地過日子便陷入五里霧中，怎麼一回事呢？而你經常一副自信滿滿地，你到底有什麼自信呢？是那一個全能的老兄教你的，你也知道，所謂的繪畫就是大海的形態，可以畫出像大海一樣開始和終結愈合黏在一起的東西，但是大海和人之間的淵源卻碰不得，你有才能會畫看不見的東西嗎？我此刻像剛從大海裡甦生的，這個村子，從 LST 走出的難民。站在大海前面，無知的大海前，和白痴一樣藍色的禽獸前，還有從這大海 LST 下來的這些家口，消失得無影無蹤的負責人是誰呢？我一直都不知道哩！喂，你告訴我。

註 1：「民青」——全名為民青學聯事件。肇因於金大中，1973 年 8 月在日本被綁架，國內外輿論譁然，因而爆發反維新體制的運動。開學後，轉為反獨裁的性質，事件蔓延至高中生，部分在野黨人士、知識分子、宗教人士呼籲恢復民主憲政，並正式展開改憲連署運動。朴正熙公布緊急措施來因應，總計調查了 1024 名，並拘留、起訴了 180 名人士。

註 2：「馬格利」——酒類的一種，屬濁酒類，多以米釀成。1964 年時物資短缺，產米量銳減，商家為了配合朴正熙政府的政策，一度改以 80% 麵粉、20% 玉米粉釀製。到了

1971 年方恢復使用米釀，重現其道地美味。

附錄：韓戰有關年表

一九五〇年

6・25　北韓共產軍越過北緯三十八度線南侵，韓戰爆發。

6・27　美國總統杜魯門下令海空軍協防南韓，並籲請聯合國會
員國援助南韓。

6・28　北韓軍佔領漢城。

6・29　英國遠東艦隊參戰。

7・7　麥克阿瑟就任聯軍總司令。

7・12　美韓簽署「大田協定」，南韓把軍隊統帥權移交給美
軍。

7・23　美國華克少將出任第八軍團司令，負責指揮地面部隊。

9・15　麥克阿瑟率領聯軍成功登陸仁川。

9・17　聯軍收復位於漢城的金浦機場。

9・26　收復漢城。

10・7　聯軍越過三八線，攻入北韓。

10・8　中華人民共和國主席毛澤東宣佈組建「中國人民志願
軍」，並任命彭德懷爲中國人民志願軍司令兼政治委
員。

10・19　聯軍進佔平壤，北韓政權敗走新義州，聯軍先頭部隊進
逼鴨綠江畔。「中國人民抗美援朝志願軍」跨越鴨綠
江，進入北韓境內。

10・25　志願軍與聯軍在飛虎山一帶爆發激戰。此即中國所稱之

「第一次戰役」。

10・29　李承晚視察平壤。

11・27　志願軍以優勢兵力在長津水庫重創聯軍。此爲「第二次戰役」。

12・1　美兩個師在西線春川一帶南撤。

12・5　聯軍經由漢南、汶山實行戰略退卻。

12・31　志願軍動員五十萬人發起「第三次戰役」，志願軍二佔漢城。

一九五一年

1・1　志願軍六個軍團越三八線南下。

1・4　南韓政府退走釜山。

1・14　聯軍於北緯三十七度線發起反攻。志願軍稱此爲「第四次戰役」。

2・1　聯合國安理會通過「譴責中共爲侵略者」之決議案。

2・11　聯軍二次收復仁川港和金浦機場。

3・15　聯軍二次收復漢城。

4・11　麥克阿瑟被解除聯軍總司令一職，由李奇威中將接任。

5　　志願軍發起兩次進攻，皆以失敗告終，此爲「第五次戰役」。金性洙繼任副大統領。公佈土地改革法。

6　　蘇俄向聯合國提出修戰。

7・20　韓戰停戰會議在開城召開（開城談判）。

10・25　雙邊談判移至板門店舉行。同意以當時戰線爲停戰線。

一九五二年

1	劃定海上和平線（李承晚線）。
4	交換受傷戰俘。日本久保田發表對韓聲明。
5・28	釜山戒嚴，逮捕議員。
6・23	聯軍轟炸鴨綠江發電廠、水庫、煉油廠，北韓受到重創。
7	修改憲法，國會改二院制，大統領由人民直選。
8・7	李承晚當選第二任大韓民國大統領。
8・29	聯軍針對平壤實行開戰以來最大規模的轟炸。
9	聯軍在海上劃定「克拉克線」。
10	印度向聯合國大會提出韓戰遣俘建議。
10・8	中國反對「志願遣俘」，雙方宣佈和談無限期停止。
12・2	美國總統艾森豪訪問南韓。

一九五三年

2・26	和談再次開啓。
4・20	雙方在板門店互換受傷戰虜。中國志願軍方面計有 6670 人，南韓軍方面計有 471 人，美軍方面計有 149 人，其他參戰國家計有 64 人。
6・17	志願軍投入大量兵力發動新一波的攻擊，在聯軍支援下，志願軍傷亡慘重。
7・27	雙方在板門店簽署停戰協定，下午十時全部戰線停止戰鬥。雙方同意由波蘭、瑞士、瑞典、印度、捷克五國組成「中立國處理戰俘委員會」，由印度軍隊負責安全事宜。

8　　　　美韓簽訂互防條約。

8・15　　還都漢城。

11　　　　李承晚大統領訪問台灣。

一九五四年

1・23　　聯軍宣佈中韓 22000 名戰俘，自是日零時起成爲「自由
　　　　　人」。其中 14321 名志願軍，依個人意願搭乘登陸艇抵
　　　　　達基隆港。

6　　　　亞洲人民反共會議第一次會議，台、韓、越、菲、泰、
　　　　　琉、港、馬八代表集會於韓國鎮海。

一九五五年

10　　　　韓國國民會議自由黨議員親善使節訪問團訪問台灣。

洛東江流域圖

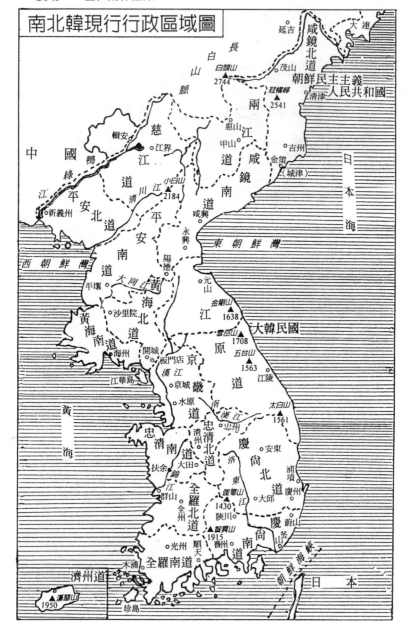

作者作品年表

1936 年　4 月 13 日，出生於咸鏡北道會寧郡（今北韓境內）。

1950 年　舉家搭乘海軍艦艇到南韓。就讀漢城大學法學院，1956 年輟學。

1959 年　短篇〈GREY 俱樂部顛末記〉、〈라울전傳〉經安壽吉先生推薦，被刊載於《自由文學》而正式步入文壇。

1960 年　〈9 月的大理花〉發表於《黎明 1 月號》。〈偶像之家〉發表於《自由文學 2 月號》。中篇〈假面考〉發表於《自由文學 7 月號》。長篇《廣場》發表於《黎明 10 月號》。

1961 年　《廣場》單行本於「正向社」刊行。短篇〈囚〉發表於《思想界 7 月號》。

1962 年　中篇〈九雲夢〉發表於《自由文學 4 月號》。短篇〈7 月的孩童〉發表於《思想界 7 月號》。中篇〈熱河日記〉發表於《自由文學 7、8 月合刊號》。

1963 年　短篇〈聖誕頌 1〉發表於《自由文學 6 月號》。〈金鰲新話〉發表於《思想界・文藝增刊號》。長篇〈灰色人〉發表於《世代》，自 6 月號起連載至 64 年 6 月。

1964 年　短篇〈聖誕頌 2〉發表於《現代文學 12 月號》。

1965 年　〈文學活動為批判現實〉發表於《思想界 10 月號》。

1966 年　〈놀부傳〉發表於《韓國文學季刊》。短篇〈笑聲〉發表於《新東亞 1 月號》。〈聖誕頌 3〉、〈聖誕頌 4〉發表於《現代文學 2 月號》、《現代文學 3 月號》。〈國

　　　　　道盡頭〉發表於《世代 5 月號》。〈聖誕頌 5〉發表於
　　　　　《韓國文學季刊》。〈正午〉發表於《現代文學 10 月
　　　　　號》。長篇〈西遊記〉連載於《文學》。短篇〈笑聲〉
　　　　　獲頒第 11 屆「東仁文學獎」。

1967 年　〈總督的聲音 1〉發表於《新東亞》。〈總督的聲音 2〉
　　　　　發表於《月刊中央》。短篇集《總督的聲音》由弘益出
　　　　　版社出版。

1968 年　〈孔明〉發表於《月刊中央》。〈總督的聲音 3〉發表
　　　　　於《創作與批評》。

1969 年　〈小說家丘甫氏的一日〉連載於《月刊中央》。〈溫
　　　　　達〉發表於《現代文學》。〈옹고집傳〉發表於《月刊
　　　　　文學》。

1970 年　〈小說家丘甫氏的一日〉發表於《創作與批評》。玄岩
　　　　　社出版評論集《追求文學》。〈幻覺的橋〉連載於《韓
　　　　　國週刊》。

1976 年　《崔仁勳全集》開始刊行，1979 年完刊。

1977 年　〈古時候古時候〉獲頒韓國演劇電影藝術獎戲劇獎。擔
　　　　　任漢城藝專文藝創作科教授。

1984 年　發表短篇〈古時候古時候〉。

1994 年　長篇《話頭》於民音社出版，獲頒第六屆「怡山文學
　　　　　獎」。

2001 年　5 月 21 日自漢城藝專退休。